"十四五"普通高等教育本科部委级规划教材
浙江省普通本科高校"十四五"重点立项建设教材

现代纺织企业设计

田　伟　　王金凤　　李艳清　**编著**
祝成炎　**主审**

中国纺织出版社有限公司

内 容 提 要

本书重点介绍现代纺织企业设计中相关的工艺设计内容，包括厂址选择，产品方案的确定与原料选择，产品工艺流程与设备选择，工艺计算与设备配备，厂房形式与柱网选择，工艺参数的确定，车间布置与设备排列，附属设备、仓库及运输，总平面设计。

本书可作为高等院校纺织工程及相关专业本科生或研究生的教材，也可作为毕业实习和毕业设计的主要参考资料，还可供纺织领域的工程技术人员参考。

图书在版编目（CIP）数据

现代纺织企业设计/田伟，王金凤，李艳清编著 .
北京：中国纺织出版社有限公司，2025.6. -- （浙江省
普通本科高校"十四五"重点立项建设教材）（"十四五"
普通高等教育本科部委级规划教材）. --ISBN 978-7
-5229-2654-4

Ⅰ. F407.816

中国国家版本馆 CIP 数据核字第 20254A2R54 号

责任编辑：沈　靖　　　　特约编辑：刘夏颖
责任校对：高　涵　　　　责任印制：王艳丽

中国纺织出版社有限公司出版发行
地址：北京市朝阳区百子湾东里 A407 号楼　邮政编码：100124
销售电话：010—67004422　传真：010—87155801
http://www.c-textilep.com
中国纺织出版社天猫旗舰店
官方微博 http://weibo.com/2119887771
三河市宏盛印务有限公司印刷　各地新华书店经销
2025 年 6 月第 1 版第 1 次印刷
开本：787×1092　1/16　印张：14.25
字数：315 千字　定价：58.00 元

前　言

　　本书系统地阐述了现代纺织企业设计中相关的工艺设计内容，包括厂址选择、产品方案的确定与原料选择、产品工艺流程与设备选择、工艺计算与设备配备、厂房形式与柱网选择、工艺参数的确定、车间布置与设备排列等，可以提高学生实际工作和解决问题的能力，故本书也可作为毕业实习和毕业设计的主要参考资料。

　　随着纺织工业的飞速发展，纺织企业的设备不断更新、生产适应性持续提高、管理制度不断发生新的变革，现代纺织企业设计的课程内容也必须进行相应改进，才能适应新时代对纺织类专业人才的要求。本书是为了适应新工科建设和课程体系的改革，旨在满足纺织类专业学生和科技人员对现代纺织企业设计与生产过程中相关知识的需求，同时培养具有创新创业思维、项目建设规范和工程伦理意识，符合未来纺织工业战略领域所必需的工程科技人才。

　　本书共十章。第一章、第二章、第七章和第八章由田伟编写，第三章、第四章和第五章由李艳清编写，第六章、第九章和第十章由王金凤编写。全书由田伟、王金凤、李艳清编著，祝成炎主审。

　　本书编写过程中借鉴了《棉纺织工厂设计（第二版）》《现代织造原理与应用（第2版）》《织造工艺与质量控制》《化纤长丝织物大全》等教材和资料的相关内容，浙江和心控股集团有限公司、海宁市天一纺织有限公司等为本书提供了相关资料和数据，在此一并表示诚挚的感谢。

　　由于时间及编者水平所限，书中难免存在不足之处，恳请读者批评指正。

编者

2025 年 3 月

目 录

第一章　现代纺织企业设计概述

第一节　项目建设的概念、方针与程序

一、项目建设的概念

项目建设是指具有独立的行政组织机构、实行独立的经济核算、具有设计任务书并按一个总体设计组织施工的一个或几个单项工程所组成的建设工程。建成后具有完整的系统，可以独立的形成生产能力或使用价值的建设工程，其主要内容包括建筑工程（包括建筑物和构筑物）、设备及工具的购置、设备安装工程及与建成投产相联系的工作（包括土地征用、勘察设计、试生产、生产人员培训等）。

二、项目建设的方针

发展纺织工业，首先涉及规划和设计工作，建设新企业以及老企业改造、扩建、易地建厂都涉及纺织企业设计工作。纺织企业设计是基本建设工作中的一个重要环节，设计工作要体现党的方针、政策及有关的法规。必须坚持独立自主、自力更生、艰苦奋斗、勤俭建国的方针，集中力量攻关，尽快发挥投资效果。在项目建设工作中，要充分体现下述要求：

（1）要遵守国家的法律、法规和项目建设的方针、程序，贯彻执行提高经济效益和促进技术进步的方针。

（2）要立足于自力更生的基本方针；要尽量采用国内成熟的新设备、新技术和新工艺，同时积极吸收国外的先进经验。

（3）要根据国家有关规定，合理确定设计标准，采用先进合理的规范、定额，注意节省投资。

（4）要注意节约用地、节省能源，合理使用人力、物力，注意环境保护。

三、项目建设的程序

按国家的规定，项目建设程序包括：编制项目建议书、可行性研究阶段、编制计划任务书、设计阶段、施工阶段和竣工验收等工作环节。根据以上几个建设程序，可以将建设项目分为项目前期工程阶段、施工管理阶段和竣工验收三个阶段。按照国家的规定必须严格执行以上各工作阶段的工作要求，确保国家项目建设资金的有效使用，充分发挥效益。任何部门、地区和项目法人都不得擅自简化建设程序和超越权限、化整为零进行项目审批。

1. 编制项目建议书

项目建议书一般由建设项目的主管部门或建设地区的规划部门负责。

项目建议书是根据国民经济和社会发展长远规划，结合行业和地区发展规划的要求提出和编制的。在编制项目建议书时应符合国家的产业政策，以发展当地支柱产业、培育区域经济、壮大财源建设、加强基础设施建设为主导原则。项目建议书编制出来后，要及时报送行政主管部门和投资主管部门审批。项目建议书通过审查论证后，即可批准该项目立项。批准立项的主要依据是：先有法人后有项目，项目要符合中长期发展规划和国家产业政策要求，要符合发展经济的指导思想和原则。

项目建议书的主要内容是：

（1）项目法人。

（2）项目建设的必要性和依据。

（3）项目建设的条件是否成熟。

（4）建设内容及规模，包括产品方案的设想。

（5）投资估算和资金筹措方案。

（6）简单经济评价和分析。

2. 可行性研究阶段

通常由行政主管部门下达计划，或者由建设单位委托设计单位、咨询单位进行。承接可行性研究的单位须经上级有关部门进行资格审定，按要求对建设项目进行研究，提出可行性研究报告，并对报告中的数据、分析结论负责。

可行性研究阶段的主要内容是在项目勘察、试验、调查研究及详细技术经济论证的基础上编制出可行性研究报告。可行性研究报告主要阐述项目在技术上是否可行和经济上是否合理，反映投入与产出的关系。一般来讲，产出大于投入则项目可行；反之，则不可行。可行性研究报告的主要内容是：

（1）总论。包括项目建设的背景、建设的必要性和依据等；技改项目还要说明企业现状和技改的原因等。

（2）建设条件。

（3）市场预测。

（4）建设地址选择方案。

（5）主要建设内容、规模及产品方案、技术方案等。

（6）环境保护。

（7）劳动定员及培训计划。

（8）投资估算及资金来源和构成。

（9）财务评价及国民经济评价。

（10）结论及建议。

可行性研究报告是投资者根据项目的咨询评估情况对项目最终决策和进行初步设计的重要文件。可行性研究报告编制出来后，要及时报送国家发展改革委相关部门和行政主管部门或投资者进行审查和评估论证，论证通过后，即可上报审批。一经批准后，不得随意修改和变更。同时，可行性研究报告又是银行信贷评估和信贷立项的主要依据。

3. 编制计划任务书

编制计划任务书阶段的主要任务是确定计划项目的建设方案、选定建厂地点。此项工作由行政主管部门负责。

4. 设计阶段

设计阶段的主要任务是编制设计文件和进行文件的审批。首先，应当根据批准的计划任务书和建厂地点，由行政主管部门指定或委托设计单位编制初步设计文件。初步设计文件必须经过规定的正式审批程序，才能进行施工图设计和施工准备。

5. 施工阶段

根据批准的设计文件所编制的总概算和建设工期，制订年度计划，向行政主管部门申请，审批列入国家年度计划。做到计划、设计、施工三个环节互相衔接。落实投资、工程内容、施工图纸、设备材料、施工力量等五方面，保证按期完成建设计划。

6. 竣工验收

建设项目全部按计划完成后，要试行生产运转。生产及生活设施应当符合设计要求，能够生产合格产品，然后才能组织竣工验收。竣工验收应有建设、设计和施工单位提出的竣工验收报告，由验收委员会验收。如有遗留问题，在竣工验收时，应由验收委员会确定处理办法，报行政主管部门批准，交有关单位执行。

根据上述几个建设程序，可将建设项目分为项目前期工作阶段、施工阶段和竣工验收三个阶段进行管理。

（1）项目前期工作阶段的管理。项目建议书、可行性研究报告的审批主要由发改部门或行业主管部门审查、评估和审批。政府投资的房屋建筑工程和市政工程的初步设计由建设行政主管部门会同发展改革委相关部门审批，其他项目的初步设计概算由发改部门审批。

（2）施工阶段的管理。主要由建设单位、行政主管部门或项目监理公司进行管理。

（3）竣工验收阶段的管理。按国家发展改革委、住房和城乡建设部的有关规定，明确划分为生产基本建设的项目由发改委组织有关部门验收；技改项目由经贸委组织有关部门审批；一般工民建设项目由建委组织有关部门验收；其他非生产性建设项目由发展改革委、建委会同有关行政主管部门组织验收。

第二节 设计依据、基础资料与设计程序

一、设计依据

编制建设项目设计文件（也称设计说明书）的依据，是经批准后的设计任务书（也称计划任务书）。它是设计工作的指令性文件，为设计工作提出有关设计的原则、要求和指示。

设计任务书是由筹建单位的上级主管部门负责组织有关计划、设计、筹建等单位共同编制而成的，根据隶属关系和建设规模的权限，经批准后下达给有关单位，作为建设项目设计的依据。

设计任务书的内容，各类建设不尽相同，现代纺织企业建设的大、中型项目一般应包括以下几方面：

（1）建设项目对发展国民经济的意义，编制设计任务书的依据。

（2）建设规模、产品、规格和方案。

（3）原材料、燃料、动力、水等的供应情况，同其他企业的协作关系。

（4）建厂地区的地理位置及占用土地估算。

（5）建设期限。

（6）投资和劳动定员控制数。

（7）要求达到的经济效益和技术水平。

（8）对"三废"的治理要求。

（9）防洪、抗震等要求。

在上报设计任务书时，有关资源、水文、地质资料以及生产所需要的原材料、协作产品、水源、燃料、电力、运输等协作关系的意向书、资料和解决方案等，都必须取得上级行政主管部门的正式报告和协作文件，使建设项目的建立有稳妥的技术经济基础。

小型项目计划任务书的内容可以简化。

设计任务书经批准后才能作为设计的依据。

二、基础资料

厂址的基础资料是进行设计的重要素材。基础资料应由筹建单位向设计单位提供，在资料不足时，设计人员应到现场勘探收集。基础资料主要包括自然条件和技术经济条件两方面。

（1）自然条件。自然条件主要指地理位置、地形地势、工程地质、水文气象和地震等。自然条件的不同，将会对厂区的总体布置、建筑形式、基础处理、地坪材料、建筑物标高、排水防洪、采暖保温和抗震措施等产生重大影响。基础建设是百年大计，因此要结合具体的自然条件进行建设，在设计中每个应该考虑的问题，都要采取慎重的态度。

（2）技术经济条件。技术经济条件指原材料的供应和产品销售、企业协作渠道、城市建设规划、当地文教卫生状况、给排水条件、能源供应及交通运输、建材供应及施工技术力量、当地经济状况、劳动力来源、土地征用费等。不同的经济条件，将对建设工期与投资、生产过程中的经营管理、原材料与燃料的供应、职工的文化生活、职工就医、子女就学等都有很大的影响。在设计中，应对这些条件进行逐一分析，采取相应的措施，以保证建设项目的顺利进行，确保正常生活生产后能发挥预期的经济效益。

三、设计程序

现代纺织企业设计和其他行业设计一样，也可分为三种类型，即新建工厂设计、原有企业改造或扩建设计以及车间、厂房的局部修建设计。其中以新建工厂设计涉及的面最广、设计工作量最大，也最具有代表性，故作为本书介绍的对象。

设计文件由行政主管部门指定或委托的设计单位编制。设计文件的编制，应按照国家规定的程序进行。根据现代纺织企业设计的客观规律，设计方法一般采用深入浅出、由原则到具体、分阶段进行的办法，即先确定主要的设计原则，再进一步考虑技术上的调节。设计阶段一般按工程的大小、技术的复杂程度、设计水平的高低等因素来划分。现代纺织企业设计一般采用两段设计，即扩初设计和施工图设计。

扩初设计是根据计划任务书的指示，选定或复核厂址，确定设计方案。通过对工艺、定员、空调、供电、土建、给排水等方面的设计和计算，落实各项控制指标。在扩初设计时，还要列出建设项目的总投资和主要技术经济指标，绘制企业总平面布置图，车间机器排列和空调、供电等设计图纸。所定方案和指标必须具备技术上的先进性、经济上的合理性和切实可行性。

扩初设计经筹建单位的主管部门审查批准后，就成为施工图设计的依据。施工图（包括水、电、空调等专业设备的施工图）是厂房施工的依据。施工图设计，在全面考虑有关工艺、总图、给排水、空调、供电等的专业要求，综合现代建筑技术、经济条件、施工能力等各方面因素的基础上，绘制出各种施工所必需的详图及一些需交代的特殊处理、施工说明和工程预算等。施工图完成后，设计单位应会同施工单位对施工图进行会审，会审通过后方可实施施工。

重大设计和特殊项目，根据需要经行政主管部门指定，可采用三段设计，即初步设计、技术设计、施工图设计。对某些比较简单的小型项目，在设计人员经验相当丰富的前提下，也可采用一段设计。

在整个设计过程中，纺织工程技术人员主要负责扩初设计中的工艺设计，施工图设计主要由建筑、土木工程的技术人员负责。为了保证建设工作的顺利进行，纺织工程技术人员必须同设计、施工等单位常保持联系，商量解决建设过程中出现的一系列问题。

第三节　现代纺织企业设计工作的组成

现代纺织企业全部设计工作，包括工艺设计、其他专业设计、定员设计与经济概算四大部分。其中以工艺设计为主，各部分设计互相配合，使设计既能满足生产和生活的要求，又能体现党的方针政策。

现代纺织企业设计一般按以下几部分来编制设计文件。

（一）总论

概述设计根据设计任务、行政主管部门的有关规定、设计指导思想、工厂规模、产品方案、工作制度、劳动定员、主要技术经济指标以及各专业设计的特点，论证设计方案的先进性和合理性。

(二) 工艺设计

根据设计任务书规定的工厂规模、产品方案，确定工艺流程和设备型号，然后进行工艺计算，以此确定全厂生产能力和原料需用量；根据设备型号、规格和选择的柱网尺寸，进行机台排列和车间布置、生产附属设备配置及生产附房布置等。

(三) 供热和空调设计

根据生产、生活对供热的要求，确定并合理布置供热系统。依据对生产工艺和劳动保护温湿度的要求，确定车间的空调要求，配备相应的设备并合理布置空调系统。

(四) 供电设计

根据建厂地区的供电特征和纺织企业用电负荷的性质，设计变配电系统，合理布置变配电室的位置，设计全厂车间动力和照明系统，合理敷设动力、照明线路，提出设备型号及数量的清单等。

(五) 给排水设计

根据纺织企业生产用水的水质和水量的要求，设计满足生产、生活、空调、消防用水等要求的供水系统，同时解决好雨水、生活污水、生产污水等的排放问题。有条件的，还可以考虑水的综合利用。

(六) 土建设计

根据厂址的地形特点、地质资料、建筑材料、施工技术等因素，结合纺织企业的特点，确定生产厂房的建筑形式和结构种类，计算各类车间建筑面积、车间内部的建筑处理、地坪结构等，最后进行土建预算。

(七) 劳动组织和定员设计

确定管理系统，制订定员定额，确定全厂各类生产和非生产人员数，制订新工人招收及培训计划，提出生产骨干和技术人员的落实措施等。

(八) 总概算

预算各类费用开支，包括建筑安装工程费，设备、工器具的购置费，运输及安装费，征用土地和拆迁补偿费，职工培训费，建筑税，保险费，建设单位管理费等。

(九) 经济技术指标

扩初设计中，应列出建设项目的主要技术经济指标，主要有以下各项。

（1）生产规模及全年总产量、各种原料的耗用量、副产品产量。

（2）产品规格及品位，品种及比例。

（3）全厂职工总数及劳动生产率。

（4）厂区占地面积、建筑系数和厂区利用系数。

（5）企业生产成本、利润、投资总额及回收期等。

设计人员应对自己编制的设计文件负责，根据充分而正确的资料进行设计，采用的数据要可靠，选用的设备、材料和所需求的施工条件要切合实际。既要保证设计文件的广度和深度，又要符合目前工厂的实际情况。

第二章　厂址选择

厂址即工厂建设的地方，应根据国民经济建设计划和工业布局规划的要求进行选择，对大、中型企业来说，厂址还应与规划部门和工业部门之间的协作及社会发展相适应。

厂址选择是拟建项目前期工作的一项重要工作，其目的是在几个拟建厂的地区、地点范围内，对建厂条件进行充分调查研究、分析比较后，确定具体的建厂位置。

从宏观角度看，我国纺织企业的布局有三个方面的特征。

（1）我国人口众多，纺织产品需求量大，应使产品更好地适应各地区、各民族、各消费层次的需求，还应适当考虑外贸对纺织品的需要。纺织工业采取了集中与分散相结合原则下的"大分散、小集中"，较多纺织企业建在各消费区相近的地方。

（2）在原料生产地区，根据具体情况建设一些纺织与印染企业，可减少长途运输和相向运输，降低生产成本，节约社会劳动力。

（3）纺织工业是一种连续性、综合性生产的工业，除了纺织、印染等各种生产过程外，还同线带、巾被、针织和服装加工业有联系。因此，在一个地区适当集中，按比例形成综合生产能力，有较好的社会经济效益。

由于上述特点，纺织工业布局兼顾原料与市场，以原料产地为主；全国平衡和地区平衡相结合，以全国平衡为主。

第一节　厂址选择的原则

纺织企业建在什么地方是一个需要综合评估的问题，因为厂址选择合理与否，将对建厂速度、建设投资、产品成本、生产发展以及地区经济发展等各方面产生直接的影响。

另外，所选的厂址应满足纺织企业的特点和要求，如原材料和成品运输频繁；用水、用气量大；生产工艺流程长，连续化作业配合紧密，生产厂房比较集中；生产工艺和劳动保护对温湿度控制要求较高；社会协作广泛；产品应有较广泛的市场。因此，厂址选择应遵循以下原则。

（1）根据国家城市或区域规划的要求，兼顾工业布点"大分散小集中"。既要避免城市过于庞大，又要考虑与其他企业的协作关系。

（2）对建厂的基本条件（原料、水源、投资、地质、交通运输及动力供应等条件）进行分析和比较时，对多个选择方案做充分的比较和评价。

（3）节约用地，尽量不占或少占农田。

（4）注意厂址的防洪排涝。

（5）注意环境保护，工厂与居住区要满足卫生防护标准。

（6）要符合城乡发展的规划。

第二节　厂址选择的条件

一、自然条件

（一）厂址的面积和外形

选择厂址时，不仅要在城镇规划的区域内，而且场地面积与外形尺寸也应满足纺织企业合理布置的要求。主场面积要大一点，在与城镇规划相配合的情况下，以矩形为佳，最好取规则的形状。建厂所需占地面积，由负责工艺设计的专业技术人员，按照设计任务书的要求，依据工厂规模、设备型号、柱网尺寸，算出生产厂房、附属厂房等各种建筑物、构筑物的面积，并作出工艺总平面设计方案，然后确定全厂总占地面积。厂址面积应适当考虑今后的发展，但应珍惜粮田。

（二）厂址的地理位置、地形地势

厂址应位于比较平坦的地段，它的地形应该符合总平面布置的基本要求，无洪水淹涝灾害，地势要略有坡度（4‰～30‰），以利于自然排水。在平整建设场地时没有很大的土石方开挖和回填工程量，地表拆迁任务不大。在水库下游建厂，应有特殊的防洪措施，土地征用不仅应适当控制征购量，而且应尽量避免农业粮田。

（三）工程地质条件

建厂地点的地址条件，应当满足大面积厂房的要求。工厂不应建在断层、塌方、石灰岩溶洞、滑坡、流沙、淤泥及地下暗流上。对地质结构及土壤类型、性质、特点、地耐力（不宜低于 $12t/m^2$，但又不宜造在坚硬的岩石上，否则土方工程相当困难，耗资大）等都应做详细调查并有书面材料。如果厂址地下有值得开采的矿藏或有研究价值的古墓等，就应另选厂址。在沉陷性大孔土壤地带进行建设时，应特别注意防止雨水或地下水的浸渍。

厂址的地下水位应在厂房建筑地基基础及工程管道底部平面以下，否则必须有可靠的防水措施。

（四）水文资料

对于厂址附近河流的水位、流量、水质、上游排入污水性质、厂址地区有无地下水资源，其水温、水位等均应调查核实。所选厂址最好有优越的水文条件，厂址的地下水位最好低于地下室和地下构筑物的深度，厂址应不受洪水侵袭，地坪应高出洪水计算水位 0.5m 以上（洪水计算周期为 50～100 年），如果有地区性防洪设施的，则可不予考虑。

（五）气象资料

气象资料是厂房建筑设计、空调、供电、排水等设计的依据之一。一般收集建厂地区 10 年左右的气象记录资料作分析，记录资料主要包括以下几方面。

（1）全年平均降水量、一次最大降水量及持续时间。

（2）全年平均温度、最热及最冷月份的平均温度、最高及最低温度及持续时间。

（3）冬季积雪情况。

（4）冰冻期及土壤冰冻深度、土壤温度等。

（5）风向及频率、收集风玫瑰图等有关资料。

我国位于欧亚大陆的东岸。冬季，全国大部分地区盛行偏北风，夏季盛行偏南风。这种季风气候的特点，使我国许多城市全年具有两个风频相当、风向大致相反的盛行风向。

由于上述原因，在城市建设规划、配置工业和居住用地时，应正确运用风向，结合当地气候条件，分析全年占优势的盛行风向、最小风频风向、静风频率以及盛行风向随季节变化的转换规律。例如，根据我国东部地区季风气候特征，工业区和居住用地的相对位置大致如图 2-1 所示。

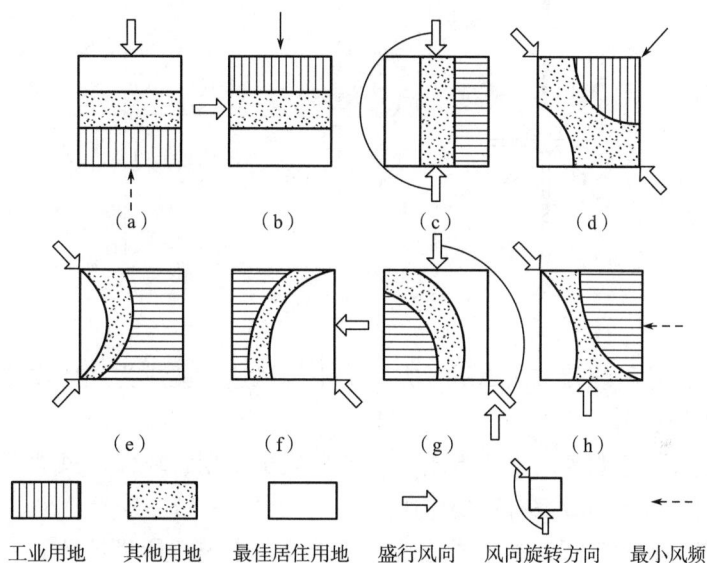

图 2-1　风向与工业、居住用地的配置

①若全年盛行风向只有一个，且最小风频与盛行风向相对或大致呈直角位置时，则工业、居住用地可按最小风频原则配置，如图 2-1（a）、（b）所示，工业用地位于最小风频的上风侧，居住用地位于最小风频的下风侧，其他（如防护地带、行政管理等）则居于其间。

②若全年具有两个互成 180°的盛行风向，各功能用地可沿盛行风向两侧配置，当盛行风向具有季节转换规律或最小风频与其大致呈 90°时，工业区可配置在风向旋转的对侧或最小风频的上风侧，如图 2-1（c）、（d）所示。

③若全年两个盛行风向呈 90°或 45°夹角，工业区应位于夹角的外侧，居住区则位于夹角的内侧，如图 2-1（e）、（f）所示。

④若全年两个盛行风向呈 135°角，一般可按夹角向外侧的位置配置各功能用地。当盛行风向具有季节转换规律或最小风频与其呈一定角度时，工业区可配置在风向转换的对侧或最小风频的上风侧，如图 2-1（g）、（h）所示。

⑤若处于静风时，从理论上讲，风向与风速都为零。这时某城市任何方向在一定范围内

都有被污染的可能，特别是靠近污染源处最为严重。据此，凡静风占优势的城市（静风频率占30%以上），规划布置时，应使工业适当分散，并与居住区保持一定距离，以防近处受严重污染。

风玫瑰图（图2-2）分为风向玫瑰图和风速玫瑰图两种。风向玫瑰图表示风向和风向的频率。风向频率是在一定时间内各种风向（已统计到16个风向）出现的次数占所有观察次数的百分比。根据各方向风的出现频率，以相应的比例长度（即极坐标系中的半径）表示，按风向从外向中心吹，描在用8个或16个方位所表示的极坐标图上，然后将各相邻方向的端点用直线连接起来，绘成一个形式宛如玫瑰的闭合折线，就是风向玫瑰图。

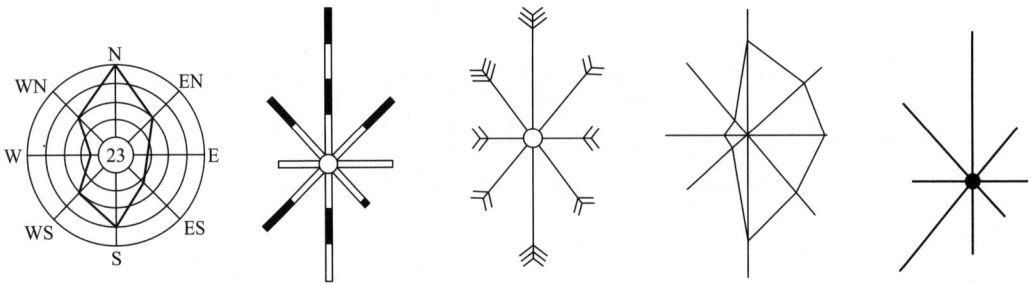

图2-2　风玫瑰图

同样地，如果用这种统计方法表示各方向的平均风速，就成为风速玫瑰图，其中平均风速用极坐标中的半径表示。

风玫瑰图是公共气象服务的重要组成部分，在建筑规划、环保、风力发电、消防、石油站设计、海洋气候分析等领域都有重要作用。

工业企业所产生的大气污染物主要是通过气体运动来进行稀释扩散的。风向频率表示某风向吹刮次数，显示着某风向下游区所受污染的机会，频率大风向下游受污染机会多，反之则少。因此，有废气污染的工业通常布局在风玫瑰图中最小风频侧；风速决定着污染物的扩散速度，速度越大，工厂排出废气会被很快拉长，混入的外界空气越多。污染物的浓度越小；反之，速度越小，污染物的浓度越大，为此有废气污染的工业宜布置在风速大的方位。

风玫瑰图反映着气象要素风的重要信息，借此资料，运用风象污染理论，可以有效地指导城市规划和工业布局，同时也可用来分析城市用地现状合理性与否。

如图2-1所示的图形，仅从风向角度考虑工业和居住用地的布局。因未考虑风速，在应用时仍有一定的局限性。

风速和污染系数的概念可近似地用下式表达：

$$污染系数 = \frac{风向频率}{平均风速} \tag{2-1}$$

式（2-1）虽能近似反映客观事态，但它的量纲不明确，而且当平均风速接近零时，系数趋近∞。若使用新的污染系数和污染风频的概念与下列的计算式就无这种缺点。

$$k = \frac{2u}{u+v} \tag{2-2}$$

$$a = n \cdot k \tag{2-3}$$

式中：k——某风向的污染系数；

　　　　u——全年各风向平均风速，m/s；

　　　　v——某风向全年平均风速，m/s；

　　　　a——某风向的污染风频，%；

　　　　n——某风向的风向频率，%。

上述两式可表明污染浓度和风速的特点，并且 $0 < k < 2$。当 $u = v$ 时，$k = 1$；当 $v \rightarrow 0$ 时，$k \rightarrow 2$。具体应用时，将比式（2-1）更接近实际。

例如，某城市多年风向累计统计资料见表2-1。

从表2-1可以看出，全年有两个盛行风向，北风的风频为16%，南风的风频为15%，最小风频的东风为3%。如不考虑风速，规划布局可按图2-1（d）进行布置；若将风速的因素考虑进去，则根据表2-1的有关数据分析，污染风频南风为第一盛行风向，最小污染风频由东风变为西风。根据这一差异，工业区布置在城市西侧更适宜。

表2-1　某城市风向累计统计资料

项目	风向									
	北	东北	东	东南	南	西南	西	西北	静风	全年平均
风向频率/%	16	9	3	6	15	13	4	11	22	—
平均风速/（m/s）	3.2	2.4	1.5	1.9	2.6	2.6	3.5	4.1	0	2.6
风向污染系数	0.89	1.04	1.24	1.15	1.0	1.0	0.85	0.63	2	
污染风频/%	14.2	9.4	3.7	6.9	15	13	3.4	6.9	44	

北京大学张景哲教授认为，平均风速是一个抽象的概念，大气污染程度是依照实际风速变化的，1~2m/s 的微风、小风极易产生污染，对环境来说属于危险风速；而 7~8m/s 以上风速产生污染的可能性极小，如果将上述两种风速加以平均，很可能掩盖环境污染的真相，因而提出按实际风速绘制风向频率图。

（6）最高、最低气压及全年平均气压等资料。

（7）云雾及日照：全年日照、阴天、雾天日数，各月日照分布。

（六）地震烈度

地震烈度表示地震对地表及工程建筑物影响的强弱程度（或释为地震影响和破坏的程度）。地震烈度是在没有仪器记录的情况下，凭地震时人们的感觉或地震发生后器物反应的程度，工程建筑物的损坏或破坏程度、地表的变化状况而定的一种宏观尺度。因此地震烈度的鉴定主要依靠对上述几个方面的宏观考察和定性描述。由于地震波在传播中逐渐减弱，离震源越远，地震烈度也越低。此外，地震烈度还与震源深度、地质构造、建筑物的坚实程度等有关，我国将地震烈度分为 1~12 度。因此，应根据中国地震局的资料核对建厂地区的地震情况。一般烈度为 6 度以下的地区可不考虑防震，烈度在 9 度以上的地区不宜建厂，6 度以上地区建厂必须考虑防震措施。

1 度：无感——仅仪器能记录到。

2 度：微有感——个别敏感的人在完全静止中有感。

3 度：少有感——室内少数人在静止中有感，悬挂物轻微摆动。

4 度：多有感——室内大多数人、室外少数人有感，悬挂物摆动，不稳器皿作响。

5 度：惊醒——室外大多数人有感，家畜不宁，门窗作响，墙壁表面出现裂纹。

6 度：惊慌——人站立不稳，家畜外逃，器皿翻落，简陋棚舍损坏，陡坎滑坡。

7 度：房屋损坏——房屋轻微损坏，牌坊，烟囱损坏，地表出现裂缝及喷沙冒水。

8 度：建筑物破坏——房屋多有损坏，少数破坏，路基塌方，地下管道破裂。

9 度：建筑物普遍破坏——房屋大多数破坏，少数倾倒，牌坊，烟囱等崩塌，铁轨弯曲。

10 度：建筑物普遍摧毁——房屋倾倒，道路毁坏，山石大量崩塌，水面大浪扑岸。

11 度：毁灭——房屋大量倒塌，路基堤岸大段崩毁，地表产生很大变化。

12 度：山川易景——一切建筑物普遍毁坏，地形剧烈变化动植物遭毁灭。

二、技术经济与社会协作条件

（一）原料供应与产品销售

纺织企业的原料供应状况决定着纺织企业的经济效益高低。对于纺织企业来说，经纬纱（丝）的耗用量大，如果厂址远离产地，不仅原料落实存在问题，而且增大运输费用，加大运输耗损，因此厂址选在原料产地最为合适。一般应选在经纬纱（丝）原料产地，适当兼顾其他原料的来源。另外，纺织品是我国出口的传统产品，故原料的产地和外贸出口口岸两者能兼顾更好。厂址的选择也应考虑较为广阔的市场。

（二）能源

纺织企业能耗巨大，厂址附近最好有足够的燃料能源。纺织企业用电量比较大，一般由电厂提供，厂址和电源的距离最远不应超过 3km，以便线路敷设和电能的合理输送。如果新建企业能与已设的热电站或正在兴建的热电站相距在 0.5~1.5km，这不仅能利用燃料资源，而且对企业周边的环境卫生极为有利。

（三）给水、排水

纺织企业的用水量比较大，无论是自来水供应，还是工厂自行取水处理，都应有水量、水质保证。纺织企业空调降温用水量也很大，若用低温深井水制冷比较经济，所以希望企业附近应有充足的地面、地下水资源。

选择厂址时应考虑有无现成的完整的排水系统，企业所在城镇工业废水和生活污水的排放条件及雨水的排放方式。如允许将企业的污水排入城市下水道，则应了解排污地点和管道标高，如不能则应考虑污水处理问题和排放地点。比如丝绸生产企业的缫丝、煮茧、副产品加工车间的废水含有大量的有机物质，丝胶带有异味，不能任意排放。

（四）交通运输

纺织企业的原料、燃料等的运入量和产品的运出量较大，所以厂址必须考虑交通方便，最好能靠近交通运输线及车站、码头等设施，以缩短厂区到车站、码头的距离，减少自修道路等工程。

（五）福利设施

纺织企业是职工密集型企业，尤其女职工比例大。在选择厂址时，必须考虑到职工家属的生活安置、消费品供应，职工的文化娱乐、福利、交通、就近医疗等一系列问题。生活设施、商业网点、幼儿园、学校、医院、邮电所、电影院、图书馆、俱乐部等，最好利用城镇现有和正待建的设施。

（六）企业协作与建材供应

纺织企业需要广泛的企业之间的相互协作，所选厂址应具备这样的条件。建厂的各种材料，如钢材、木材、水泥、砖、沙、石灰等最好能就地解决。所在地的建筑施工力量和技术也不容忽视，从而确保建厂顺利进行。

（七）劳动力资源

纺织行业从业人员多，随着劳动报酬和劳动保险支出的增加，企业劳动成本不断上升，挤压了企业利润空间。为降低人工成本，应选择劳动力成本相对较低的区域。

第三节　厂址选择的步骤

一、选址前准备

（一）组织准备

为了保证厂址选择工作顺利进行，首先应由上级行政主管部门组织成立由建设、设计（包括工艺、给排水、供电、土建、供热和空调、概算等专业）、勘测（包括工程地质、水文地质、测量等专业）等有关单位的人员组成选择小组。

（二）技术准备

（1）了解设计任务书的内容和要求，收集同类型企业的有关参考资料，由工艺设计人员编制工艺布置方案，确定企业组成并估算其大小，拟出工艺总体布置方案图，初步确定企业厂区外形及占地面积。

（2）根据设计任务书的要求，各专业对选址的各项主要指标进行估算，估算项目一般为：整个企业职工人数；主要生产设备台数及重量；整个企业建筑总面积，应分别列出生产区、厂前区、厂后区的建筑面积，主要建筑物的外形尺寸；原材料及成品运输量；水、汽、电的需用量及"三废"的处理量；总投资估算数；施工期间建筑材料用量及运输要求，施工用电量、用水量及劳动力的需要量。

（3）拟出收集资料提纲。一般包括自然条件和技术经济条件。

二、现场调查与勘探

现场调查与勘探，其主要任务是落实厂址条件，要按照厂址要求的具体技术条件，深入细致调查。不仅要了解清楚厂址范围内的情况，而且还应熟悉厂址周围的情况，只有这样才能使建设项目建立在可靠的基础上。

三、厂址方案比较

为了充分发挥项目建设在国民经济中的长期效果，确定厂址必须慎重。一般情况下，所选择的厂址方案都有一定的优点，也有某些不可避免的缺点。为了便于确定最佳方案，通常可对这些方案的若干方面进行对比，对比的主要内容包括以下几方面。

（一）自然条件和技术经济条件的比较

不同的厂址方案，即使在同一区域，也会因为周围环境、生产设施和生活设施的布局不同，而存在各自的优点和某些难以避免的缺点。如果厂址选择在不同区域，差异会更加明显，通过相互比较可以得出综合结果，从而为选择最佳方案提供充分的依据，以确保建设项目的长期经济效益。

（二）对固定资产投资总额的比较

不同的厂址方案会在建筑基础处理、运输设施、能源供应、各类管线建设、城镇公用和福利设施的利用、居住条件、施工条件等方面有所差别，这些差别最终可表现为基建总投资和建设工期的不同，因此就不同厂址方案的这些因素需详细进行比较。

（三）对生产成本影响的比较

厂址选定合理与否，投产后将会长期影响企业原材料及成品的运输，取得能源的条件、给排水费用、工作条件及生活条件的安排、工资总额、折旧、维修及保养费用等，最终可表现在产品成本及企业积累水平的差异。因此，对不同方案建厂投产后的生产经营管理费用进行比较，可看出各方案的优劣，为正确选择厂址提供重要依据。

需要指出的是，在比较不同的厂址方案时，既要注意每一项可比因素，更要从综合效果中得出结论。最佳方案也总是在具体的条件下产生的，无疑它具有很多优点，但也会存在某些不足。选择最佳方案就是要用最少的投资，充分发挥技术经济条件和自然条件的有利作用，使方案在长期的生产过程中取得最理想的经济效益。

四、编写选址报告

根据调查得到的资料和不同的方案的比较，编写选址报告提交上级行政主管部门审批。选址报告一般应包括以下内容。

（一）概述

简要叙述选址的依据、指导思想、选址小组的组成及选址工作过程。

（二）厂址要求及主要选厂指标

说明纺织企业的性质、生产特点、对厂址的一般要求和特殊要求，并列出下列主要选厂指标。

（1）全厂需占地面积。

（2）全厂建筑面积。

（3）全厂职工人数。

（4）生产、生活等用水量。

（5）耗煤量。

（6）电力需用量。

（7）全厂年运输量。

（三）厂址自然条件和技术经济条件

在选址报告中，根据现场调查，查阅资料和勘察的结果，对各种与厂址选择有关的条件均需叙述清楚。并尽可能提供有关图、表等文件。

包括：厂址自然地理行政归属以及附近工业交通设施的距离；居民拆迁及补偿费用的估计；每个方案范围内的工程质量及水文情况；有关地震、洪水及气象资料；给水及排水情况；电力及燃料供应情况；原材料供应情况；邻近地区社会情况。

（四）方案比较

在选址报告中，要详细叙述厂址方案比较情况，对各种建厂条件逐一进行利弊分析。对可供选择的不同方案应分别说明，最后推荐其中一个理想方案，供主管部门参考。

（五）有关附件

（1）厂址区域位置图。

（2）总平面规划示意图。

（3）主要部门的有关批文，选址过程中的会议纪要。

（4）有关协作单位的协议文件、证明材料等。

第三章 产品方案的确定与原料选择

纺织厂的产品分为纱线和织物两大类。纺纱厂的产品主要是纱线；织造厂的产品主要是各类织物；纺、织联合厂的主要产品是各类纯纺或混纺织物、交织织物，也生产一定量各种纤维的纱线产品供销售。本书以织造厂为例进行介绍。

课件

第一节 纺织产品的种类与技术条件

纺织产品的种类很多，随着新原料的不断开发、新技术和新工艺的发展，新产品还在不断出现。现将与纺织厂设计有关的产品分类简述如下。

一、纺织产品的种类

纺织产品种类可按原料构成、产品用途和印染整理加工工艺分类。

（一）按原料构成分类

1. 按纤维种类分类

按纤维种类进行分类是最基本的分类方法之一，织物可分为纯纺织物、混纺织物、交织织物、混并织物。

采用同一种纤维原料织成的织物称为纯纺织物。如纯棉、纯毛、纯真丝、纯麻以及各种纯化纤织物等，简称可去"纯"字。纯纺天然材料织物作为服用面料穿着舒适安全、美观，在工业、国防、医学、通信等领域也有很多应用。但纯纺天然面料存在易皱、易缩、稳定性差等缺陷，一般需要进行物理、化学处理。纯化纤织物具有抗皱、高强、保型等优点，但存在吸湿、透气性差、静电强等缺陷。近年来，采用高新技术研制的细旦、超细旦、异形、复合等长、短化学纤维开发了不少具有洗可穿、易保养、透湿、防风、防臭、抗菌等特点的新型面料。

混纺织物是指由两种或两种以上不同种类的纤维混纺成纱进而织成的织物。混纺织物结合了不同种类纤维的优点，如涤/棉混纺织物既有涤纶的挺括不易皱的特点，又有棉的吸湿性和舒适性；毛/涤混纺则兼具羊毛的保暖和涤纶的抗皱性。根据产品用途和质量要求选用恰当的混纺比例，可获得综合服用性能较好的织物。

交织织物是指经纬向采用不同纤维原料的纱线或长丝织成的织物。如经纱用棉纱线、纬纱用黏胶丝或真丝的线绨织物；棉纱与锦纶丝交织、低弹涤纶丝与高弹涤纶丝交织的织物。此外，在织物中用"金银线"进行装饰点缀，也可算作一种交织形式，是低比例的装饰交织织物。

混并织物是指用不同种类纤维的单纱先并捻成线再织制而成的织物。与混纺织物一样，

16

混并织物可以综合不同纤维的优点，弥补单一纤维性能的不足，同时还能利用不同纤维的组合使混并织物呈现出丰富多样的外观效果。如通过选择不同颜色、光泽和粗细的纤维进行混并，可以创造出具有独特的纹理和色彩效果的织物。

2. 按纱线类别分

有纱织物、线织物、半线织物、花式线织物和长丝织物。

（1）纱织物。经纬向均由单纱构成的织物。这类织物手感柔软且容易进行表面的起绒整理，如棉绒布、巴厘纱、法兰绒等。

（2）线织物。经纬向均采用股线构成的织物。与单纱织物相比，全线织物手感挺括、布面细腻平整、光泽好。

（3）半线织物。经纬向分别采用股线和单纱构成的织物，一般是经纱用股线，纬纱用单纱织成的织物。半线织物的性能特点介于纱织物和线织物之间。

（4）花式线织物。采用各种花式纱线制织成的织物。这类织物由各种花式线的不同结构、不同花色构成丰富多彩的外观，体现织物表面的凹凸、光泽、色彩等变化。

（5）长丝织物。采用天然丝或化纤长丝织成的织物。与短纤维织物相比，长丝织物纹路清晰且均匀，手感滑爽、布面光洁、色光明亮、视觉效果佳。

（二）按产品用途分类

按照应用领域，织物可以分为三大类。

（1）服用织物。也称为衣用纺织品，包括服装面、辅料和服饰配件等，也可分为内衣织物和外衣织物。内衣织物要求柔软，吸湿性、透气性好，穿着舒适；外衣织物要求厚实、挺括、保暖性强、耐磨性好。

（2）装饰用织物。用于美化环境用的纺织品，包括地面装饰、墙面贴饰、挂帷遮饰、家具覆饰、床上用织物与纤维艺术品等。装饰用织物是一种艺术性与实用性相结合的软质装饰材料，也可以说是一种工艺美术品，在品种结构、织纹图案和配色等各方面较其他纺织品有突出的特点，一般要求外表美观大方。

（3）产业用织物：根据各种技术上的特殊要求而专门织造的织物，如运输带、过滤布、绝缘布、人造革底布、特种织物等。特种织物是指国防用织物，如降落伞布、防毒布、航天服等，这类织物均有特殊要求，对某些力学性能的要求较高。

（三）按印染整理加工工艺分类

按织物印染加工和后整理工艺的分类方法，在加工业和商业上经常被采用。

（1）本色坯布。由原色纱线织成后，不经任何印染加工的织物，又称本色坯布。这类织物对布面条干、外观疵点的要求一般比漂色布、印花布略高。

（2）漂白织物。本色坯布经练漂加工后所获得的织物。这类织物的外观疵点在退浆、煮练、漂染过程中易于除去，因此，对其要求一般比本色布略低。

（3）染色织物。坯布经匹染加工后所获得的织物。

（4）印花织物。坯布经练漂后再印花加工而成的织物。

（5）色织织物。用染色纱线作为经纬纱织成的织物，给纱染色一般有色纺纱和染色纱两种方式。

（6）整理布。经树脂、电光、定型、轧花、防缩等整理后的织物，具有特定的外观和性能。

二、纺织产品的技术条件

为使织物满足使用要求和具有某种独特的风格，各种织物均需达到规定的技术条件。织物的技术条件是确定织前准备和织造工艺流程、进行织物工艺计算、计算单位产品用纱量、经纬纱总用量和原料用量的依据。织物的技术规格条件包括：织物组织、坯布幅宽（cm）、经纬纱线密度（tex）、经纬纱密度（根/10cm）、总经根数、边经根数、经纱和纬纱回丝率（%）等。

第二节　产品方案及代表性品种的选定

产品方案是指工厂设计中，进行工艺计算时所选的代表性产品的品种及产量比例。

纺织厂设计的产品方案一般是在项目建议书中确定的。设计部门根据已定产品方案进行设计计算。设计部门不仅要做到使设计内容符合产品方案的要求，还要考虑到投产后原料与市场销售情况的发展与变化。因此，在设计时，必须考虑生产上的灵活性，在不增添设备的条件下，能适应产品品种的变化。

一、确定产品方案的意义

纺织厂设计的产品方案是新厂设计中选配原料、确定生产工艺流程和设备机型、进行配台计算及其他各个专业设计的主要依据，涉及原料供应、工艺流程和机型、前后道工序机器配备、生产技术水平及产品销售等，因此，确定产品方案是纺织厂设计的核心。

产品方案确定的合理与否，直接关系到工厂设计中设备的配备台数，并决定着工厂投产后能否适应各种产品品种的变化和机台产量的平衡。另外，水、电、汽、土建等项目的设计以产能为依据，这些因素的综合，关系到建厂投资和新厂建设后产品的产量和质量，关系到企业对市场的应变能力及综合经济效益。如果产品方案不合理，产量就没有代表性，项目的设计也不会合理，所以确定产品方案具有极其重要的意义。

二、确定产品方案的一般原则

产品方案一般根据原料来源、市场需求、所选设备的生产能力、生产管理水平和技术水平等条件来确定，既要考虑经济效益，又要考虑长远性生产的可行性。确定产品方案应遵循以下原则。

1. 原料来源

制订产品方案，必须考虑原料供应。纺织产品常用的纤维原料除了棉、毛、麻、丝及其短纤纱线绢丝和紬丝等天然纤维原料之外，还有各种化纤及其短纤维纱线，且化学纤维占总体纤维的比例逐年增加。选择代表性产品时，应充分利用建厂地区的特有资源，制订合适的产品方案，使工厂投产后能适应原料的变化，得到少投入多产出的良好经济效果。如在蚕丝的生产地区建厂，以纯真丝产品为主，则代表性产品中的纯真丝产品和含丝量较大的交织产品的比例可以适当加大；在产棉区建厂，产品原料可以棉纤维及棉型化纤为主；在羊毛产区建厂，产品原料则以毛纤维及毛型化纤为主；在化学纤维来源方便的地区建厂，可以充分考虑化学短纤维纱线、化学长丝等原材料，生产纯化纤织物和化纤含量较高的混纺交织织物。

2. 市场需求

新建纺织厂时，所考虑的产品方案对今后的顺利经营、经济效益提高有相当重要的意义。产品适销对路是新厂建成后企业生存和发展的关键。在确定产品方案时，必须对国内外市场需求动态做大量和周密的调查分析，充分考虑市场信息和产品销售地区的需要，即考虑当地人们的风俗习惯、气候条件、社会条件、生活水平和特殊需要。结合本厂的具体条件恰当选择代表性品种，发挥自己的优势，适应市场变化的需要。这样企业才能有活力，生产出利润较高、适销对路的产品，既能满足国内外市场的需求，又能提高自身的经济效益。

如在北方建厂，厚实、保暖、颜色较深的产品比例可适当加大；在南方建厂，可适当增加薄型、浅色产品的比例；有外销条件和技术比较先进的地区，可以充分考虑外销的代表性品种；在少数民族地区建厂，可根据当地人民的需要，选择一定比例的民族特色产品作为代表性产品。

3. 工艺流程和机型

按照印染加工方式，机织物可分为色织物和白坯织物；根据图案纹样，又可分为简单的素织物和复杂的花织物。它们所涉及的工艺流程和设备机型不同。新建工厂时，产品方案中花素织物、生熟织物的比例，应根据市场需求和建厂地区的具体情况决定。设计中应根据产品种类和选配原料的特点，选择合理的工艺流程和机型，使其既有针对性，又有应变的灵活性，以适应翻改品种的需求。

随着纺织机械正向着标准化、通用化、系统化方向发展，机器的适应性增强。在确定机型的前提下拟定产品方案时，应与机器设备的工艺性能相符合。

4. 前后工序的配台数

产品方案不同，各工序机器配台数不同。确定产品方案时，还应考虑方案中代表性织物的平均纬密。平均纬密是指产品方案中各个代表性产品纬密的加权平均数，其计算方法如下：

$$\overline{P}_w = P_1 \cdot a_1 + P_2 \cdot a_2 + P_3 \cdot a_3 + \cdots + P_i \cdot a_i \tag{3-1}$$

式中：P_i——代表第 i 种产品的纬密，根/10cm；

a_i——代表第 i 种产品在产品方案中的产量比例，%。

产品方案中，若织物的平均纬密适当，织前准备各工序及织机配台数较均衡，新厂建成后，对品种翻改的适应性强。若产品方案中，织物的平均纬密过大，织机产量低，织机配备的台数就多；如果平均纬密太小，织机配备的台数就少。这样，投产后更换品种，会带来织前准备工序设备与织机产量不平衡，势必一些机台会比较紧张，一些机台比较宽裕，给生产组织带来麻烦。因此，原则上在制定产品方案时，最好各种纬密的织物，按比例适当搭配，使其平均纬密基本控制在中等水平。

5. 投产后改变品种的灵活性

为适应市场对纺织产品的要求，投产后更换品种的机会很多，因此，花素织物和生熟织物的选择对新建厂是应该充分考虑的。一方面是要考虑到国内外市场的需求和经济效益，另一方面需要考虑根据代表性品种配备的设备、工艺条件，投产后是否能满足生产品种变化的灵活性。同时，还要考虑有利于安排生产。因此，产品方案选取要适当，不应采用工艺不成熟的试验性产品或者生产过程中难度较大的特殊产品作为代表性产品。

对于新建厂来说，在选择品种时，如果资金、技术条件允许，应该使所选品种既适应配套的各织前准备工序，又适应织造工序要求的织机筘幅、开口机构等设备，还具有翻改品种的灵活性。

6. 生产管理和技术水平

在选择产品方案时，还必须考虑到建设单位所具有的管理水平和技术水平。如果建厂地区技术条件比较先进，可以较多考虑高档产品。如果是新厂建设，且各方面基础相对比较缺乏（包括管理水平、技术水平），就应以低中档品种为主。如果是老厂改造或扩建，就可以选择以中高档产品为主，充分发挥企业的生产能力和技术潜能，取得较好的经济效益。

从设计过程来说，代表性产品的种类多，工艺的计算工作量大，将增加麻烦；代表性产品的种类少，代表性品种不强，设备配台数难以合理，投产后更换品种的灵活性小。

从产品投产后的管理来说，品种少，生产管理方便，有利于实行专业化生产，提高产品的产量与质量，降低成本，但对市场的应变能力差。品种多，则情况相反。因此，一般来说，3~6个品种组合成一组产品方案较适宜。

制订可行性研究报告中的产品方案时，以上原则要综合考虑，必须兼顾各个因素，综合分析，全面衡量，不能顾此失彼，才能得到合理的代表性产品方案。

三、产品方案举例

1. 装饰用面料织造厂产品方案

装饰用面料织造厂产品方案见表3-1。

表3-1 装饰用面料织造厂产品方案

产品名称		遮阳窗纱面料	提花遮光窗帘面料	提花仿麻沙发面料
产量比/%		30	30	40
织物成品规格	外幅/cm	310	310	310
	内幅/cm	308	308	308
	经密/（根/10cm）	268	1510	771
	纬密/（根/10cm）	291	480	374
	克重/（g/cm²）	73	286	279

续表

产品名称		遮阳窗纱面料	提花遮光窗帘面料	提花仿麻沙发面料
经丝根数（内经+边经）		8254+64×2	46508+120×2	23746+78×2
经线组合		61旦/24F FDY9.5T/Z	75旦 DTY 网络丝	150旦/144F 消光 DTY 网络+300旦/84F 有光涤纶丝
纬线组合	A	18.22tex 涤纶纱	250旦涤纶黑丝	250旦/96F 半光涤纶黑 DTY 网络
	B	150旦/50F FDY 特种有光丝	300旦 FDY 有光色丝	3006旦/84F 有光涤纶丝
投纬比例		1:1	1:1	1:1
基本组织		平纹	正面大提花、反面小提花	双层结构的变化组织

2. 服装用面料织造厂产品方案举例

服装用面料织造厂产品方案见表3-2。

表3-2　服装用面料织造厂产品方案

品号		10152	23358	62103
产品名称		顺纡乔其	花绉绸	花软缎
产量比/%		30	40	30
织物成品规格	外幅/cm	156	144	106
	内幅/cm	154	142	105
	经密/（根/cm）	57.3	58.9	137
	纬密/（根/cm）	48	45.5	52
	克重/（g/cm²）	22	80	98
	匹长/m	48	84	80.5
经丝根数（内经+边经）		8824+96×2	8364+90×2	14385+32×2
经线组合		1/20/22旦厂丝，26捻/cm右	45旦半光涤纶，8捻/cm，机浆	1/20/22旦厂丝
纬线组合		1/20/22旦厂丝，32捻/cm右	45旦半光涤纶+45旦半光涤纶8捻/cm	1/120旦有光人造丝
基本组织		平纹	四枚绉组织	八枚缎纹

第三节　原料选择

　　纺织品是充分利用各种纺织纤维材料并与材料外观、性能、价值及生产工艺、后处理等紧密结合形成的特定产品。织物品质与构成织物的纺织纤维材料的性质和纱线品质密切相关。

一、纺织原料的分类

　　目前，纺织品用的纤维原料品种十分丰富，性能各异。按属性，纺织材料分天然纤维和化学纤维两大类。天然纤维包括棉、麻等纤维素纤维及桑蚕丝、羊毛等蛋白质纤维；化学纤维包括再生纤维和合成纤维。化学纤维可以以长丝形态直接进行织造，也可以切断成短纤维经纺纱后再进行织造。

　　随着科学技术的发展，各类材料的材质及物理和化学性能产生了较大的变化，成为具有应用特色的新型材料。弹性纤维、超细纤维、异形纤维、复合纤维等功能纤维、新型差别化纤维都是高新纺织品设计开发的重要材料。为了提高纺织品的外观品质和艺术效果，还可以应用无机质的金、银、铜、铝等金属加工丝（纱）线。

　　常用纺织原料及规格见表3-3。

表3-3　常用纺织原料及规格

天然纤维	短纤维	植物纤维	棉
			苎麻、亚麻等麻类纤维
		动物纤维	绵羊毛等各类毛纤维
			桑蚕丝、柞蚕丝等的副产品：绢丝和紬丝
	长丝		桑蚕丝、柞蚕丝
化学纤维	短纤维		棉型化学纤维
			毛型化学纤维
			中长型化学纤维
	长丝	再生纤维	黏胶纤维、铜氨纤维、醋酯纤维等
		化学纤维	涤纶丝、锦纶丝、丙纶丝、氨纶丝等
		金银铝皮	金银丝线
无机质纤维			金属丝

　　上述纤维作为纺织原料进入织造厂时的形态结构主要有以下三类。

　　（1）复合丝形态。指由多根单丝合并而成的丝线，如一根生丝是由若干根茧丝借丝胶胶着而成的；一根化纤长丝是由多根单纤丝组成的。

　　（2）纱线形态。用一种或几种短纤维纺制的纱或用纱再并捻而成的线，如黏胶纱（人棉纱）是由黏胶纤维纺成的，蜡线是由棉纱经并捻成线，再上蜡制成的。

（3）加工丝形态。经特殊的加工方法得到的特殊纱线，如花式线、弹性丝、膨体丝、网络丝、空气变形丝、包芯纱等。

二、纺织原料的选用

纯纺织物在机织产品中所占比例很大。

桑蚕丝织物，不仅穿着舒适，外观华丽，而且在各方面都有很广泛的用途。但纯丝织物价格昂贵，易皱、易缩、形状稳定性差，这些影响了真丝绸的发展。

再生纤维织物虽然价格低廉，但使用时软疲、皱缩、强力低，特别是湿牢度太差，也限制了其应用，一般只能用于织制服装里料、棉袄面料、被面、床罩、像景、壁挂之类不常洗涤和揉搓的产品。

合成纤维织物具有很多人造丝织物不具备的优点，可以提高织物的硬挺度，但吸湿透气性很差，不适宜织制柔软舒适、吸湿透气要求很高的内衣制品和夏季服装。

当前纺织品发展的重要方向是充分利用各类材料特征，联合配置、组合设计各类纤维原料，开发受消费者青睐的各类外表美观、适应范围广、舒适耐用性强的产品。

因此，在选择原料时应考虑以下几方面。

1. 要有利于生产的正常进行

采用两种以上纤维原料时，首先要考虑各环节能否正常进行，如整经、织造时是否容易断裂、染色印花吸色功能是否存在问题、热定形是否对部分纤维造成损伤等。例如，织机开口时经纱受钢筘摩擦极易断裂，故不适合采用纤维较短的单股纱，应选用双股或多股纱线，也可在单股纱线上抱合强度较高的长丝，适当加捻后用作经线。多种材料交织时，后整理工艺有不同要求，必须考虑后整理对纤维造成的损伤。如桑蚕丝与涤丝交织，仅能采用染浅色和低温定形，避免在高温高压下桑蚕丝受损伤。

在同一产品中，材料种类与细度规格不宜复杂，否则准备工序及管理工作将十分繁复。

2. 要有利于发挥最大社会经济效益

纺织品在市场上有较强的竞争能力，才能取得较好的社会经济效益。为此，应重视产品生产的高质低耗和安全、物美价廉。产品选用原料时，通常把性质近似、价值相当的原料进行配合，如涤纶纱与棉纱、锦纶丝与再生棉等，能较好地体现织物的层次结构，有助于提高产品的社会经济效益。

3. 要充分发挥纤维材料的特长

把优缺点互补的材料通过混纺或交织的办法形成织物，比较受消费者欢迎。它们充分发挥纤维材料的特长，使纺织品既具有良好的服用性能，同时外表美观、舒适耐用，而且经济效益较高。如常见的涤/棉交织，既保持合纤织物平挺、坚牢的特性，又能解决纯绵织物吸湿透气性差的问题，是典型的纤维性能互补交织的实例。但生产难度比纯纺织物大些，在选择代表性产品方案的原料时不仅要充分考虑发挥纤维的特长，还应着重考虑建成投产后如何能发挥企业的最大经济效益并确保生产的正常进行。

4. 要有助于提高织物的艺术魅力

纺织品的艺术魅力是提高竞争力的又一重要手段。纺织面料的特点可以是五彩缤纷、素净大方、闪烁含蓄或柔媚动人等，这些都是借用原材料特性、结构与色彩的紧密配合来实现的。

选择产品方案的原料时，也可适当关注一些特殊类型纱线。如金银线、花式线等在装饰织物的表面可产生特别的艺术效果。设计浮雕高花织物，可采用回缩率大的锦纶材料进行背衬，以产生较强的凹凸感。适当利用无机质金属丝纤维，可对产品起到点睛的作用。

5. 要关注面料的功能性与智能化

纺织品在满足人们基本生活要求的同时，被赋予一种或几种特殊功能的情况也越来越多。产品方案中适当选取功能性纤维、差别化纤维、绿色纤维，能增加纺织品的功能化与保健化，有助于提高纺织品的附加值。

第四章　产品工艺流程与设备选择

当产品方案确定以后，首先应根据产品的种类、所选原料的特性，确定合理的工艺流程，然后根据生产工艺流程选择设备的型号和规格。

第一节　确定产品工艺流程

生产工艺流程不仅是所有机器设备、劳动组织、人员定额等计算以及设备选择的基础，而且是机器排列、车间布置和总平面设计的依据。因此，确定生产工艺流程并选择合适的设备型号和规格是纺织厂设计的核心。

一、确定工艺流程的意义

产品在加工过程中所采用的设备、产品经过各设备的顺序和次数，称为该产品的加工工艺流程，或称为工艺道数。当工艺流程确定以后，再根据工艺流程选择各工序所使用的设备（即设备的型号和规格），然后选择各设备具体的工艺参数。确定工艺流程和各设备的工艺参数的过程，即制订该产品的工艺计划。

确定工艺流程是纺织产品工艺设计的主要内容之一。工艺流程的长短及其合理性对产品的质量、风格、特征影响很大，与设备配台的数量直接相关；对建厂投资、原料消耗和投产后对各种产品加工的适应性也有影响。工艺流程也是车间布置、机器排列、总平面图设计的依据。车间平面图的排列必须根据工艺路线顺畅、半成品运输畅通，避免交叉迂回，便于生产的进行和管理工作。

由此可见，工艺流程的确定关系到机器设备的选择、车间机器的排列、生产计划的制订、产品质量以及成本的高低。工艺流程确定得是否合理、正确，往往对整个设计工作的优劣影响非常大。确定工艺流程时，要慎之又慎。

二、确定工艺流程的基本原则

在现代纺织企业设计中，合理正确制订产品的生产工艺流程，往往关系到设计工作的优劣。确定产品工艺流程时，要尽可能以产品的风格要求和原料的性能为依据。遵循"技术先进、成熟可靠、经济合理"的原则，在充分了解机器的性能、特征及供应情况的基础上，选购符合生产需要的机器设备。

确定生产工艺流程时一般遵循以下原则。

（1）应满足最终产品的质量要求、风格特点。确定工艺流程后，产品即按照选定的工艺流程进行生产，因此，经过所选的工艺流程加工出来的产品应能达到自身的风格特点，并尽量提高产品的产量、质量和降低原料的消耗。这要求设计者对织造原理、各种产品风格等非常熟悉，并对各种机器有很深的了解。

（2）要考虑技术上的先进性和实际上的可能性。要收集尽量多的技术资料（比如设备的定型鉴定材料），尽量采用新工艺、新技术、新设备，以保证设计上的先进性，提高产品质量和产量，也有利于实行操作和运输的机械化、连续化、自动化，以改善工人的劳动条件。避免采用未成熟的新工艺、新技术和新设备，以保证新厂投资后生产的可靠性。

（3）要考虑设备供应和工艺情况。既要保证工艺合理，又要考虑设备供应的可能性，不能因设备购置困难而影响建厂进度。

（4）必须要考虑经济效益。在保证半制品及织物质量的前提下，应尽可能缩短工艺流程。缩短工艺流程，可减少机器设备数量，从而使厂房面积、电气设备、空气调节、劳动定员、基建投资等相应减少，降低产品成本。如果同一产品有几种可供选择的生产工艺流程或设备时，应根据具体情况选择一种经济上合理、技术上可靠的方案。

（5）为了适应市场需要和提高企业竞争能力，机器的工艺流程要有一定的通用性和适应性，方便更换生产品种。

三、确定工艺流程的依据

织造工艺尤其是织前准备工艺非常烦琐，经常是几道到十几道不等，特别是桑蚕丝加强捻的绉类织物或熟坯织物的工艺流程较长。这就要求在保证半制品和织物质量的前提下，合理、正确地制订各种品种的工艺流程，降低生产成本，增加企业经济效益。

选择工艺流程的重要依据就是产品的风格要求和原料的性能，也就是怎样利用既定的原料生产出符合规格要求的产品出来。

1. 原料的规格、等级和卷装形式

原料的规格、等级、卷装形式都将对生产工艺产生影响。不同规格、不同等级的原料对工艺的要求是不同的。另外，原料卷装形式改变，将对后阶段的工艺流程产生较大的影响。例如，筒装黏胶丝，绞丝染色前要先经过加捻、扬返成绞，染色后再络。

2. 织物的经纬组合

织物的经纬组合是确定工艺流程很重要的一个因素。织物的经纬组合主要是通过并丝、捻丝工艺实现的。要获得不同的经纬组合，关键在于安排并、捻工序的顺序。在加工过程中不断地改变纱线的细度、捻度、捻向、张力等，使其性能得到改善，提高纱线的强度和弹性，并适度地改变纱线的卷装形式。色织产品还应在纱线并线之前进行染色。

3. 织物结构特征（包括花织物、素织物、生织物、熟织物）

织物种类很多，根据经纬原料织造前是否经过练染加工，可将织物分为生织物与熟织物。还可以分为平素织物与提花织物，它们的工艺流程与加工工艺均有一定的差异。一般来说，熟织物有成绞、染色、色泽分档、再络等工序，而生织物没有。提花织物有纹制、装造等工序，平素织物装造则比较简单。

4. 织机和织前准备设备的类型

工艺流程总是和设备紧密联系的。不同品种的原料所适应的生产设备也不同，因而不同品种的原料的工艺流程也不一样。例如，无梭织机不需要卷纬工序，喷水织机的经丝采用合纤分批整经、无捻上浆的工艺路线。

四、各类纺织产品的一般工艺流程

织物在原料、品种、组织、规格及用途等方面都具有各自的特殊性，在加工过程中应针对这些特殊性选择适宜的加工过程和加工设备。

由于现代织造已经从原来的有梭织机发展到剑杆织机、片梭织机、喷水织机、喷气织机等全自动无梭织机。品质优良的织轴与纬纱，是发挥现代无梭织机优越性的保障。下面就常见机织物在全自动无梭织机上生产的加工工艺流程设计进行介绍。

（一）桑蚕丝织物的工艺流程

桑蚕丝织物种类很多，各类织物都有特殊的风格。现将各类丝织物的工艺流程举例如下。

1. 桑蚕丝生织物加工工艺流程

未经染色的经纬线先加工成丝织物，而后再经练染加工的织物称生织物。图 4-1 为桑蚕

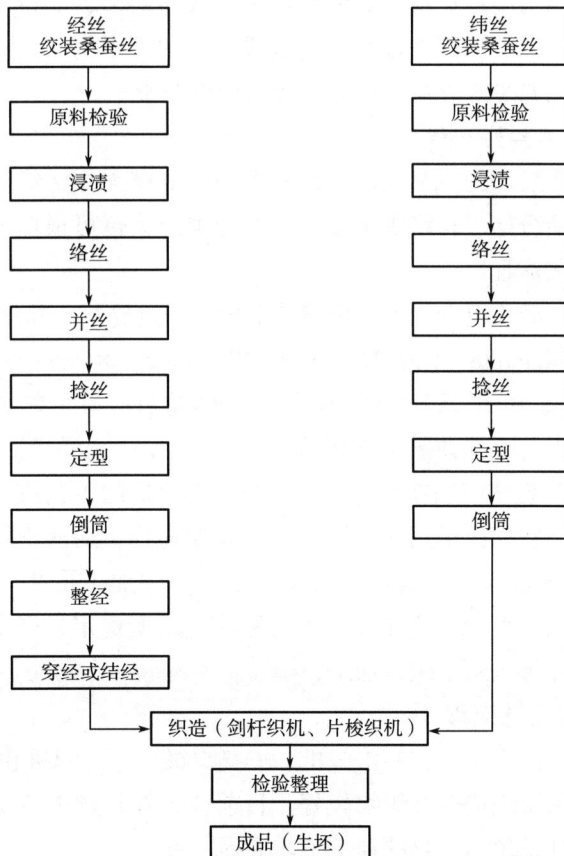

图 4-1　桑蚕丝生坯织物在剑杆、片梭织机上织造的工艺流程图

丝生坯织物在剑杆、片梭织机上织造的工艺流程图，所示工艺流程既适用于平经平纬桑蚕丝织物［如 11207 电力纺织物，经纬丝组合均为 22.22/24.44dtex×2（2/20/22 旦）桑蚕丝］，也适用于绉经绉纬桑蚕丝织物［如 10101 乔其织物，经丝组合为 22.22/24.44dtex×2（2/20/22 旦）桑蚕丝，30 捻/2S2Z；纬丝组合 22.22/24.44dtex×4（4/20/22 旦）桑蚕丝，30 捻/cm，捻向 2S、2Z］。

无梭织机织造时，多采用高速引纬系统。对平经平纬桑蚕丝素织物的经纬向丝线组合采用并合捻丝工序，区别于有梭织机的工艺流程。其捻度的多少以不影响织物风格为前提，一般加 100~250 捻/m。

经向加捻的目的是提高丝线的强力、抱合力，减少在准备织造各工序中产生的起毛、分裂与断头，对原料的品质要求可适当降低。同时，丝线经并合后，所需的停经片减少，停经片的密度减少，织造过程中的误停和不停现象随之减少，大幅提高了整经、穿结经和织造工序的效率和质量。

为避免纺类等平纬织物的多根无捻组合纬丝在引纬过程中分裂，导致剑杆头钳纬、交接纬等产生失误，纺类等平纬织物纬丝也应加适量低捻，以增加丝线间的抱合力，使纬丝组合在一起不分离。

此外，由于高速整经与高速织造，致使整经中丝线扭缩多，织造中滚绞严重，因此低捻丝必须经过定型机定型，以消除因加捻而产生丝线内部的不平衡力偶和伸长不匀现象，并对桑蚕丝有预缩作用，从而减少真丝绸上的宽急经和经柳织疵。

2. 桑蚕丝熟织物加工工艺流程

经纬线先染色，织成后即为成品的织物称熟织物，如塔夫绸、织锦缎等。一般来说，熟织物有成绞、染色、色泽分档、再络等工序。真丝纤维的染色可根据生产条件选择松式筒子染色或绞丝染色两种工艺流程。

如 12301 素塔夫绸，经纬组合均为有色熟桑蚕丝，经过捻丝、并丝再捻丝的熟坯素织物，其经丝组合为［22.22/24.44dtex（20/22 旦）×8 捻/cm×2］×6 捻/cm 有色熟桑蚕丝；纬组合为［22.22/24.44dtex（20/22 旦）×6 捻/cm×3］×6 捻/cm 有色熟桑蚕丝。根据分析织物经纬组合特征，制订其工艺流程如图 4-2 所示。

图 4-2 所示的桑蚕丝熟坯织物在剑杆、片梭织机上织造的工艺流程图，是典型的弱捻双经线用于熟织真丝织物。它往往采用先并捻（单根丝加弱捻，后两根弱捻丝并合，再反向加弱捻而成）后染色的工艺过程，这是真丝熟经特定的一种加工形式。经过第二次反向加捻后，原单根经丝的捻度剩余很少，这样加工出的经线，线型稳定、坚牢、富有弹性，并保留着真丝的天然光泽。虽经练、染、织造加工，丝身也不易起毛和断裂。

（二）合纤类织物的加工工艺流程

合纤类织物以白织产品为主，在喷水织机、喷气织机、剑杆织机和片梭织机上均可织造。综合生产成本，以喷水织机织造合纤织物较好。目前，合纤长丝类色织物是以原液着色合纤长丝为原料，因此与合纤长丝白织物的加工工艺流程一致。

图 4-3 是采用喷射织机织平经平纬合纤织物的工艺流程。无捻合纤长丝和网络丝织造前

```
              经丝                                    纬丝
  22.22/24.44dtex桑蚕丝（绞装）          22.22/24.44dtex桑蚕丝（绞装）
               │                                      │
           原料检验                                 原料检验
               │                                      │
            浸渍                                    浸渍
               │                                      │
            络丝                                    络丝
               │                                      │
            单捻                                    单捻
               │                                      │
            并丝                                    并丝
               │                                      │
            复捻                                    复捻
               │                                      │
            定型                                    定型
               │                                      │
            成绞                                    成绞
               │                                      │
            染色                                    染色
               │                                      │
          色泽分档                                色泽分档
               │                                      │
            再络                                    再络
               │                                      │
            整经                                      │
               │                                      │
        穿经或结经                                    │
               └──────────┐            ┌──────────────┘
                     织造（剑杆织机、片梭织机）
                             │
                         检验整理
                             │
                       成品（熟坯）
```

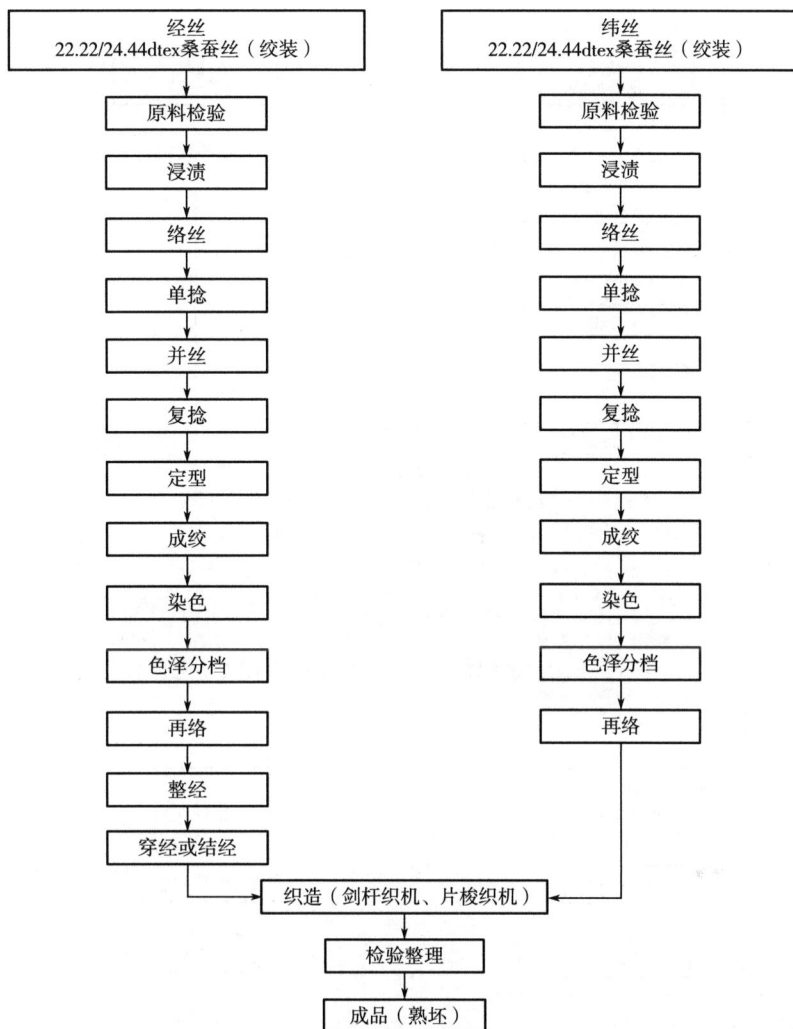

图 4-2　桑蚕丝熟坯织物在剑杆、片梭织机上织造的工艺流程图

必须浆丝，通常采用轴对轴的上浆方式，也可采用整浆联合，即整经和浆丝两道工序合二为一。

图 4-4 是采用喷射织机织绉经绉纬合纤织物的工艺流程。加中高捻的合纤长丝可以免上浆，网络度高的变形丝可直接分条整经，也无须上浆。

在剑杆、片梭织机上织平经平纬合纤织物和绉经绉纬合纤织物，如图 4-5 所示的工艺流程均适用。

其中，捻丝加工通常在倍捻机上进行。部分倍捻机上装有电热定型设备，称为一步法倍捻机。利用该设备可将捻丝与定型加工合并为一道工序，缩短工艺流程，称为一步法工艺。但这种定型方式的定型时间短，效果不如捻丝和定型两道工序分开进行，所以大多数工厂还是使用加捻和定型的二步法工艺路线。

```
┌──────────┐                              ┌──────────┐
│   经丝    │                              │   纬丝    │
│  化纤原料  │                              │  化纤原料  │
└────┬─────┘                              └────┬─────┘
     │                                         │
┌────┴─────┐                              ┌────┴─────┐
│  原料检验  │                              │  原料检验  │
└────┬─────┘                              └────┬─────┘
     │                                         │
┌────┴─────┐                                   │
│  分批整经  │                                   │
└────┬─────┘                                   │
     │                                         │
┌────┴─────┐                                   │
│   浆丝    │                                   │
└────┬─────┘                                   │
     │                                         │
┌────┴─────┐                                   │
│   并轴    │                                   │
└────┬─────┘                                   │
     │                                         │
┌────┴─────┐                                   │
│   分绞    │                                   │
└────┬─────┘                                   │
     │                                         │
┌────┴─────┐                                   │
│ 穿经或结经 │                                   │
└────┬─────┘                                   │
     │    ┌────────────────────────┐          │
     └────┤  织造（喷水织机、喷气织机）  ├──────────┘
          └───────────┬────────────┘
              ┌────────┴────────┐
              │    检验整理       │
              └────────┬────────┘
              ┌────────┴────────┐
              │   成品（生坯）    │
              └─────────────────┘
```

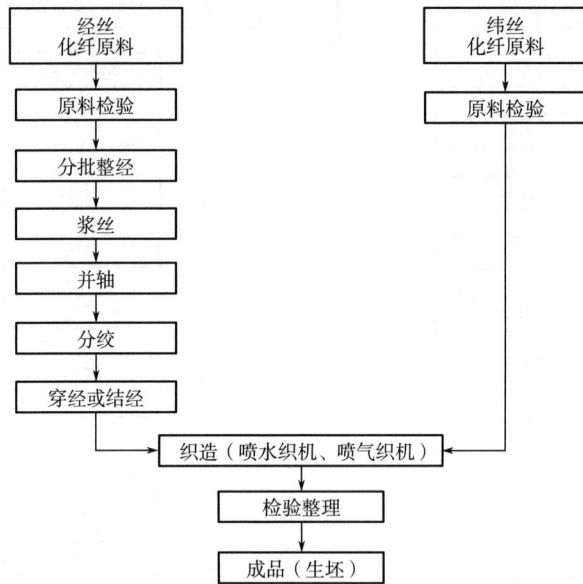

图 4-3　采用喷射织机织平经平纬合纤织物的工艺流程

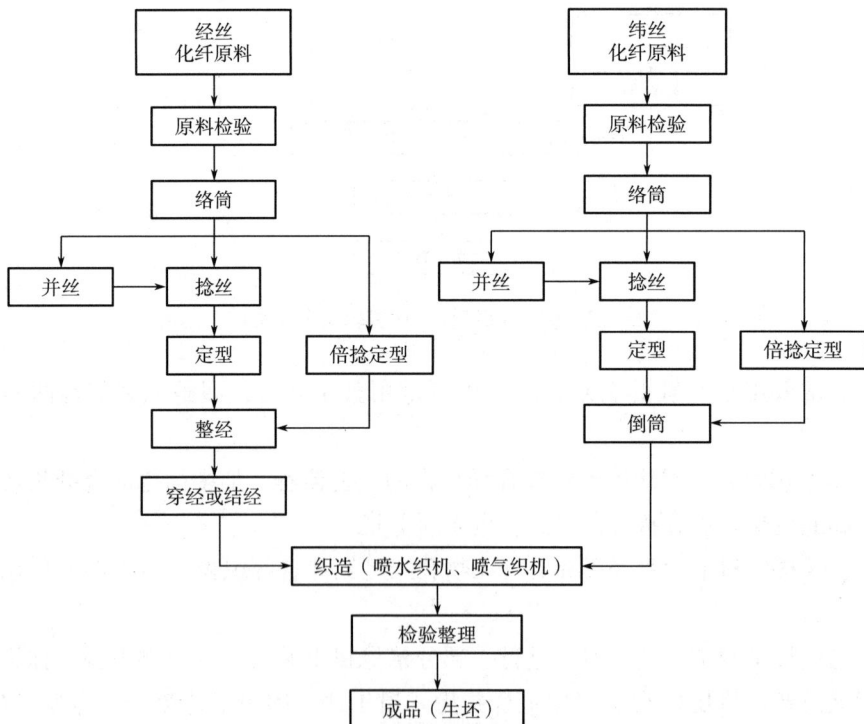

```
┌──────────┐                              ┌──────────┐
│   经丝    │                              │   纬丝    │
│  化纤原料  │                              │  化纤原料  │
└────┬─────┘                              └────┬─────┘
┌────┴─────┐                              ┌────┴─────┐
│  原料检验  │                              │  原料检验  │
└────┬─────┘                              └────┬─────┘
┌────┴─────┐                              ┌────┴─────┐
│   络筒    │                              │   络筒    │
└────┬─────┘                              └────┬─────┘
 ┌───────┐ ┌──┴───┐ ┌──────┐      ┌───────┐ ┌──┴───┐ ┌──────┐
 │  并丝  ├─┤  捻丝  │ │倍捻定型│      │  并丝  ├─┤  捻丝  │ │倍捻定型│
 └───────┘ └──┬───┘ └──┬───┘      └───────┘ └──┬───┘ └──┬───┘
         ┌────┴─────┐   │                ┌────┴─────┐   │
         │   定型    │   │                │   定型    │   │
         └────┬─────┘   │                └────┬─────┘   │
         ┌────┴─────┐   │                ┌────┴─────┐   │
         │   整经    ├───┘                │   倒筒    ├───┘
         └────┬─────┘                    └────┬─────┘
         ┌────┴─────┐                         │
         │ 穿经或结经 │                         │
         └────┬─────┘                         │
              │  ┌────────────────────────┐  │
              └──┤  织造（喷水织机、喷气织机）  ├──┘
                 └───────────┬────────────┘
                     ┌───────┴────────┐
                     │    检验整理      │
                     └───────┬────────┘
                     ┌───────┴────────┐
                     │   成品（生坯）   │
                     └────────────────┘
```

图 4-4　采用喷射织机织绉经绉纬合纤织物的工艺流程

除整经、浆丝和并轴机外，加工合纤类织物采用的络筒机、倍捻机、倍捻定型一步法倍捻机等设备，通常用化纤专用设备。

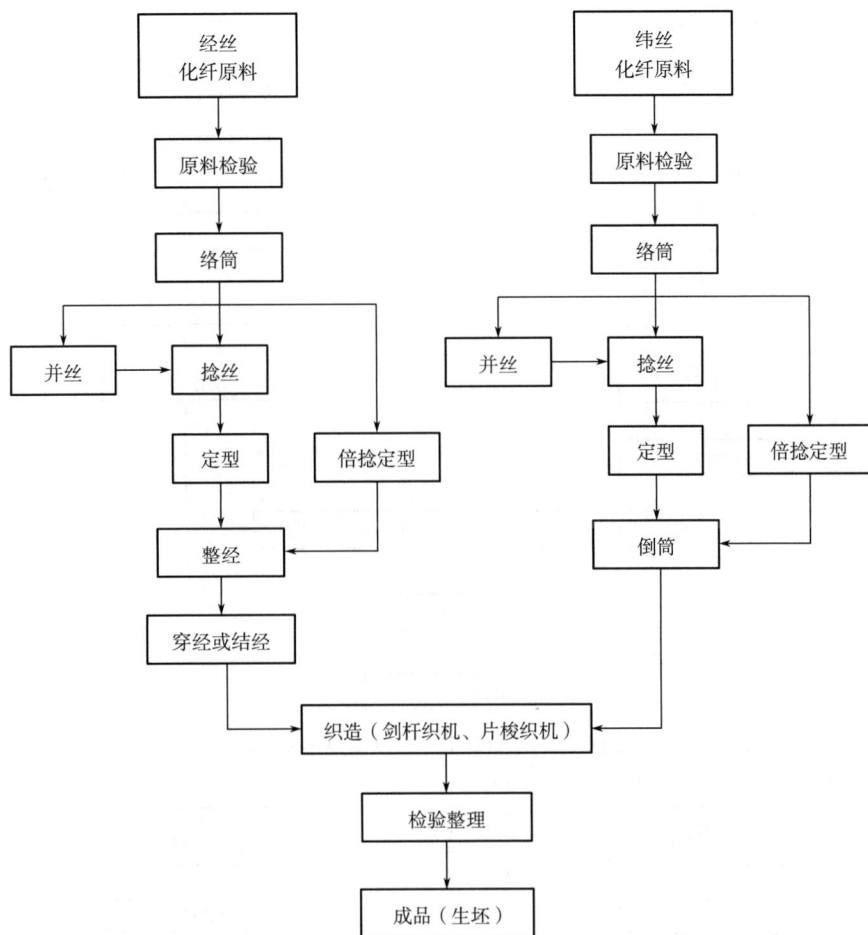

图 4-5　采用剑杆、片梭织机织合纤织物的工艺流程

（三）再生纤维长丝类织物加工工艺流程

再生纤维长丝是指以天然高分子化合物如（纤维素等）作为原料，经加工形成质地柔软光亮、有良好吸湿透气性的纤维，包括黏胶纤维、铜氨纤维、醋酯纤维等。由于再生纤维长丝吸水性强，喷水织机不宜用于织再生纤维长丝织物。除喷水织机外，喷气织机、剑杆织机和片梭织机均可用于再生纤维长丝织造。

再生纤维长丝出厂有三种包装形式：筒装、饼装和绞装。现以筒装丝为例介绍再生纤维长丝类产品的一般加工工艺流程。

1. 再生纤维长丝类无色织物

图 4-6、图 4-7 所示分别为无梭织机织再生纤维长丝类无色无捻织物、无色有捻织物的工艺流程。

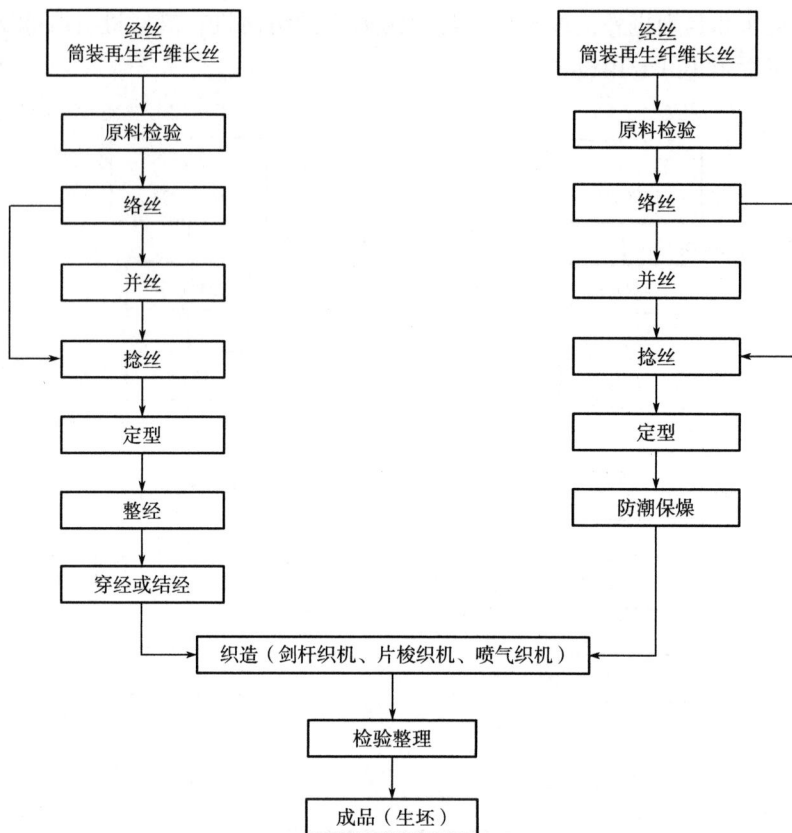

图 4-6 无梭织机织再生纤维长丝类无色无捻织物的工艺流程

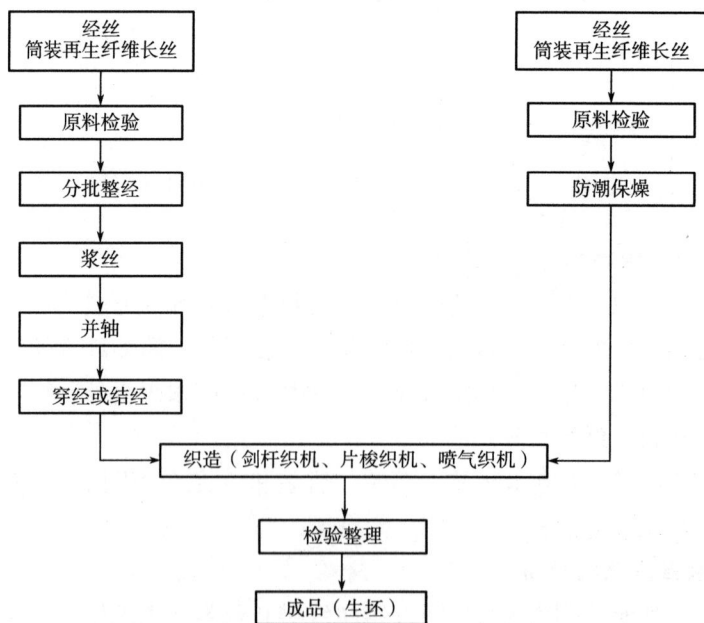

图 4-7 无梭织机织再生纤维长丝类无色有捻织物的工艺流程

由于再生纤维长丝有多种细度规格，可以选取多根再生纤维长丝通过并丝工艺达到需要的细度，也可以根据需要直接选相应规格，因此再生纤维长丝织前准备可无须经过并丝工序，但捻丝后定型工序一定要采用干热定型。当经丝数较大时，若采用分条整经将由于经密太大难以分层，整经时应尽量选取分批整经方式。另外，再生纤维长丝吸湿性能优异，作为纬丝时一定要做好防潮保燥处理，以防产生亮丝，影响布面效果。

2. 再生纤维长丝类色织物

再生纤维长丝类色织物加工工序流程与真丝类产品相似。

以经丝 66.6dtex（60旦）3捻/m 有光黏胶丝（色）；纬丝 133.3dtex（120旦）3捻/m 有光黏胶丝（色）为例，介绍无梭织机织再生纤维长丝有色低捻织物的工艺流程，如图 4-8 所示。

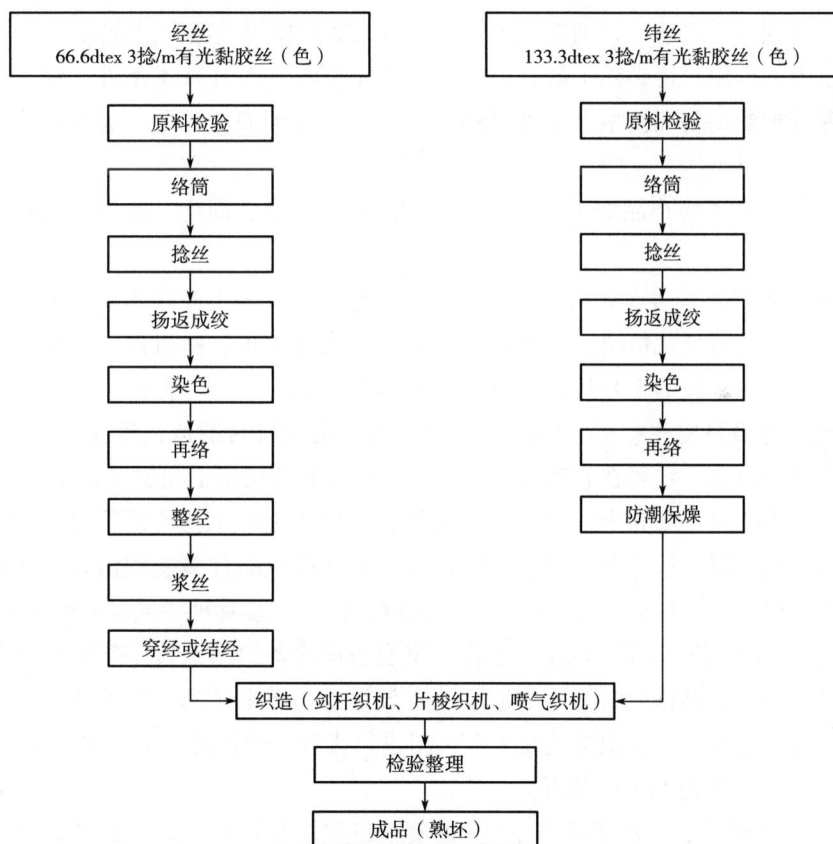

图 4-8　无梭织机织再生纤维长丝有色低捻织物的工艺流程

需要注意的是，制织再生纤维长丝有色织物时，原料一定要经过挑剔排队和吸色试样。

（四）短纤维类产品的一般工艺流程

对于由棉纤维、化学短纤维纺成的短纤维纱线类产品，其工艺流程可参考棉型织物、毛型织物、麻型织物生产工艺流程。

第二节 设备的选择

一、设备的选择原则

在纺织厂设计中，根据产品方案，确定各产品的加工工艺流程时，与选择的机器设备关系非常密切。也就是说，由于生产设备的不同，同一产品的工艺流程可以是不同的。例如，无梭织机不需要卷纬工序、喷水织机的经纱采用合纤分批整经、无捻上浆的工艺路线，有梭织机往往采用加低捻上浆定型的工艺路线。

即使工艺流程一样，所选择的设备的性能也会影响产品的工艺技术计算和机器的配备数量。因此，在设计新厂之前，必须深入了解各设备的实际使用性能和供应情况。

对于新设备的选用，还必须了解有关的技术鉴定资料，对其技术条件、经济条件做一定的考证。确保选择的设备在技术上是可行的，经济上是合理的。为此，选择机器设备时应遵循以下原则。

（1）所选设备能适应产品加工技术要求，同时具有优质、高产、低消耗的经济效益，提高劳动效率。

（2）选择设备时，应考虑到大卷装、宽幅、高速、高效等生产技术发展方向，并且注意设备更新、淘汰和型号变化情况，尽可能地采用一些先进设备、新机器。查阅设备产品样本时，一定要注意样本出版的年月日，应以最新版本为依据。

（3）前后工序设备要注意配套问题。一般来讲，前面机台的成品就是后续机台的原料。因此，前后工序的机台一定要在卷装形式、喂入方式和卷装规格上相适应、才能配套使用。

（4）设备选型应注意标准化、通用化、系列化，便于生产工艺的规范化，同一工序尽可能采用同一型号的机器，这样既有利于机器排列，也能适应品种多变的需要。还可以使零部件具有互换性，以减少机物料及备件的种类和消耗，便于维修管理。同时要噪声低，振动小。

（5）机器规格选择时既要考虑生产平衡，又要考虑设备的配台数，有利于机器的排列。

某些设备在进行机器排列时，通常是以一定数量为一组来排列。为了使车间排列整齐好看，就要考虑设备的数量。如织机通常4台一组进行排列，织机总台数一般取4的倍数。

（6）考虑机器的来源和供应情况。

（7）注意机器的手别（左手或右手），以便于机器的排列和安装。有些设备有左右手之别，如织布机。为保证车间机器排列整齐，挡车面相对（便于操作），另外满足地下管线的埋设，这些机器一般要求左、右手车各半配置。

二、设备的型号与规格

选购织造设备应根据织物幅宽选定某一公称筘幅的织机，然后选购与之配套的织前准备设备。

（一）织前准备设备的主要规格

1.浸渍机

离心式、加压式、真空式自动浸渍机各具特点，从工艺角度看均能满足高速织机对生丝浸渍质量的要求。表4-1为三种常用自动浸渍机的参数。

表4-1　三种常用自动浸渍机的参数

项目	浸渍机型号		
	CS/R	GK20	BS20
浸渍形式	喷淋离心式	加压式	真空式
控制方式	半自动或手动控制	半自动或全自动程序控制	半自动或自动控制
用液方式	自动进液、喷淋	自动进液、挤压回液	压差进液、压力回液
浸渍缸容丝量/kg	60	20	20
浸渍缸尺寸/mm	$\Phi1000$	692×310×335	$\Phi500$
最大工作压力/MPa		14	13
调液缸尺寸/mm		$\Phi800×570$	$\Phi500$
浸渍缸抽真空度/Pa			900
主机尺寸/mm	5000×5000	2300×1200×1950	2200×1000×1940
浸渍机转速/（r/min）	32、40、360、450、720、900		
浸渍时间/min	30~60	10~15	3~6

离心式自动浸渍机是利用机器特殊离心设备的离心力作用，加强主机对生丝的浸透效果。机身虽不复杂，但较庞大，控制系统的气路和水路复杂，使用功率大，设备占地面积大。

加压式自动浸渍机采用了多级加压和失压原理，增强生丝的浸渍渗透作用，浸渍均匀效果好。机构简单，工艺参数调整方便，机器占地面积小、耗电低、效率高，适用于多品种、少批量的生产。但压力控制要求高，生产中会因压力不当而影响吸液均匀度。

真空式自动浸渍机利用真空原理，增强浸渍液对生丝的均匀分布并加强其渗透力，获得较好的渗透效果。它具有体积小、重量轻、耗电省等优点。但在生产中发现，浸渍桶盖橡胶圈极易失效，使抽真空时间延长，甚至达不到真空度要求，造成短时间内浸渍液来不及渗透而影响浸渍质量。

2.自动络筒机

自动络筒机有很多型号，实际应用中可以根据需要进行选择。常见自动络筒机的主要规格见表4-2。

表4-2 常见自动络筒机的主要规格

项目	TS008P型自动络筒机	倍并专用络丝机 I/II 自动络筒机	VCRO-E自动络筒机	AUTOCONERX6自动络筒机	EvolutionM/L自动络筒机
线速度	可达1000m/min	≤6000r/min	400～2200m/min，无级调速	可根据纱线、细纱管纱成型和机器设备的类型；在300～2200m/min任意调节	400～2200m/min，无级调速
导丝动程	25～260mm				交叉卷绕动程152/157mm
卷绕直径	可达280mm			最大320mm	320mm
卷装重量	可达5kg	≤3kg/5kg			
纱线种类	变形长丝或直丝、短纤纱、弹力丝、真丝、工业丝等	长纤维	棉、麻、毛、化纤的纯、混纺纱线及股线	由天然和合成短纤维加工的纱线和合股纱	天然纤维、再生纤维和混纺短纤维纱线
纱支范围	10～3000dtex		6英支到最高支	2～100英支，有时需要进行络纱试验	4～286tex
卷绕筒管	3°30′锥管		3°30′、4°20′、5°57′	3～6英寸（0.76～0.15m），圆柱形和圆锥形（锥度达5°57′）	5°57′
机器布局	单面		单锭式，单面排列，左右手车		
每节锭数	6锭	12锭（I型）、8锭（II型）			每节6锭、8锭、10锭
络筒单元数量	最小6/最大60	120锭（I型）、80锭（II型）	6～72锭，每2锭递增，无10锭	最多96锭	最少12锭，最多80锭，每2锭递增
锭距/mm	360	225/300		320	

　　TS008P型精密数码卷绕立式络筒机，可自由编程设定，配备即时数码张力控制系统，可使显示的卷绕参数按要求配置，该机型采用较新的主动退绕技术，引进即时数码张力控制系统，使纱线在卷绕时张力均匀，里外张力一致，可准确设置所需张力，从而提高纱线质量和生产效率。

　　东星倍并专用络丝机是为初捻V系列开发的专用络丝机，自带纱架，操作方便。

VCRO-E 托盘式自动络筒机是青岛宏大纺织机械有限责任公司自主研发的新一代托盘型自动络筒机，能满足用户从 6 英支至最高支数纱线的纺纱要求，最多可配置 72 锭，设备稳定可靠，产品成纱质量优良，品种适应范围广，操作更为方便简单。

自动络筒机 AutoconerX6 可将各种短纤管纱卷绕成更适合加工的筒纱卷装。创新的多联式细络联 Multilink 和多品种功能 Multilot 使得自动化系统更为灵活、经济高效和节省空间。借助这些新解决方案，自动络筒机 AutoconerX6 可连接多达四台环锭细纱机，并可加工多达四种不同的物料。

EvolutionM/L 型自动络筒机在筒子成型和捻接技术方面拥有多种技术创新，此款自动络筒机可以加工各种原材料的不同的纱线类型，包括弹力包芯纱（单芯或双芯）以及赛络纺纱线。

3. 并丝机

并纱机是一种纺织机械，用于将多根单纱并合成一根复合纱，提高纱线的质量和强度。此外，并纱机还可以实现自动化生产，提高生产效率。常用并纱机的主要规格见表 4-3。

并纱机的使用场景非常广泛，可以用于各种织物的生产。例如，棉布、丝绸、麻布等织物都需要使用并纱机进行生产。

表 4-3　常用并纱机的主要规格

项目	DX231A 电子并纱机 I 型	WL2002 型并纱机	RFAW20 高速槽筒并纱机	RFAW22 精密并纱机	GD102 型无捻并丝机
锭距选择/mm	450	310	350/415	450	
可加工原料	各类短纤/化纤	棉、毛/绦化纤及混纺等纱线	短纤纱	棉、毛短纤维纱线或者棉、毛短纤维纱线与氨纶	真丝、再生纤维纱线和合纤丝（单股或多股）
操作方式	手动				
每节锭数	4 锭	5 锭/节	标准 100 锭，10 锭/节	标配 4 锭（或者 5 锭）	60 筒/台、84 筒/台、120 筒/台
每台节数	≤12 节	基本型 40 锭/8 节			
可纺支数	短纤 10~80 英支			10~3000dtex 3~80 英支	6
合并根数	2 根	2~3 根	2~3 根		2~3 根
卷绕速度	≤800r/min	150~800m/min	960m/min	1200m/min	120~350m/min
卷绕筒管尺寸	客户指定	（Φ130~Φ220）×L150mm	Φ200mm		
卷装重量	≤4kg			5kg	250g、500g、600g

续表

项目	DX231A 电子 并纱机Ⅰ型	WL2002 型 并纱机	RFAW20 高速 槽筒并纱机	RFAW22 精密 并纱机	GD102 型 无捻并丝机
机器尺寸	2380mm×860mm× 1300mm	14450mm×1000mm× 1400mm	1846mm×1590mm× 1539mm	1944mm×1460mm	
卷绕形式			随机卷绕	数码卷绕、精 密卷绕	
传动方式			单锭电动机直驱		三角皮带传 动、有级变速
导纱方式			槽筒式	横动导纱	
导纱动程			152/212mm		87～107/165～ 210mm
防叠方式			电子间歇式及槽筒 防叠		

DX231A 电子并纱机是为短纤 G 系列开发的专用并纱机，自带纱架，操作方便。成形模式采用电子集成控制，调整方便并带有特有的高密并纱程序，其密度可以达到 0.00055～0.00060kg/m³，为后道倍捻提高卷装重量提供了技术支持，在同样卷装总量情况下，通过精密并纱后，后道倍捻可以降低电耗 15% 左右。可选配单锭计长功能。

WL2002 型并纱机是将两股或三股纱线合并成一股，并卷绕成圆形平行筒子的短纤倍捻机准备机，适用于棉、毛绿化纤及混纺等纱线的合股加工。

RFAW20 高速槽筒并纱机可把 2~3 股棉、毛、及混纺纱线合并卷绕成并纱筒子，适用于倍捻机等后道工序的加工。单锭直连槽筒电机，具备满筒自停、电子防叠、变频调速、单锭控制、断纱自停、单锭清零、数据记忆等功能，可选配隔纱板、空气捻接器、清洁装置、筒纱输送装置等。

RFAW22 精密并纱机采用电子横动导纱，完全解决槽筒式分纱和油污纱等问题。生产速度高，线速度达 1200m/min，可根据不同原料特性，设置合适的速度及成型工艺。动程及斜角（收边）无级可调。通过修调可有效避免"菊花心""凸边"等现象。

GD102 型无捻并丝机采用真丝、再生纤维纱线和单股或多股的合纤丝，使之成为无捻度的合股丝线，供喂入捻丝机加捻用。该机为国内同类产品中的最新产品，是与中、高档织机配套的织造前准备流程中的一种理想设备。

4. 捻线机

捻线机是将多股细纱捻成一股的纺织机械设备。作用是将纱或并合后股纱制品加工成线型制品，供织造和针织用线。捻线机适用于棉纱、棉、化纤纤维、绣花线、锦纶、涤纶、再生纤维纱线、缝纫线、真丝、玻璃纤维等加捻、合股。

捻线机的主要规格见表 4-4。

表 4-4　捻线机的主要规格

项目	飞宇 150 型真丝倍捻机	泰坦 TH-6 化纤倍捻机	日发 RFTS20D 气动倍捻机	万利 WL310G 倍捻机	万利 WL2002 型短纤倍捻机
锭数	288 锭	标准型 256 锭；32 锭/N 节	每节 20 锭、18 锭、16 锭、15 锭	32 锭的倍数（最大为 256 锭）	单层 16 锭的倍数（基本型为 128 锭）
锭距/mm	192	225	208、231、260、297	225（机架部分为 255）	247.5
可加工原料	真丝	化纤	棉纱、涤/棉、毛纱及其混纺纱	化纤长丝	棉纱：16/2～150/2 英支；毛纱：2/17～2/66 公支；混纱：20/2～45/2 英支
锭速/（r/min）	6000～9000	3500～1400	5000～120000	8000～13000	变频器无级调速/机械有级调整（6400～15000）
锭子张力器		多段式张力钢球和张力圈并用	胶囊式	多段式张力珠和张力圈并用	张力弹子、制动垫圈、砝码并用
锭盘	Φ28mm			Φ80mm 圆锥形锭子	3°30′、4°20′、5°57′锥形和直管
捻度范围/（捻/m）	300～4000	80～5000	80～250	350～3989	132～3005
卷绕成形	有效动程 120mm	最大卷绕动程 160mm	卷绕动程 152mm 无级		无边筒管锥形或平行卷绕，动程 152mm
容量	380g/锭	Φ160mm×173g/锭		原丝：约 750g/锭　加工丝：500～550g	最大 3kg/锭
供丝筒管/mm	Φ40 × Φ85×L150	Φ37 × Φ42 × L240～L320	Φ37.5 × Φ43.5 × L170（230）	110 × Φ42 × L123～L159	
卷绕筒管	Φ70mm × Φ120mm × L120mm	有边筒子平行管/无边管	3°30′、4°20′、5°57′椎管，长度（171±1）mm		3°30′、4°20′、5°57′锥形和直管

续表

项目	飞宇150型真丝倍捻机	泰坦 TH-6 化纤倍捻机	日发 RFTS20D 气动倍捻机	万利 WL310G 倍捻机	万利 WL2002 型短纤倍捻机
电动机功率	5.5×2kW	5.5×2/7.5×2kW	标准 22kW+1.3kW +2.5kW	7.5kW×2	
机器尺寸/mm	16521×750×1985	16326×750×1850	（628+2452+2110×节数）×580×1620	16410×750×1865	18821×630×1680

飞宇150型真丝倍捻机，适用于真丝织造准备工序，将络丝或并丝制成的有边筒子在本机上对单丝或多股丝进行倍加捻，以改善其强力及捻度不匀率，有利于织造工艺的进行。

泰坦 TH-6 化纤倍捻机层高合理，无须工作小车，操作更为方便；移丝杆采用伺服电机横动装置，速度快、精度高；采用伺服电动机驱动卷绕摩擦辊，PLC 控制，实时闭环监控各工艺的参数；采用触摸屏实现参数设置：显示捻度、锭速等主要参数，更换纱线工艺操作更方便；经过特殊处理的化纤倍捻锭子，适用范围更广；可选配电子断纱检测报警装置，方便操作，避免产量损失；有断电保护和记忆功能；可做无边成型，加高机型，卷装容量更大。

RFTS20D 气动倍捻机对捻度的均匀性要求更高，可有效防止多股纱的出现并减少油污的污染。具有高效率、高稳定性、高自动化、少人工、少能耗、少维护和少占用场地的优点。

WL310G 倍捻机是化纤长丝的加捻设备，替代了传统的捻线机，达到了一转两捻的目标，效率成倍地提高。其卷装容量大，实现了万米无接头，加捻质量大幅度上升，是化纤行业的理想选择。

WL2002 型短纤倍捻机是短纤加捻设备，跟传统的捻线机相比，其效率成倍地提高，可实现一转两捻，卷装容量大，达到万米无接头，从而大大提高了加捻的质量。其整机占地面积小、超低能耗、操作方便、噪声低，是适合棉纺企业的最佳设备。

5. 整经机

目前国内比较常用的整经机有瑞士的贝宁格、德国的哈科巴、德国的卡尔迈耶、德国的斯拉夫霍斯特、日本的津田驹以及国产的 GA 系列整经机等。

常见分条整经机的主要规格见表4-5。

表4-5 常见分条整经机的主要规格

项目	Versomat 新型全自动分条整经机	GA169C 智能型分条整经机	US 型分条整经机	SC-P 型分条整经机	SUPERTRONIC 型分条整经机	USK-电子型分条整经机
最小整经条宽	4mm/或依据纱线线密度最少 12~24 根	0.1~350mm				

项目	Versomat 新型全自动分条整经机	GA169C 智能型分条整经机	US 型分条整经机	SC-P 型分条整经机	SUPERTRONIC 型分条整经机	USK-电子型分条整经机
最多纱线头份	480~24 根					
最大整经速度	750m/min	20~800m/min 无级可调	0~600m/min 无级可调	800m/min	800m/min	0~800m/min 无级可调
幅宽	2.2m，3.6m	2300（2600、2800、3000、3400、3600）mm	3500mm	1800~3500mm	2200~4200mm	2000~4000mm
筒子架容量/个	480	640	480~576	640	640	480~576
适用范围	丝线、多根及单根长丝以及从最细棉纱到最粗毛纱的短纤维					
整经张力（条带张力）		600N				
最大条数		999				
经轴盘片直径		800（1000、1250）mm				
大滚筒柱体直径/mm		1000	800	800	1000	1000
滚筒速度			0~300 无级可调	200	200	0~300 无级可调
斜度半板（圆锥角）			集体可调	集体可调	固定	固定
条带位移			机械式控制	11 级调速	电脑控制	电脑控制
传动			直流电动机传动	交流电动机和无级变速器	直流电动机	直流电动机
制动			皮带制动	皮带制动	液压圆盘式	气—油圆盘式

续表

项目	Versomat 新型全自动分条整经机	GA169C 智能型分条整经机	US 型分条整经机	SC-P 型分条整经机	SUPERTRONIC 型分条整经机	USK-电子型分条整经机
滚筒			金属框架	圆柱体（夹心结构）	金属框架外包金属板	合成树脂
分绞筘			可横动	固定	固定	固定
断头自停			电气接触式	电气接触式	电气接触式	电气接触式
张力装置			双圆盘式	双圆盘式	双罗拉式	双罗拉式

Versomat 新型全自动分条整经机是应客户的要求开发的用于小样整经和小批量整经的新型整经机，可以用于最少数量的纱线进行整经，也可对常规生产长度的经纱进行整经，同时确保了高质量经纱的高效生产。

GA169C 智能型分条整经机专为精毛纺、高档真丝织物等设计，配置高、功能强，配备贝宁格双盘无立柱式张力器及筒子架。可作为剑杆、片梭、喷水、喷气等无梭织机的织前准备设备，是织造厂开发各种高档织物、特种织物的优选设备。

常见分批整经机的主要规格见表4-6。

表4-6 常见分批整经机的主要规格

项目	ZDA（瑞士贝宁格）	HH（德国哈科巴）	MZD（德国斯拉夫霍斯特）
最大整经速度/（m/min）	1000	1000~1200	800
幅宽/min	1200~2000	1300~2400	1000~2000
适用纱线	短纤	短纤	短纤
经轴传动	液压直接传动	直接传动	直接传动
经轴直径/mm	1000	1000	1000
整经架	V 形架链式换筒	H 形架回转式换筒	H 形架筒子车换筒
张力器和夹纱器	张力杆、夹纱器	双罗拉可调式	夹纱器
落轴方式	液压式	液压式	液压式
制动	液压式	液压式	液压式
滚筒	圆柱体（夹心结构）	金属框架外包金属板	合成树脂
分绞筘	固定	固定	固定

项目	ZDA（瑞士贝宁格）	HH（德国哈科巴）	MZD（德国斯拉夫霍斯特）
断纱自停	张力器后	整经架前	筒子引出端静电感应式
其他	活动挡风玻璃、游动筘	活动挡风玻璃、游动筘	活动挡风玻璃、游动筘

6. 浆纱机

目前国内纺织企业常用浆纱机主要有 3 种类型：一是德国祖克浆纱机，以 S432 型为代表；二是日本津田驹浆纱机，有 HS20-Ⅱ型、HS30 型、HS40 型；三是国产浆纱机，以郑州纺织机械 GA308 型为代表，包括盐城纺织机械 GA338 型、江苏宏华纺织机械 GA368 型、无锡华力纺织机械 GA343 型等。其他新型浆纱机还有瑞士贝宁格 Sizetic 型、德国卡尔迈耶 Rotal 型、美国西点 988 型。浆纱机的主要规格见表 4-7。

表 4-7　浆纱机的主要规格

项目	Karl Mayer 短纤浆丝机	祖克 S432 型浆纱机	津田驹浆纱机 HS20-Ⅱ型/（HS30 型、HS40 型）	GA308 型
机器速度/（m/min）	125	125	125	100
盘头直径/mm	800~1400	1250	1016	1000
浆槽数量	1~2			
烘筒数量	4~20			
织轴宽度/mm	2100~4000	2400~3600	1900~4000	2400~3600
最高预压浆力/kN		15	15	15
最高主压浆力/kN		40	HS20-Ⅱ型 20，HS30、HS40 型 40	40

Karl Mayer 短纤浆丝机压辊采用线性排列，纱线在湿区一直得到握持和引导，加大的浆液滤网便于检查和清洁，仅需要少量的维护保养。提供恒定退绕张力的经轴架、三浸双压式浆槽、烘房内的纱片沿着几何形路径引导，简单、直观的 KAMCOS© 系统可以确保生产的可重复性。

祖克 S432 型浆纱机采用 H 型双层经轴架，经轴气动制动，有送纱喂入装置，浆液由电磁阀输入，小浆泵在主浆槽和预热器间，溢流循环。有蒸汽管直接和间接加热，自动温控。双浸四压高压上浆，垂直加压斜向引纱，经湿分绞棒分层预烘。预烘和合并后烘筒分别由无齿链轮、有齿链轮传动。烘筒温度分组设定，自动控制。烘房有排汽罩，车前有测湿装置、后上蜡装置、干分绞和伸缩筘装置、拖引、卷绕和加压装置。全机七单元传动，可实现张力和伸长分段控制。有计算机屏幕设定和显示。

津田驹浆纱机采用 H 型双层经轴架，经轴气动制动，HS20-Ⅱ型无送纱喂入装置（HS30型、HS40 型有喂入装置），双浆槽共用一个预热器，浆液由电磁阀输入在预热器到主浆槽之间，借小浆泵溢流循环。蒸汽管直接和间接加热，自动温控。双浸三压，主压浆辊横向加压竖直引纱，经湿分绞棒向正上方高架烘筒引纱分层预烘，再经后烘筒并合烘干。烘筒传动预烘为有齿链轮，后烘为无齿链轮。烘筒温度分组设定，自动控制。烘房有排气罩，车前有测湿装置、后上蜡装置、干分绞和伸缩筘装置、拖引、卷绕及加压装置。全机七单元传动，可实现张力和伸长分段控制。有计算机屏幕设定和显示。

GA308 型等国产新型浆纱机型开始都是借鉴祖克浆纱机，因而结构基本相同。

7. 穿结经机

WL2001 型自动接经机，是万利公司的金奖产品，其零部件均采用优质钢材精制而成，并经过热处理加工，具有制作精良，尺寸精确，光洁度高，耐磨性强等特点。该机适应于 1100mm 至 2300mm 幅度的机台接经，其打结速度为 200～350 头/min，比人工接头高 5～10 倍。同时采用管式打结法，纱尾长度为 20mm 左右。适应纱线范围：涤棉 45 英支以内，纯棉 40 英支以内。挑纱针分纱，使棉纤维、合成纤维以及毛纤维等不同原料的原色和单色经纱能牢固地结合在一起，从而顺利地完成换轴过程。

新型 TIEPRO 接经机专为在任何机型与标准经纱通用而设计。TIEPRO 可自动、高效、快速、准确地接头各种片纱。常用穿经机的主要规格见表 4-8。

表 4-8 常用穿经机的主要规格

项目	RFAD10 自动穿经机	YXS-A/L 自动穿经机	SAFIR S60	SDM100 自动穿经机
工作幅宽/mm	2300/2800/4000	230/420	230/400	1500/2300
经轴最大轮圆直径/mm		1200	1200	
经纱种类	60/2 公支或 80/2 公支，棉/涤棉	7～100 英支	3～250tex，适用于各类短纤纱、真丝、化纤长丝及特种纱线（如结子线、毛圈花式线等）	合成纤维棉、毛、玻璃纤维
穿经速度/（根/min）	135	165	单筘：165 双筘：120	80
综丝形式	J/C 型开口综丝（O 型为系列化）		J/C/O/J、C、O（并装）	单眼和双眼综丝、平面型或头端开口式钢片综
综丝高度/mm	260～382		260～382	280～331
综丝厚度/宽度/mm	0.25～0.38	2.2/2.5/5.5	0.25，0.30，0.38	1.8×6.5，长 280～331
综眼尺寸/mm	5.5×1.2～8×3.8		最小 1.2×5.5	1.2×5.5 1.8×6.5
综丝库	2 列供给		2	
综丝列数/列	16	20（J/C 型综丝） 16（O 型综丝）	20	4～18
停经片形式	闭口式		闭口式、开口式	闭口式
停经片列数/列	6	6	6、8	6

项目	RFAD10 自动穿经机	YXS-A/L 自动穿经机	SAFIR S60	SDM100 自动穿经机
停经片宽度/mm	11	7~11	7~11	宽 7~11，长 125~165
停经片长度/mm	145~180		125~180	
停经片厚度/mm	0.2~0.6	0.2~0.65	0.20~0.65	
钢筘形式	标准、异形钢筘		平筘、隧道式筘、双筘	标准筘、异形钢筘
钢筘尺密	20~75 齿/英寸	3.5~16	20~350 筘齿/10cm	5.9 齿/cm~31.5 齿/cm
最大钢筘宽度/mm		0.35~2.3		
分绞	分绞线 2 组、信号线 4 组			
电气控制	PLC、运动和视觉控制器			
输入系统	触摸屏		人机界面	
驱动方式	伺服电动机			
电源	三相 380V、50/60Hz、3.0kW		带接地的单相电源 220V 或三相 380V 交流电，50/60Hz，1.0kVA	100VAC，50/60Hz，1.0kVA
气源	0.3m³、≥0.5MPa			0.5MPa，1.0Nm³/min
尺寸/mm	5800/6500/8900×1600×1680		8000/12000×2000×2000	3000/3800×2000×2200
经轴个数		1/2	1/2，可上下经轴	
8h 穿经轴数		3~4	10	

RFAD10 自动穿经机采用种纱模式穿经，降低了浆纱纱线的要求；停经片与综丝部件高度可调，可满足市场上不同高度的停经片及综丝需求；停经片与综丝的供给模式为转塔三工位同时串行工作模式，工作效率大大提升；软件操作方便，织物品种更替一键切换。

YXS-A/L 自动穿经机均为模块化设计，穿纱速度可达 165 根/min。在标准型号的基础上，使用者可根据需求选择自己所需的配置。O 型综框最多可达 16 页，J 型和 C 型综框最多可达 20 页。该机型具有电子双经检测装置，可以在不分绞的情况下检测双纱并自动停机，减少经纱穿错钢筘的情况，提高布面质量和生产效率。

SAFIR S60 是带有移动穿经车的固定式自动穿经系统，由分纱模组、停经片模组、综丝模组和钢筘模组组成，具有模组化的特点，可按客户需求配置和扩展。每个模组都可优化自身的内部过程，并对偏差立即进行调整，可实现计算机控制和编程。采用光学系统和纱线循环管理，监控穿经时的纱线根数、顺序、颜色和纱线捻向是否正确。理想情况下，一台 SAFIR S60 穿经机配合两个移动式穿经车一起工作。

SDM100 自动穿经机首次采用喷气方式穿经。采用压缩空气代替穿引钩，将经纱穿入综丝、筘和停经片，除了有助于提高织物的质量外，还可以简化拉入经纱的动作。

（二）织造设备主要规格

目前，普遍采用的织造设备的类型有喷气织机、喷水织机、剑杆织机、片梭织机及有梭织机。几种常用织机的主要规格见表4-9~表4-19。

表4-9　DornierA1喷气织机主要规格

公称筘幅/cm	150、170、180、190、200、210、220、230、240、250、260、280、300、320、340、360、380、400、430、460、540
减幅	对称调幅时每侧最大减幅40cm，不对称调幅时最大减幅100cm，可按客户要求增加减幅量
引纬率	大于2650m/min，双引纬可达5000m/min
纬纱范围	短纤纱纱支：4~160公支；长丝：10~2200dtex。花色纱和变形纱可以做到更粗
选色	1~8色选纬，自由选纬
经轴直径/mm	800~1250
开口机构	旋转式多臂开口，12mm间距，最多容纳16片综框 电子提花机最高可达12000针 多尼尔简易纱罗织造装置DORNIEREasyLeno®-2T ORW开口式钢筘织造技术 气动综框锁紧装置PSL（选购件）

表4-10　意达A95002喷气织机主要规格

公称筘幅/cm	190、210、220、230、260、280、300、320、340、360
减幅	标配80cm，可选至多到100cm
纬纱范围	短纤纱3~100公支，长丝20~2000dtex
选色	至多6色（多纬引纬最多8纬）
经轴直径/mm	800、1000、1100
纬密	1~150纬/cm（标配），2~50纬/cm（可选）
开口机构	史陶比尔1691/2型凸轮、最多8片，带/不带平综装置 史陶比尔1781/2型凸轮、最多10片，带/不带平综装置 史陶比尔1791/2型凸轮、最多10片，带/不带平综装置 史陶比尔3060或3260型多臂，最多16片 预设边字提花机

表4-11　OmniPlus-iConnect喷气织机主要规格

公称筘幅/cm	190、220、230、250、280、340、360，400
减幅	70~96cm，依筘幅而定
纬纱范围	短纤：4~170公支，2.4~100英支；长丝：10~1000旦，11~1100dtex
选色	至多8色（多纬引纬最多8纬）
经轴直径	805mm、1000mm、1100mm，适用于280cm及以上幅宽的双经轴，花式轴
布卷直径/mm	560、600、720

开口机构	积极式凸轮开口（P）最多 8 片或 10 片综框，自动平综 积极式多臂开口机构（R）最多可配 16 片综框，带平综功能 SmartShed（D）数字开口 8~12 或 16 片综框 电子大提花机开口（J） 伺服电动机驱动的边字提花开口 AKM-电子设定综平时间

表 4-12　JAT910 喷气织机主要规格

公称筘幅/cm	140、150、170、190、210、230、250、260、280、300、340、360，390
送经	消极式平稳装置双后梁（上下位置可调型）
纬纱范围	短纤：4~170 公支，2.4~100 英支；长丝：10~1000 旦，11~1100dtex
选色	至多 8 色（2、4、6、8 色自由切换电子储纬器）
经轴轴盘直径/mm	800、930、1000、1100、1250（毛巾织机上毛圈经轴）
边撑	下盖式边撑、全幅边撑
断纱停车	透过式探纬器
开口机构	消极凸轮（最大可装载 8 片） 积极凸轮（最大可装载 10 片综框） 曲柄开口（最大可装载 6 片综框） 新型曲柄开口（最大可装载 6 片综框） 电子开口（最大可装载 16 片综框） 多臂开口（最大可装载 16 片综框），毛巾机最大可装载 20 片综框 大提花

表 4-13　青岛天一喷气织机主要规格

公称筘幅/cm	190、210、230、250、280、340、360
减幅	公称筘幅减 0~60cm（190~250cm），公称筘幅减 0~80cm（280cm 以上）
纬纱范围	短纤：100 英支/1~5.8 英支/1
选色	双喷自由选择、4 喷、6 喷
经轴轴盘直径/mm	800
纬密	16.7~204.4 根/英寸
边撑	上置式
开口机构	积极凸轮（最大可装载 10 片综框） 多臂开口（最大可装载 20 片综框）

表 4-14 JW-684C 型喷水织机主要规格

公称筘幅/cm	230（170~360 可选）
减幅/cm	0~80（230 以内），0~100（230 以上）
喷嘴	3 个
纬纱范围	短纤：100 英支/1~5.8 英支/1
经轴轴盘直径/mm	800
纬密	电子卷取，5~82 根/cm 机械卷取，5~60 根/cm
开口机构	多臂开口（最大可装载 16 片综框）

表 4-15 RJW8100 型喷水织机主要规格

公称筘幅/cm	150、170、190、210、230、260、280、320、340、360
最大减幅/cm	60
喷嘴/个	1、2、3、4、6
纬纱范围	短纤：5.8 英支/1~100 英支/1
经轴轴盘直径/mm	800、914、1000
纬密	常规，5~60 根/cm 特定，3~96 根/cm
开口机构	曲柄：曲柄开口（2~8 片），平纹组织 凸轮：凸轮开口（2~14 片），平纹、斜纹、缎纹组织 多臂：消、积极式（最大可装载 16 片综框），电子或机械式读取机构 提花：1480 针、2688 针、5120 针电子提花装置

表 4-16 ZW508 型喷水织机主要规格

公称筘幅/cm	190、230
最大减幅/cm	0~50（190），0~80（230）
纬纱选色	1 色、2 色自由选择
适用范围	普通成衣面料到普通厚重高附加值面料
经轴轴盘直径/mm	800
开口机构	曲柄开口：曲柄上推式 4 片型、6 片型 凸轮开口：上置式积极凸轮，10 片型 多臂开口：上置式消极多臂，16 片型；上置式积极多臂，16 片型 消、积极式（最大可装载 16 片综框），电子或机械式读取机构 提花：1480 针、2688 针、5120 针电子提花装置

表 4-17　P2 型剑杆织机主要规格

公称筘幅/cm	150、180、190、200、210、220、230、240、250、260、280、300、320、340、360、380、400、430、460、540
适用范围	从高品质丝绸到家具装饰面料，女装面料以及产业用过滤材料，涂层布，碳纤维，芳纶或最粗的玻璃纤维网格布
选色范围	最多 16 色选纬
纬纱支数	0.78~4500tex，从细支真丝，单丝到玻璃纤维粗纱，再到最粗的花式纱，可以平形双引纬
经轴轴盘直径/mm	800、1868、1000、2160
织机转速/（r/min）	600
开口机构	可以凸轮开口，多臂（最多 24 片综框）或提花机（最多 30000 针）等开口机构一起使用，也可与多尼尔 Easyleno® 简易纱罗系统一起使用

表 4-18　SMITGS980 高速剑杆织机主要规格

织造幅宽/cm	190、290、360
适用范围	时尚面料、毛圈织物、技术织物
选色范围	4、8、12 色选纬
纬纱支数	细纱：0.1~1000tex；长丝：0.9~6600 旦；玻璃纤维：10800 旦/1200tex
经轴轴盘直径/mm	600、800、940、1000、1100
最高引纬速度/（r/min）	750、515、460
开口机构	多臂开口（最多 20 片提刀），提花开口

表 4-19　P7300 型片梭织机主要规格

机器主要规格		
公称筘幅/cm	220、280、330、360、390、430、460、540、655	
速度/（m/min）	最高可达 1570	
纬纱选色	2、4、6	
原料	各种天然纤维、再生纤维及混纺纱，规则及变形丝、花色线、金属或玻璃纤维	
纬纱支数	D12 projectile	聚丙烯带上至 400tex，长丝上至 500tex
	D2 projectile	聚丙烯带上至 600tex，长丝上至 1100tex，单丝上至 0.5mm
适产织物	轻薄型或厚重型，短纤纱织物或长丝纱织物，单色或多色，平纹组织或小花纹织物，此外，还可生产大型包装袋，聚丙烯薄膜条织物、土工布和农用织物	
经轴轴盘直径/mm	800、1000、1100	
纬密/（根/cm）	0.3~280，常用 7~90	
开口机构	可安装最多 14 片综框的踏盘开口装置或最多 18 片综框的电子控制多臂机	

第五章 工艺计算与设备配备

在工艺流程和机器型号确定之后，首先应根据选定的机器性能，结合原料性质、产品的要求和生产实践资料等，合理确定各种机台的主要工艺参数，然后计算各种设备的生产能力，最后确定设备的配备数量。

工艺计算和设备配备的结果是土建、给排水、采暖通风、供电、供热、运输等其他专业设计的重要依据。

第一节 设备工艺参数选择

设备的工艺参数是指一种机器加工某种产品时的工艺条件，包括加工工艺参数和机器经济定额参数即设备参数。工艺参数将直接影响到产品的质量和产量。

根据产品要求、机器性能，合理选择加工工艺参数和设备参数，如车速、时间效率、计划停台率等，不仅能保证产品的质量，提高产量降低消耗，同时也能为工艺计算机台配备提供可靠的依据。无论对工厂设计时的机器配备和基建还是对今后的生产都有着十分重要的意义。

一、机器速度

机器速度是由设备本身的性能和所加工产品的特性来决定的，对于产品的产量、质量、工艺过程各工序之间的平衡、机器设备的配备数量都有很大影响。机器速度的提高应以保证产品质量为基础。

一般来说，车速可以参考机器产品说明书上推荐的速度范围加以选择，选择的速度应经过调查研究，按照同类工厂、同类设备选取中等或中等偏上的车速，作为设计车速。若建厂地区技术水平偏低，则车速也应该选得偏低一些。准备工序的车速可以取较高数值，以使半成品的供应量能充分满足进一步加工的需要。织机的速度可取较低数值，以充分发挥织机的作用，增加产品产量。现就几种主要设备速度选择时需要考虑的因素，简述如下。

1. 络筒机

络筒机的速度是指槽筒的表面线速度，它影响络筒机效率和劳动生产率，选择速度时要考虑机器的型号、加工纱线的纤维种类、线密度、纱线质量以及工人的看台定额等因素。

现代自动络筒机的设计比较先进合理，适用于高速络筒，络筒速度可以达到1200m/min以上；用于管纱落筒的国产普通槽筒式络筒机速度相对低一些，一般为500～800m/min，各种绞纱络筒机的速度更低。当纤维材料容易产生静电，引起纱线毛羽增加时，络筒速度可以适当降低些，比如化纤纯纺纱或混纺纱。当纱线比较细、强力较低或纱线条干均匀度较差时，应选择较低的速度，以免断头增加或条干进一步恶化。同时，挡车工的看台能力也需综合考虑。

2. 整经机

整经机的速度受断头自动控制机构和整经机本身的机械结构约束。整经速度可在整经机的速度范围内任意选择，一般情况下，随着整经速度的提高，纱线断头将会增加，影响整经效率。若断头率过高，整经机的高速度就失去意义。高速整经条件下，整经断头率与纱线的纤维种类、原纱线密度、原纱质量、筒子卷装质量有着十分密切的关系，只有在纱线品质优良、筒子卷绕成形良好和无结纱时，才能充分发挥高速整经的效率。

新型高速分批整经机使用自动络筒机生产的筒子时，整经速度一般选用 600m/min 以上，滚筒摩擦传动的分批整经机的速度为 200~300m/min。整经轴幅宽大，纱线质量差，纱线强力低，筒子成形差时，整经速度可设计稍低一些。

分条整经机受换条、再卷等工作的影响，其机械效率远低于分批整经机。据统计，分条整经机整经速度提高 25%，生产效率也仅提高 5%，因此它的整经速度提高就显得不如分批整经机那么重要。新型分条整经机的设计最高速度为 800m/min，实际使用时则远低于这一数据，一般为 300~500m/min。

3. 浆纱机

浆纱机的速度受上浆品种、设备条件、浆料和回潮率等因素影响，最关键的影响因素是烘房的烘燥能力、压浆条件与设备的自动化程度。浆纱机的速度应在浆纱设备技术条件的速度范围内。轴经式浆纱机目前设计速度多为 100~120m/min，最高可达 240m/min，但一般实用速度为 50~60m/min。浆纱机的速度应以保证浆纱质量为主，而不以追求更高速度为目的。

4. 穿结经机

穿经方式分为穿经法和打结法。手工穿经速度为 1000~1500 根/（台·h）；三自动穿经速度为 1500~2000 根/（台·h）；全自动穿经速度为 6000~7200 根/（台·h）。自动结经机的速度为 12000~21000 个结/（台·h）。

5. 织机

织机是织造生产中的主要设备，其产量直接反映织造厂的生产能力，因此选择合理的织机速度十分重要。织机速度以主轴转速来表示。在可能条件下，采取较高的运转速度就能比较充分地发挥织机的作用，提高产量。

织机速度的高低与开口机构的类型、织机筘幅和织物品种密切相关。在相同条件下，采用凸轮开口机构的织机速度高于采用多臂和提花开口机构的织机速度，无梭引纬织机的速度高于有梭引纬织机的速度，单色纬织制的织机速度高于多色纬织制的织机速度，筘幅小的织机速度高于筘幅大的织机速度。在织机筘幅相同的条件下，织机速度越高，所织制的织物纬密越低，则织机的产量可能越高。但织机的效率在车速提高后一般都会下降，在原纱条件和织前准备质量达不到要求的情况下，尤为严重。在保证织物质量的前提下，能取得最高产量的车速被称为经济车速。实际生产中，所开车速一般都在经济车速的水平上，它一般比织机的设计车速低，有时只有设计车速的 70% 左右。

除车速外，不同设备还有其他工艺参数须确定。如有捻并丝机的并合根数、卷绕速度、捻度大小等。同一种机器加工的产品不同、原料不同，所选工艺参数的数值也不一样，比如织机在加工真丝织物与加工化纤织物时的车速就完全不同。因此设备的工艺参数须根据产品方案、原料、工艺流程和设备型号合理选择。

二、机器经济定额参数

机器经济定额参数也被称作设备参数，是指机器的使用条件，一般包括机器的时间效率（简称效率）、运转率和加工某种原料时的制成率，这些参数虽然在正常生产时不常考虑，但对机器的产量和产品的成本都有直接的影响。

（一）时间效率

如果设备在一定时间内不停地运转，这个时间称为理论运转时间。一台（锭）设备在单位时间内的生产量，称为台（锭）时产量或理论生产率。

机器在实际运转过程中，往往有许多不可避免的原因引起暂时性停车，如换经轴、接断头、修机、调试，做清洁工作以及挡车工人自然需要等。此外，多机台挡车或多锭（头）机台，也不可避免出现挡车工接头不及时或其他原因引起的临时空锭或停车现象，这些都导致机器的实际运转时间 T_s 少于理论运转时间 T，从而影响机器的产量。

在一定的工作时间内，一种机器实际运转时间 T_s 与理论运转时间 T 的比值，称为机器的时间效率 K，常以百分数表示，一般都小于 100%。机器效率越高，产量也越高。因此，也可以用机器的实际产量与这段时间的理论产量比值来表示。影响机器时间效率的因素有机器的结构与自动化程度、速度、工艺参数、半成品的卷装尺寸、纱线质量、挡车工的劳动组织形式、看台定额、巡回路线及操作技术的熟练程度等。

确定时间效率 K 的计算一般有两种方法，即按运转时间计算和按实际产量计算。可根据实际生产中的测定资料经过统计分析而取得。

1. 按运转时间计算

机器的时间效率可以通过统计测定每个运转班的停车时间，按照在一定的生产时间内，机器的实际运转时间 T_s 与理论运转时间 T 比值的百分率来表达。

$$K = \frac{T_s}{T} = \frac{T - (T_f + T_z + T_x + T_y + T_t)}{T} \times 100\% \tag{5-1}$$

式中：T_f——一个运转班内为了保证生产连续进行所需要的接头、落筒、拆坏绸等操作造成的停机时间，s；

$\quad T_z$——准备工作及自然需要停车的时间，s；

$\quad T_x$——临时性坏机修理时间，s，织造厂一般指 30min 以上的停车时间；

$\quad T_y$——停锭或停台时间，s；

$\quad T_t$——重叠等待停机的时间，s。

现以某剑杆织机为例，说明纺织厂设备时间效率的计算方法。

例：某厂一轮班工作时间为 7.5h。在剑杆织机上织制乔其纱织物，坯布纬密为 390

根/10cm，织机车速为440r/min，断头率为0.1次/m，拆坏绸率为0.02次/m，每次接经纱断头时间为15s，每次拆坏绸时间为240s，织1m绸重叠等待时间为10s，布置工作场地机需要时间为1320s，其中小修理及调整机器为180s，揩车试车180s，自然需要300s，求该织机的时间效率及实际产量。

解：

（1）织机的台时理论产量 Q 为：

$$Q = \frac{车速\, n(\mathrm{r/min}) \times 60}{机上纬密(根/10cm) \times 10} = \frac{440 \times 60}{390 \times 10} = 6.77\,[\mathrm{m/(台 \cdot h)}]$$

则：一个班次的理论产量 Q：

$$Q = 6.77 \times 7.5 = 50.775\,(\mathrm{m})$$

（2）一个班次的理论运转时间：

$$T = 7.5\mathrm{h} = 27000\,(\mathrm{s})$$

$$T_f = 0.1 \times 50.775 \times 15 + 0.02 \times 50.775 \times 240 = 319.88\,(\mathrm{s})$$

$$T_z = 1320 + 300 = 1620\,(\mathrm{s})$$

$$T_x = 180\,(\mathrm{s})$$

$$T_y = 180\,(\mathrm{s})$$

$$T_t = 10 \times 50.775 = 507.75\,(\mathrm{s})$$

计算可得：该织机的时间效率 K：

$$K = \frac{T - (T_f + T_z + T_x + T_y + T_t)}{T} \times 100\%$$

$$= \frac{27000 - (319.88 + 1620 + 180 + 180 + 507.75)}{27000} \times 100\% = 89.6\%$$

（3）每台织机的实际产量 Q_s：

$$Q_s = 6.77 \times 89.6\% = 6.07\,[\mathrm{m/(台 \cdot h)}]$$

2. 按实际产量计算

在实际生产中，机器的时间效率 K 也可以按照在一定的生产时间内，机器的实际生产量 Q_s 与理论生产量 Q_1 的比值来表示。这种计算更加接近实际，即：

$$K = \frac{Q_s}{Q_1} \times 100\% \tag{5-2}$$

式中：Q_1——一个运转班的理论台班产量，kg；

$\quad\ Q_s$——一个运转班的实际台班产量，kg。

这种方法也称为经验统计法，需要取多个有效数据进行统计，取其平均值。

在实际生产过程中，各种生产设备的机器效率通常以经验统计法来计算，也可以查阅相关资料。

（二）计划停台率和运转率

为了使设备更好地发挥效能，确保机器的正常运转，延长机器使用寿命，确保产品质量，需要按照设备维修制度对全部机台进行周期性有计划地大修理、小修理、重点部位的保全

（保养）和揩车等一系列预防性的计划修理。这类修理引起的机器停台率，均属于预先计划范围内，因此称为计划停台率。一种机器在一个大修理周期中，因计划修理而停止运转的时间与一个大修理周期的理论运转时间的百分比，称为该机器的计划停台率。

计划停台率和运转率可分别按照下式进行计算：

$$某项计划停台率 A_i = \frac{某项计划修理停机延续时间 t_i}{大平车周期中理论运转时间 T} \times 100\% \qquad (5-3)$$

$$计划停台率 A = \frac{大平车周期中计划停台延续时间}{大平车周期中理论运转时间 T} \times 100\% \qquad (5-4)$$

实际生产中，除了计划内停台外，往往还会有一些由于不可预见的因素造成的超计划停台，因此更多地采用设备运转率这个概念。一种机器在一个大修理周期中，实际运转的时间与理论运转时间的百分比称为运转率。运转率也可以理解为某一型号的机器，实际投入运转的台数占该型号机器总台数的百分比，因此在工厂设计配台数量时，要用定额台数和计算台数的百分比来表示其运转率。因此，运转率=1-计划停台率。

实际生产中，常利用设备的空闲状态进行检修（如翻盖品种），即：

$$计划停台率 A = \frac{机器因计划修理引起的停台数}{设备总台数} = \frac{m}{M} \times 100\% \qquad (5-5)$$

$$运转率 W = \frac{设备运转台数}{设备总台数} = \frac{M-m}{M} \times 100\% = 1-A \qquad (5-6)$$

式中：M——某机器的设备台数；

m——该机器因计划修理引起的停台数。

生产中，要采取一切可能的措施，使机器设备的运转率尽量与计划停台率衔接，从而充分发挥机器设备的生产潜力。

1. 计划停台率的确定

关于计划停台率，几点说明如下：

（1）三班三运转的理论运转时间，按照每年工作日 306 天、每日三个轮班运转 22.5h，每个班运转 7.5h 计算；四班三运转的理论运转时间，按照每年工作日 350～351 天、每日三个轮班运转 22.5h，每个班运转 7.5h 计算；单班生产则按照每日 8h 进行计算。机织厂的工作制度，除浆纱车间单班生产外，其余各主要生产车间均为四班三运转。

（2）平车一般为常日班，每日工作 8h；但由平车引起的停台延续时间，以四班三运转制 22.5h/天计算，停机不满 8h 的，按实际时间计算。在大平车周期内，周期短的其他维修工作次数，应减去重叠次数。

（3）大平车（大修理）周期是指每两次大平车之间的运转时间。小平车（小修理）周期、揩车周期等按此类推。

（4）大平车（大修理）周期内，周期短的其他计划修理工作次数，应减去重叠次数部分。维修周期以日数计算的，如揩车和重点检修等，为简化计算，可以不扣除重叠次数部分。

2. 计算方法

现以阔幅提花织机为例，说明纺织厂设备的计划停台率与运转率的计算方法。

已知某阔幅提花织机的大平车周期为 4 年，操作延续时间为 24h；小平车周期为 1 年，操作延续时间为 8h；装造每 4 年一次，操作延续时间为 72h；每个月自动检修 1 次，每次延续时间为 4h；每 5 天投打部分检修 1 次，每次延续时间为 1h，30min 以上停台时间约为 669h。按照四班三运转计算，每年 350 个工作日，每日工作 22.5h，则一个大平车周期内：

（1）机器理论运转时间：

$$T = 350 \times 4 \times 22.5 = 31500（h）$$

（2）一个大平车周期内中机器计划停台的时间为：

①4 年大平车一次，操作延续时间为 24h，则影响生产的停台时间 T_1 为：

$$T_1 = 22.5 \times \left(\frac{24}{8} - 1 \right) + 8 = 53（h）$$

②1 年一次小平车，每次 8h，则影响生产的停台时间 T_2 为：

$$T_2 = 8 \times \left(\frac{4}{1} - 1 \right) = 24（h）$$

③每 4 年一次装造，操作延续时间为 72h，则影响生产的停台时间 T_3 为：

$$T_3 = 22.5 \times \left(\frac{72}{8} - 1 \right) + 8 = 188（h）$$

④每月一次自动检修，一次 4h，则影响生产的停台时间 T_4 为：

$$T_4 = (4 \times 12 - 1 - 3) \times 4 = 176（h）$$

⑤每 5 天投打检修 1 次，一次 1h，则影响生产的停台时间 T_5 为：

$$T_5 = \left(4 \times \frac{350}{5} \right) \times 1 = 280（h）$$

⑥30min 以上停台时间约为 669h。

所以总的计划停台率为：

$$K_1 = \frac{T_1 + T_2 + T_3 + T_{4+} T_5 + T_6}{T} = \frac{53 + 24 + 188 + 176 + 280 + 669}{31500} \times 100\% = 4.41\%$$

$$运转率 R = 1 - K_1 = 100\% - 4.41\% = 95.59\%$$

织造厂主要设备的车速、时间效率和计划停台率见表 5-1。喷水、剑杆、片梭等无梭织机及其配套的整浆设备，暂不考虑计划停台率。

表 5-1　织造厂主要设备的车速、时间效率和计划停台率

机器名称	设计速度或转速	时间效率/%	运转率/%
自动络筒机	1000～1200m/min	80～90	95
普通槽筒络筒机	510～640m/min	65～72	95
高速整经机	250～350m/min	50～60	94～96
	500～700m/min	50～55	94～95
浆纱机	20～40m/min	65～70	92～94
	30～60m/min	70～75	92～94

机器名称	设计速度或转速	时间效率/%	运转率/%
穿筘机	平纹、斜纹：1100~1200 根/h 下花纹：700~800 根/h		
结经机	200~350 结/min		
190cm 箱幅喷气织机	700~1200r/min	90~95	97~98
230cm 箱幅喷气织机	650~1000r/min	90~95	97~98
280cm 箱幅喷气织机	500~850r/min	90~95	97~98
190cm 箱幅喷水织机	600~800r/min	90~95	97~98
230cm 箱幅喷水织机	600~800r/min	90~95	97~98
230cm 箱幅剑杆织机	500~600r/min	90~95	97~98
验布机	20m/min	窄幅：25~30 阔幅：15（看两遍）	99
折布机	45 或 76m/min	40~50	99
打包机	3000~7200m/h		

三、设备工艺参数选择的一般原则

工艺参数和设备参数是机台配备计算的依据。这些参数选择的合理与否对工厂设计时的机器配备与投产后的产品质量和产量都有着重要的影响。合理选择工艺参数，不仅应使机台配备合理，而且能充分发挥机器的效能，提高产量和质量，还能节约基建投资。

为了使设计的工厂投产后能实现优质、高产、低能耗。选择工艺参数，一般应掌握以下基本原则。

首先，应深入调查研究，充分收集工艺资料。在充分考虑原料性能和所选设备规格的基础上，选择工艺参数要具有先进性和可行性。在保证产品质量和生产过程顺利进行的前提下，可在保证前后工序产量平衡的条件下充分发挥设备的潜力，保证高速高产，但不可超出设备参数最大允许范围。

其次，采用同一种设备生产同类品种，在原料、产品性能要求相当的情况下，所选工艺参数应力求相同或接近，以简化工艺设计和管理。

最后，应考虑工人的技术和操作水平，在工人技术不熟练的新厂，工艺参数应力求稳妥。

机器的时间效率、运转率和制成率属于统计数据，可参考加工类似产品工厂的实际经验，并结合本地区本企业的原料、设备、工人的技术水平、管理水平等因素综合考虑确定。

第二节 机织工艺计算

机织工艺计算是工艺设计的主要任务之一，是在织物工艺流程确定和机器型号确定之后，计算织物原料的定量计算，获得坯布（坯绸）经纬原料的需要量。目的是确定各种机器配备数量提供必要的条件。

一、机织工艺设计参数选择

（一）织缩率

织缩率是指织造时所用纱线长度与所织成的织物长（宽）度之间的差值与纱线长度的比值，以百分数表示。织缩率分为经纱缩率和纬纱缩率，分别表示经纱和纬纱在织物中的长度与原始纱线长度的差异百分比。

经、纬纱的织缩率大小受多种因素的影响，如原料种类、细度、捻度、织物组织、经纬密度、织造工艺以及车间温湿度等。在实际应用中，织缩率是一个重要的指标。它影响着经纬纱原料的用量，对成品的强力、厚度、密度、重量、外观以及最终缩水率等均有影响。

确定织物缩率可以用几何结构原理法计算，即根据织物中经纬纱特数、密度从织物几何结构上进行分析，算出经纬纱织缩率。但计算比较复杂，实际上很少采用。生产实践中，往往通过测量织造前后织物中经纱和纬纱的实际长度，代入下式进行计算。

经、纬纱织缩率分别以 a_j、a_w 表示，则：

$$a_j = \frac{L_1 - L_2}{L_1} \times 100\% \tag{5-7}$$

$$a_w = \frac{L_3 - L_4}{L_3} \times 100\% \tag{5-8}$$

式中：L_1——织物中经纱长度；

L_2——织物的经向长度；

L_3——织物中纬纱长度；

L_4——织物的纬向长度。

在实际生产中计算织物原料用量时，为了简便，纬纱织缩率常用织物的箱外幅代替织物中纬纱长度，坯布外幅表示织物的纬向长度，代入式（5-8）中计算；经向织缩率则一般按下式计算。

$$经向织缩率 = 坯布纬密（根/cm）\times \frac{基本}{组织系数} \times \left[1 + 绉线织物增加率 \pm \frac{经纬原料}{纤度不等差率} \right] \tag{5-9}$$

1. 基本组织系数

基本组织系数 = 组织系数 $\times \sqrt{纬纱线密度[dtex(旦)]}$（取二位小数，第三位小数四舍五入）(5-10)

组织系数见表5-2。

表 5-2　组织系数表　　　　　　　　　　　　　（×10⁻⁶）

组织结构		平纹	平纹变化	三枚	四枚	五枚	六枚	七枚	八枚	十六枚
桑蚕丝纬纱	dtex	138	134	130	122	114	106	98	90	46
	旦	145	141	137	128	120	112	104	95	48
再生纤维纱线及其他纬纱	dtex	127	122	118	108	99	89	80	70	32
	旦	134	129	124	114	104	94	84	74	37

注　（1）$\frac{2}{2}$、$\frac{2}{1}$、$\frac{1}{2}$ 斜纹组织按照三枚计算；$\frac{3}{1}$、$\frac{3}{2}$、$\frac{1}{2}$ 斜纹组织按照四枚计算；$\frac{4}{1}$、$\frac{4}{2}$、$\frac{3}{3}$ 斜纹组织按照五枚计算；$\frac{4}{3}$ 斜纹组织按照六枚计算；$\frac{4}{4}$ 斜纹组织按照七枚计算；九枚急斜纹、呢地组织、混合组织、绉组织按照三枚计算。

（2）提花织物以地组织计算，纬线线密度分档以 5.55dtex（5旦）为一档，根据实用线密度二舍八入，三七作五计算。

（3）有两种及两种以上不同枚数组织的织物，应以不同枚数的组织系数加权平均计算。

（4）绢丝、紬丝（包括绢紬混纺）作纬的织物，按照桑蚕丝组织系数增加60%计算。

（5）双宫丝作纬的织物，凡平均线密度在 88.88dtex（80旦）及以上的，按组织系数增加60%计算，88.88dtex（80旦）以下的同常计算。

2. 绉线织物增加率

绉线织物是指经线或纬线捻度在 4 捻/cm 以上的织物，常用绉线织物增加率见表 5-3。

表 5-3　常用绉线织物增加率

组织	捻度/（捻/cm）	织物增加率/%				
		绉经绉纬	平经绉纬	绉经平纬	平经绉平纬	绉经绉平纬
平纹	4~9	50	40	20	15	20
	10~19	80	70	40	35	40
	20 及以上	100	90	50	45	50
斜纹或缎纹	4~9	30	20	—	—	—
	10~19	40	30	10	10	10
	20 及以上	50	40	20	15	20

注　（1）本表仅适用于经线或纬线的捻度为 4 捻/cm 及以上的桑蚕丝、再生纤维纱线、合纤丝织物（即不适用于各种短纤维纱线为原料的织物）。

（2）平纹变化组织按平纹组织的80%计算；斜纹、缎纹变化组织分别按斜纹、缎纹组织计算。

（3）经线或纬线的捻度（不包括初捻或复捻）不一样时，均按照高捻度计算。

3. 经纬原料不等差率

若经纬原料线密度差异较大时，还需要考虑经纬原料不等差率。

（1）桑蚕丝纬织物。

粗经细纬时：减率 =（经丝线密度÷纬丝线密度-1）×10%

细经粗纬时：加率＝（纬丝线密度÷经丝线密度－1）×10%

（2）再生纤维纱线、涤纶丝、锦纶丝和棉纱纬织物。

粗经细纬时：减率＝（经丝线密度÷纬丝线密度－1）×2%

细经粗纬时：加率＝（纬丝线密度÷经丝线密度－1）×2%

凡属桑蚕丝交织织物的经纬原料不等差率，应按再生纤维纱线及其他纬纱标准计算。

常用经纬原料不等差率详见表5-4。

表5-4　常用经纬原料不等差率　　　　　　　　　单位：%

项目			经纱							
			15.55dtex（14旦）	23.33dtex（21旦）	31.11dtex（28旦）	32.22dtex（29旦）	46.66dtex（42旦）	69.69dtex（63旦）	93.32dtex（84旦）	116.66dtex（105旦）
纬纱	桑蚕丝	15.55dtex（14旦）	0	−4	−9	−10	−19	−34	−50	−65
		23.33dtex（21旦）	4	0	−3	−4	−10	−20	−30	−40
		31.11dtex（28旦）	9	3	0	0	−5	−13	−20	−28
		32.22dtex（29旦）	10	4	0	0	−5	−12	−19	−26
		46.66dtex（42旦）	19	10	5	5	0	−5	−10	−15
		69.99dtex（63旦）	34	20	13	12	5	0	−3	−7
		93.32dtex（84旦）	48	30	20	19	10	3	0	−3
		116.66dtex（105旦）	63	41	28	27	15	7	3	0
	再生纤维纱线、棉纱等其他原料	44.44dtex（40旦）	4	2	1	1	0	−1	−2	−3
		55.55dtex（50旦）	5	3	2	2	0	−1	−1	−2
		66.66dtex（60旦）	7	4	2	2	1	0	−1	−2
		83.33dtex（75旦）	9	5	2	3	2	0	0	−1
		88.88dtex（80旦）	9	6	3	4	2	1	0	−1
		108.88dtex（98旦）	12	7	4	5	3	1	0	0
		111.10dtex（100旦）	12	8	5	5	3	1	0	0
		133.32dtex（120旦）	15	10	5	6	4	2	1	0
		147.76dtex（133旦）	17	11	7	7	4	2	1	1
		166.65dtex（150旦）	19	13	8	8	5	3	2	1
		177.76dtex（160旦）	21	13	9	9	6	3	2	1

注　（1）凡属纯桑蚕丝织物或以桑蚕丝做经丝，再生纤维纱线、涤纶丝、锦纶丝、棉纱等其他原料作纬丝的交织物可查此表。

（2）凡属绢丝、䌷丝、双宫丝及纱、线类织物查此表后再加纬丝并合后纤度（旦）的平方根，此平方根取整数值，第一位小数四舍五入。

绞经织物织缩率＝一般平纹织物计算的缩率＋绞经织物增加的织缩率

绞经织物增加的织缩率＝每厘米经向相绞次数×2×该绞经织物的平纹组织系数×（1+绞经增加率）

每厘米经向相绞次数＝每厘米纬密÷经向每相绞一次纬向织入根数

绞经增加率为 18%。

(二) 捻缩率

捻缩率是指纱线加捻前后长度之差与原来长度的百分比。影响捻缩率的因素主要有：原料种类、粗细、捻度等。根据定义可知：

$$捻缩率 = \frac{丝线加捻前长度 - 丝线加捻后长度}{丝线加捻前长度} \times 100\% \tag{5-11}$$

在实际生产中，工厂常用的计算捻缩率的经验公式如下：

（1）简单捻制时。

$$捻缩率 = C \times 纤度倍数 \times 捻度平方 \times 原料差别率 \tag{5-12}$$

式中：C 为常数系数，细度采用旦尼尔制时，C 取 0.0038；细度采用分特制时，C 取 0.00342；纤度倍数按 11.11dtex（10 旦）为 1 倍计算。

11.11～33.33dtex（10～30 旦）：按倍计算。

38.89～55.55dtex（35～50 旦）：按倍计算后，减 0.1 倍。

61.11～72.22dtex（55～65 旦）：按倍计算后，减 0.2 倍。

77.77～83.33dtex（70～75 旦）：按倍计算后，减 0.3 倍。

88.88～94.44dtex（80～85 旦）：按倍计算后，减 0.4 倍。

99.99～105.55dtex（90～95 旦）：按倍计算后，减 0.5 倍。

111.10～116.66dtex（100～105 旦）：按倍计算后，减 0.6 倍。

122.22dtex（110 旦）：按倍计算后，减 0.7 倍。

127.77dtex（115 旦）：按倍计算后，减 0.8 倍。

133.32dtex（120 旦）：按倍计算后，减 0.9 倍。

144.43dtex（130 旦）及以上：在 133.32dtex（120 旦）为 11.1 倍的基础上，每增加 11.11dtex（10 旦）增加 0.8 倍。

捻度平方是指每厘米捻度的平方值。

原料差别率按下列比例计算：黏胶丝、铜氨丝、涤纶丝取 100%；桑蚕丝、锦纶丝取 111%；醋酯丝取 123%；䌷丝取 143%；再生棉及天然棉纱取 120%；金银铝皮取 134%。

（2）复杂捻制时。

$$捻向相同的复捻丝总捻缩率 = 初捻捻缩率 + 复捻捻缩率 \tag{5-13}$$

$$捻向相反的复捻丝总捻缩率 = 初捻捻缩率 \times \left(1 - \frac{1}{复捻丝根数}\right) + 复捻捻缩率 \tag{5-14}$$

(三) 伸长率

经纱在准备过程中，由于承受络筒、整经及浆纱的多次拉伸作用而伸长，使得经纱线密度变低。

纱线的伸长主要在浆纱过程中形成。因此，可直接用经纱上浆前后长度之差与原纱长度的百分率来表示。

$$浆纱伸长率 = \frac{经纱上浆前长度(m) - 经纱上浆后长度(m)}{经纱上浆前长度(m)} \times 100\% \tag{5-15}$$

一般来说，单纱的伸长率大于股线，低特纱线的伸长率大于高特纱线。拉伸过大时，纱线弹性损失，断裂伸长率下降。工艺设计时，常用经纱原料伸长率可按表5-5中的数值计算。

表5-5　常用经纱原料伸长率

经纱原料	伸长率/%	经纱原料	伸长率/%
黏胶长丝	5	短纤维单纱	1.2
铜氨长丝	4	>10tex×2 短纤维股线	0.3
醋酯长丝	6	≤10tex×2 的短纤维股线	0.7
绢丝	−1	涤/黏中长纤维股线	0.3
紬丝	−2	涤纶长丝、锦纶长丝	0

（四）其他工艺缩率

其他工艺缩率是指经其他一些工序包括浸渍、绞浆、自然回缩、落水预缩、丝光等加工之后的缩率，见表5-6。

这些缩率值一般不需要经过计算，可以直接查表5-6得到。一般来讲，凡具有两种以上工艺缩率者，按最大缩率计算，不得累计。

表5-6　常用其他工艺缩率

原料种类	项目	缩率/%
桑蚕丝	漂练、染色、脱脂	1.5
	浸泡、上乳化蜡、水纤	1
绢丝	自然回缩、蒸缩	2
	染色、漂练、绞浆	2.5
紬丝	自然回缩	2.5
	染色、绞浆	3
再生纤维丝线	漂练、增白、染色、脱脂、胶浆	1
合纤类纱线	锦纶丝自然回缩	3
	锦纶、涤纶弹性丝自然回缩	3
	111.1dtex 及以下	7
	112.21～165.54dtex	8.5
	166.65dtex 及以上	10
	锦纶丝落水预缩	5

原料种类	项目	缩率/%
合纤类纱线	锦纶丝染色	10
	锦纶、涤纶弹性丝染色	15
	涤纶丝自然回缩	1.5
	涤纶丝蒸缩（10~19 捻/cm）	5
	涤纶丝蒸缩（20 捻/cm 及以上）	6.5
	涤纶丝落水预缩	3.5
	涤纶丝染色	7.5
	锦纶、涤纶丝等混纺染色	2
	锦纶丝蒸缩（10~19 捻/cm）	6.5
	锦纶丝蒸缩（20 捻/cm 及以上）	8
羊毛	预缩、染色	6
纯棉纱线、再生棉纱线	漂白、增白、染色、脱脂	1.5
	丝光	2.5
	棉纱（线）、再生棉、绢丝绞浆	2
其他纱线	紬/腈、紬/麻混纺纱染色	2
	绢、紬混纺纱染色	2.5

（五）回丝率和制成率

在产品加工过程中，由于工艺操作、处理疵点、处理筒脚和了结机等需要，必须将纱尾和残次品剔除，少部分原料就会成为回丝。这些原料消耗使得各工序加工出的产品重量小于该工序喂入原料或半成品的重量。某工序在加工过程中产生的回丝重量与同一时间内喂入的原料重量之间的百分比，称为该工序加工该产品的回丝率。某工序输出产品的重量与同一时间内喂入原料或半成品重量之间的百分比，则称为该工序加工该产品的制成率。回丝率和制成率不仅直接影响企业的经济效益，同时也反映出企业的经济、技术管理水平。因此回丝率和制成率既是企业的经济指标之一，也是重要的技术指标。是工艺计算过程中不可缺少的参数。

制成率与原料种类、原料状态、工艺道数、工艺参数、设备状态、产品种类及管理水平直接相关。化纤原料比天然纤维制成率高，纤维细、短、强力差的原料，制成率低；设备状态不佳时，制成率低；操作管理水平高，断头少并能及时接头，制成率高。

各工序制成率与回丝率的计算式为：

$$制成率Z_i = \frac{输出产品的质量}{喂入原料或半成品的质量} \times 100\% \tag{5-16}$$

$$回丝率H_i = 1 - 制成率Z_i \tag{5-17}$$

回丝率有工序回丝率和工序累计回丝率之分。经丝或纬丝对原料总回丝率为各工序累计回丝率之和。计算式为：

$$H_0 = \sum H_x = H_x + H_{x-1} + H_{x-2} + \cdots + H_i \tag{5-18}$$

式中：H_x、H_{x-1}、$\cdots$、H_i ——各工序累计回丝率；

　　　　H_0 ——经丝或纬丝对原料总的回丝率。

从原料到成品的总制成率或某一车间的制成率等于产品所经各个工序制成率的连乘积。计算式为：

$$Z_0 = Z_1 \times Z_2 \times \cdots \times Z_n$$

式中：　　Z_0——产品的总制成率；

Z_1、$Z_2$$\cdots$、$Z_n$——分别表示第一工序、第二工序……第 n 工序的制成率。

产品的总制成率 Z_0 也可以用总回丝率来计算。

$$Z_0 = 1 - H_0$$

对于真丝织造厂而言，由于原料比较珍贵，所占成本的比例较大，应尽量降低回丝率，节约原料，降低成本。

工厂在正常生产时，回丝的数量极少，只有在管理不善和工人没有正常操作时才会有较多的回丝量。为简便起见，织造厂设计中一般不分工序计算，只从常用回丝率表中查得经纱与纬纱总的回丝率计算原料用量，不计算制成率。在定额用纱量中统一规定经纱回丝率为0.4%，纬纱回丝率为 1.0%。设计时，经纱取 0.4%~0.8%，纬纱 0.8%~1%。无梭织机因要割去捕纬边，纬纱回丝率约为 4%。

（六）加放率

加放率是由匹长加放及开剪、拼件耗损造成的。坯布在形成过程中，经纱被拉伸长，故坯布在仓库中堆放一段时期后，由于经纬向张力平衡，坯布的经向就有一定的收缩。为了保证坯布每匹长度不小于其公称匹长，常在布端加放适当长度的织物（加放长度在确定浆纱墨印长度时已考虑进去）。

坯布长度加放一般包括折幅加放和布端加放两部分，折幅加放长度和折幅长度之比称为坯布自然缩率。

坯布自然缩率随织物品种的不同而略有不同，一般平纹织物是 0.6%，斜纹织物是0.8%~1.0%。布端加放率根据印染厂或客户要求而定。

设计时，为了简化起见，可将布端加放率及坯布自然缩率等都并入加放率中，一般取 0.9%。

二、织物原料用量计算

（一）每米织物的经（纬）纱用量

考虑了经纬纱缩率、回丝、伸长和加放率后的经、纬纱需要量，即为经、纬原料用纱量

（g/m）。计算结果一般保留两位小数，小数后面第三位四舍五入。

总经根数＝内经根数＋边经根数×2

（1）棉织企业一般按下式进行计算。

$$每米织物经纱用量（g/m）=\frac{经纱线密度×总经根数×（1+加放率）}{10^3×（1+经纱总伸长率）×（1-经纱织缩率）×（1-经纱回丝率）}$$

$$每米织物纬纱用量（g/m）=\frac{纬纱线密度×纬密（根/10cm）×幅宽（cm）×（1+加放率）}{10^4×（1-纬纱织缩率）×（1-纬纱回丝率）}$$

（2）丝织企业一般按下式进行计算。

每米绸经丝用量（g/m）＝总经丝数×原料线密度（tex）×10⁻³×并合根数×（1+经向织缩率）×
（1+捻缩率）×（1-浆伸率）×（1+其他工艺缩率）×（1+回丝率）

每米绸纬丝净重（g/m）＝每厘米坯绸纬密（根）×原料线密度（tex）×10⁻³×并合根数×钢筘外幅（cm）×
（1+捻缩率）×（1+纬向织缩率）×（1+其他工艺缩率）×（1+回丝率）

（3）绞边和捕纬边（废弃边）的经、纬原料用量。

当采用喷水、剑杆等无梭织机生产时，除按上述公式计算坯布原料用量外，还必须考虑绞边和捕纬边（废弃边）的经、纬原料用量。

捕纬边（废弃边）经丝用量（g/m）＝捕纬边丝根数×丝线线密度（tex）×10⁻³×（1+织缩率）

一般，捕纬边为每幅4根，织缩率取5%左右。

绞边（废弃边）经丝用量（g/m）＝绞边丝根数×纱线线密度（tex）×10⁻³×（1+织缩率）

一般喷水织机每幅织物绞边取4根进行计算，剑杆织机每幅织物绞边取15根进行计算。织缩率取3%左右。

计算捕纬边（废弃边）纬纱用量时，不考虑工艺缩率和回丝率。因此：

每米绸废弃边纬纱用量（g/m）＝每厘米坯绸纬密（根）×

废弃边纬丝长度（cm）×并合根数×原料线密度（tex）×10⁻³

剑杆织机织物捕纬边的宽度通常为8~9cm。喷气织机的捕纬边纬丝长度按照表5-7计算。

表5-7 喷气织机捕纬边纬丝长度参照表

实用钢筘外幅	废弃边纬丝长度/cm			
	长丝（含加捻丝）	弹性（加工）丝	长丝（含加捻丝）	弹性（加工）丝
120cm及以下	8		9	
120cm以上	9		10	

总经根数、织缩率、捻缩率、浆伸率、其他工艺缩率与回丝率按前述方法计算或选取。

（4）每米坯布重量。

每米坯布重量（g/m）＝每米织物经丝净重＋每米织物纬丝净重

（二）每小时织物的经纱、纬纱用量

$$每小时织物的经纱用量（kg/h）=\frac{某织物总产量（m/h）×每米织物经纱用量（g/m）}{1000}$$

$$每小时织物的纬纱用量（kg/h）=\frac{某织物总产量（m/h）×每米织物纬纱用量（g/m）}{1000}$$

需要注意的是，如果织物中有多种经纬纱线，须分别计算，不能简单相加。

三、各工序设备生产能力的计算

各机台的实际产量依据：实际产量＝理论产量×机器时间效率，来进行计算。

（1）织机台时产量。

$$织机理论台时产量 [m/（台·h）] = \frac{60×织机转速（r/min）}{10×坯布纬密（根/10cm）} \tag{5-19}$$

$$织机实际台时产量 [kg/（锭·h）] = 织机理论产量×时间效率 \tag{5-20}$$

（2）络筒机台时产量。

$$络筒机理论台时产量 [kg/（锭·h）] = \frac{络筒线速度（m/min）×60×纱线线密度（tex）}{1000×1000} \tag{5-21}$$

$$络筒机实际台时产量 [kg/（锭·h）] = 络筒机理论产量×时间效率 \tag{5-22}$$

（3）并线机台时产量。

$$并线机理论台时产量 [kg/（锭·h）] = \frac{并线机线速度（m/min）×60×纱线线密度（tex）}{1000×1000} \tag{5-23}$$

$$并线机实际台时产量 [kg/（锭·h）] = 并线机理论产量×时间效率 \tag{5-24}$$

（4）捻线机台时产量。

$$捻线机理论台时产量 [kg/（锭·h）] =$$
$$\frac{捻线机线速度（m/min）×60×纱线线密度（tex）×（1+捻线的捻缩率）}{捻度（捻/m）×1000×1000} \tag{5-25}$$

$$捻线机实际台时产量 [kg/（锭·h）] = 捻线机理论产量×时间效率 \tag{5-26}$$

若是倍捻机，计算台时理论产量时，将上式分子乘2即可。

（5）整经机台时产量。

$$分条整经机理论台时产量 [kg/（台·h）] =$$
$$\frac{整经滚筒线速度（m/min）×倒轴线速度（m/min）×经纱总根数×纱线线密度（tex）}{10^6 × [整经滚筒线密度（m/min）+整经条数×倒轴线速度（m/min）]} \tag{5-27}$$

$$分条整经机实际台时产量 [kg/（台·h）] = 分条整经机理论产量×时间效率 \tag{5-28}$$

$$分批整经机理论台时产量 [kg/（台·h）] =$$
$$\frac{整经机线速度（m/min）×60×每轴经纱根数×纱线线密度（tex）}{1000×1000} \tag{5-29}$$

$$分批整经机实际产量 [kg/（台·h）] = 整经机理论产量×时间效率 \tag{5-30}$$

（6）浆纱机台时产量。

$$浆纱机理论台时产量 [kg/（台·h）] =$$
$$\frac{浆纱机线速度（m/min）×60×上浆经轴的经纱根数×纱线线密度（tex）}{1000×1000} \tag{5-31}$$

$$浆纱机实际台时产量 [kg/（台·h）] = 浆纱机理论产量×时间效率 \tag{5-32}$$

（7）穿结经机台时产量。

三自动穿筘架的定额一般取1100根/（台·h），提花织物取700根/（台·h）；全自动穿经机速度为8600~11800根/（台·h）。自动结经机的速度为12000~21000个结（台·h）。

（8）验布机台时产量。

$$验布机理论台时产量 [m/（台·h）] = 验布机线速度（m/min）×60 \qquad (5-33)$$
$$验布机实际台时产量 [m/（台·h）] = 验布机理论产量×时间效率 \qquad (5-34)$$

验布机上，狭幅织物的时间效率一般为30%，阔幅织物的时间效率一般为15%。

（9）折布机台时产量。

$$折布机理论台时产量 [m/（台·h）] = 折布机线速度（m/min）×60 \qquad (5-35)$$
$$折布机实际台时产量 [m/（台·h）] = 折布机理论生产率×时间效率 \qquad (5-36)$$

（10）中包机台时产量。中包机生产定额一般取12包 [7200m/（台·h）]。

第三节　设备配备计算

织造厂的设备配备包括织机、准备工序和整理工序三部分。

计算各工序设备配备台数，由织机开始。首先根据项目设计任务书中规定的生产规模及产品方案，计算织机台数，并确定该产品的织机配备台数。然后，由品种确定的加工工艺流程，所选定机器设备型号以及有关工艺参数——车速、时间效率、计划停台率、制成率等有关参数，向织机前后两个方向延伸，逐步循序计算，完成准备工序和整理工序的设备配台计算。

机器配备台数的计算，一般按定额台数、计算台数、配备台数分三步计算。

定额台数是指完成生产计划需要连续运转的机器台数，常用 m_d 表示。主要依据后一工序需要的半成品数量、本工序半成品的回丝率、机器的生产率和时间效率确定。

$$定额台数 m_d = \frac{需要加工量}{设备实际产量} = \frac{日耗经纱或纬纱的原料用量}{设备台时理论产量(kg) × 时间效率 × 每日工作时数} \qquad (5-37)$$

计算台数是考虑计划停台在内的机器台数，常用 m_j 表示。主要依据本工序机器的定额台（锭）数和计划停台率进行确定。

$$计算台数 m_j = \frac{机台定额台数 m_d}{运转率} = \frac{机台定额台数 m_d}{1 - 计划停台率} \qquad (5-38)$$

配备台数是实际装机台数，常用 m_p 表示。这是考虑了包括工人的劳动组织和机器排列方案等各种因素后，经过综合平衡而得到的机器实际配备台数。

$$配备台数 m_p = 各分产品计算台数之和$$

以上计算得到的配备台数，一般是分品种、分工序计算，最后应按照同类机型进行汇总，有的是分别取为整台数相加，有的是相加后取为整数，视具体情况而定。

计算中，除浆纱机为一班，每日工作8h；捻丝机为三班，每日工作24h外，其余机台基本上为三班生产，每天工作22.5h。

一、织机配备计算

织机配备计算的内容、方法和步骤，根据设计任务书所给的条件不同而不同。一般有以下三种情况。

（1）明确规定织机的总台数和各个产品分配的机台数。一般不需要进行配备计算。

（2）若规定全年织物总产量 $Q_总$（10^4m）、产品方案和各产品所占产量比例 A_i，计算产品方案中各品种需要的织机台数和全厂织机的总台数。

设工厂全年织物总产量为 $Q_总$，产品方案中各分产品的产量比例为 A_1、A_2、A_3、$\cdots$、A_n，则按照下述步骤进行计算。

①计算各分产品的年产成品量 Q_1、Q、Q_3、$\cdots$、Q_n（10^4m/ 年）。

$$Q_i = Q_总 \times A_i \tag{5-39}$$

式中：i——产品方案中第 i 个产品品种，$i=1$、2、3、$\cdots$、n。

②计算各分产品的单位年需坯布量 Q'_i（10^4m/ 年）和每小时需要坯布量 Q''_i（m/h）。

$$Q'_i = \frac{Q_i}{1 - 染整长缩率} \tag{5-40}$$

$$Q''_i = \frac{Q'_i}{全年工作时数 \times 10000} \tag{5-41}$$

③计算织机台时实际产量 q_i[m/（台·h）]。

$$织机理论台时产量 q_i = \frac{60 \times 织机转速(r/min)}{10 \times 坯布纬密(根/10cm)}[m/（台·h）] \tag{5-42}$$

$$织机实际台时产量 q'_i = 织机理论产量 \times 时间效率[m/（台·h）]$$

$$= \frac{60 \times 织机转速}{10 \times 坯布纬密(根/10cm)} \times 时间效率 K \tag{5-43}$$

④计算织机配备台数。各品种织机定额台数 m_{di} 为：

$$m_{di} = \frac{各分产品的单位年需坯布量 Q'_i}{织机台时实际产量 q'_i \times 织机每日工作时数 \times 全年工作日数} \tag{5-44}$$

各品种织机计算台数 m_{ji} 为：

$$m_{ji} = \frac{分产品织机定额台数 m_{di}}{1 - 织机计划停台率 A} \tag{5-45}$$

将各分产品相同型号设备的计算台数相加，并圆整成整数，即为设备配备台数。

$$M_总 = \sum_{i=1}^{n} m_i = m_1 + m_2 + \cdots + m_n \tag{5-46}$$

需要注意的是，织机有左手车、右手车之分，且往往是 4 台 1 组排列，因此在确定配备台数时，应配成 4 的倍数。

例：设计任务书中规定全年生产坯布 450 万米，产品方案为双绉、斜纹绸、尼丝纺三种品种，它们的产量比例、纬密、生产速度、时间效率见表 5-8，所选织机的运转率为 97%。在不考虑缩率的前提下，试计算三种织物所需要的织机配备总台数。

表 5-8　双绉、斜纹绸、尼丝纺方案

项目	12102 双绉	19011 斜纹绸	21171 尼丝纺
产量比例/%	40	35	25

项目	12102 双绉	19011 斜纹绸	21171 尼丝纺
纬密 P_W/（根/10cm）	380	430	340
织机转速 n/（r/min）	450	500	400
时间效率/%	92	94	94

解：设三种织物的年产成品量依次为 Q_A、Q_B、Q_C，对应织机的实际台时定额产量 q'_A、q'_B、q'_C，定额台数分别为 m_{dA}、m_{dB}、m_{dC}，计算台数 m_{jA}、m_{jB}、m_{jC}。则：

三种织物的全年生产任务分别为：

$$Q_A = 450 \times 40\% = 180 （万米）$$

$$Q_B = 450 \times 35\% = 157.5 （万米）$$

$$Q_C = 450 \times 25\% = 112.5 （万米）$$

生产三种织物时，织机的实际台时定额产量 q'_i 为：

$$q'_A = \frac{60 \times n_A}{P_{W_A} \times 100} \times K_A = \frac{60 \times 450}{380 \times 10} \times 92\% = 6.54 \left[m/（台 \cdot h） \right]$$

$$q'_B = \frac{60 \times n_B}{P_{W_B} \times 100} \times K_B = \frac{60 \times 500}{430 \times 10} \times 94\% = 6.56 \left[m/（台 \cdot h） \right]$$

$$q'_C = \frac{60 \times n_C}{P_{W_C} \times 100} \times K_C = \frac{60 \times 400}{340 \times 10} \times 94\% = 6.64 \left[m/（台 \cdot h） \right]$$

三种织物的定额台数 m_{di} 为：

$$m_{dA} = \frac{180 \times 10^4}{6.97 \times 22.5 \times 306} = 39.98 （台）$$

$$m_{dB} = \frac{157.5 \times 10^4}{6.82 \times 22.5 \times 306} = 34.87 （台）$$

$$m_{dC} = \frac{112.5 \times 10^4}{7.46 \times 22.5 \times 306} = 24.61 （台）$$

三种织物的计算台数 m_{ji} 为：

$$m_{jA} = 37.51 \div 0.97 = 41.22 （台）$$

$$m_{jB} = 33.54 \div 0.97 = 35.95 （台）$$

$$m_{jC} = 21.90 \div 0.97 = 25.37 （台）$$

经过修正后，三种织物的实际配备台数：双绉为 42 台，斜纹绸为 36 台，尼丝纺为 26 台。

（3）若规定织机定额总台数、产品品种和各产品所占产量比例，计算产品方案中各品种分配的织机台数。

设工厂织机总台数为 $M_总$，产品方案中各分产品的产量比例为 A_1、A_2、A_3、$\cdots$、A_n，代表性品种的纬密为 P_{W1}、P_{W2}、P_{W3}、$\cdots$、P_{Wn}，生产时的织机转速为 n_1、n_2、n_3、$\cdots$、n_n，时

间效率为 K_1、K_2、K_3、$\cdots$、K_n，各分产品的定额台数 m_{d1}、m_{d2}、m_{d3}、$\cdots$、m_{dn}，则按照下述步骤进行计算。

①以产品 1 的定额台数为基准，计算其他各分产品与产品 1 的定额台数间的比例 x_n。

$$x_2 = \frac{m_{d2}}{m_{d1}} = \frac{A_2}{A_1} \times \frac{P_{W2} n_1 K_1}{P_{W1} n_2 K_2}$$

$$x_3 = \frac{m_{d3}}{m_{d1}} = \frac{A_3}{A_1} \times \frac{P_{W3} n_1 K_1}{P_{W1} n_3 K_3}$$

$$\cdots$$

$$x_n = \frac{m_{dn}}{m_{d1}} = \frac{A_3}{A_1} \times \frac{P_{Wn} n_1 K_1}{P_{W1} n_n K_n}$$

②计算各分产品的定额台数 m_{dn}。

根据 $m_{d1} + m_{d2} + m_{d3} + \cdots + m_{dn} = m_{d1}(1 + x_2 + x_3 + \cdots + x_n) = M_总$，可计算获得生产各产品品种的织机定额台数 m_{di}。

$$m_{d1} = \frac{M_总}{1 + x_2 + x_3 + \cdots + x_n}$$

$$m_{d2} = m_{d1} \times x_2$$

$$m_{d3} = m_{d1} \times x_3$$

$$\cdots$$

$$m_{dn} = m_{d1} \times x_n$$

③计算各品种织机计算台数 m_{jn}。

$$m_{jn} = \frac{\text{分产品织机定额台数} m_{dn}}{1 - \text{织机计划停台率} A} \tag{5-47}$$

④修正计算织机配备台数 m_{pn}。

将各分产品相同型号设备的计算台数相加，并圆整成整数，即为设备实际配备台数。

织物的总产量=织机的配备台数×（1-计划停台率）×织机实际台时产量

例：若设计任务书中规定织机定额总台数为 120 台，产品方案为双绉、斜纹绸、尼丝纺三种，它们的产量比例、纬密、织机转速、时间效率见表 5-8。试计算三种织物所需要的织机配备总台数。

解：设三种织物的年产成品量为 Q_A、Q_B、Q_C，织机的实际台时定额产量 q'_A、q'_B、q'_C，定额台数分别为 m_{dA}、m_{dB}、m_{dC}，$x_2 = \frac{m_{dB}}{m_{dA}}$、$x_3 = \frac{m_{dc}}{m_{dA}}$；计算台数 m_{jA}、m_{jB}、m_{jC}。则：

$$x_2 = \frac{m_{dB}}{m_{d1}} = \frac{35\%}{40\%} \times \frac{430 \times 450 \times 92}{380 \times 500 \times 94} = 0.87$$

$$x_3 = \frac{m_{dC}}{m_{d1}} = \frac{25\%}{40\%} \times \frac{340 \times 450 \times 92}{380 \times 400 \times 94} = 0.62$$

根据题意可知：　　$m_{dA} + m_{dB} + m_{dC} = m_{dA} \times (1 + x + y) = 120（台）$

即：　　　　　　　　$m_{dA} \times (1 + 0.87 + 0.62) = 120（台）$

解得：

$$m_{dA} = 48.19（台）$$

$$m_{dB} = 48.19 \times 0.87 = 41.19（台）$$

$$m_{dC} = 48.19 \times 0.62 = 29.88（台）$$

三种织物的计算台数 m_{jA}、m_{jB}、m_{jC} 分别为：

$$m_{jA} = 48.19 \div 0.97 = 49.68（台）$$

$$m_{jB} = 41.19 \div 0.97 = 43.22（台）$$

$$m_{jC} = 29.88 \div 0.97 = 30.80（台）$$

经过修正后，三种织物的实际配备台数：双绉为 50 台，斜纹绸为 44 台，尼丝纺为 32 台，也可共配备 124 台。

二、织厂其他工序机械配备计算

织造厂准备机械和整理机械的配备，是根据各品种织机的实际生产能力、经纬纱原料的用量和各机械的定额生产能力，先分产品计算出各机台完成生产任务连续运转的机器台（锭）数，即定额台（锭）数；再结合计划停台率计算出计算台（锭）数。最后按照各工序机械的机型进行汇总，视具体情况决定相加后取整、调整成实际配备台数。

（一）织机日产量 P_r

P_r ＝ 织机台时定额产量(m) × 织机每日工作时数 × 织机配备台数m_p × （1 − 计划停台率）　　（5-48）

日耗经纱原料用量 $G_{jr}(kg/d)$ ＝ 每米经纱原料用量(g/m) × 织机日产量 P_r(m) × 10^{-3}　　（5-49）

日耗纬纱原料用量 $G_{jr}(kg/d)$ ＝ 每米纬纱原料用量(g/m) × 织机日产量 P_r(m) × 10^{-3}　　（5-50）

（二）各工序原料需用量计算

根据所选工艺参数，按照前述公式计算各分产品每米织物经纬纱需要量（g/m）、每小时织物的经纬纱用量（kg/h）、日耗经纬纱用量（kg/d）。如果织物中有多种经纬纱线，须分别计算，不能相加。再按照各分产品的工艺流程，从织机开始逐道向两端计算各工序需要生产量，直到最基本的进厂原料，计算式为：

$$该工序需要量 = \frac{下工序需要量}{1 - 该工序回丝率} \qquad (5-51)$$

以此可计算得到各工序的加工需要量。

（三）各工序机械配备计算

（1）络筒机的配备锭数。

$$络筒机的定额锭数 = \frac{织物的日耗经纱(纬纱)用纱量(kg/h)}{每锭实际产量[kg/(锭 \cdot h)] \times 时间效率 \times 每日工作时数} \qquad (5-52)$$

$$络筒机的计算配备锭数 = \frac{络筒机的定额锭数}{1 - 计划停台率} \qquad (5-53)$$

（2）整经机的计算配备台数。

$$整经机的定额台数 = \frac{织物的日耗经纱用量(kg/h)}{每台实际产量[(kg/(台 \cdot h)] \times 时间效率 \times 每日工作时数} \qquad (5-54)$$

$$整经机的计算配备台数 = \frac{定额台数}{1 - 计划停台率} \qquad (5-55)$$

（3）浆纱机的计算配备台数。

$$浆纱机的定额台数 = \frac{织物的日耗经纱用量(kg/h)}{每台实际产量[kg/(台 \cdot h)] \times 时间效率 \times 每日工作时数} \tag{5-56}$$

$$浆纱机的计算配备台数 = \frac{定额台数}{1 - 计划停台率} \tag{5-57}$$

（4）穿筘机的计算配备台数。

$$穿筘机的定额台数 = \frac{织轴上的总经根数(根)}{穿筘定额[根/(台 \cdot h)] \times 时间效率 \times 每日工作时数} \times \frac{织物的生产量(m/h)}{一只织轴绕纱可织布的长度(m)} \tag{5-58}$$

（5）验布机的定额台数。

$$验布机的定额台数 = \frac{织物的日生产量(m/d)}{验布机实际产量[m/(台 \cdot h)] \times 时间效率 \times 每日工作时数} \tag{5-59}$$

（6）折布机的定额台数。

$$折布机的定额台数 = \frac{织物的日生产量(m/d)}{验布机实际产量[m/(台 \cdot h)] \times 时间效率 \times 每日工作时数} \tag{5-60}$$

（7）中包机的定额台数。

$$中包机的定额台数 = \frac{织物的日生产量(m/h)}{中包机实际产量[m/(台 \cdot h)] \times 时间效率 \times 每日工作时数} \tag{5-61}$$

三、设备配备的注意事项

当机型和工艺流程确定后，可按计划的产品方案和规模，编制工艺设计与机器配置表。配备机台时应考虑如下事项。

（1）各机台工艺参数应根据产品特征和机器的性能配备。配备时，应留有一定余地，以适应多品种的生产，并充分发挥生产设备的潜力。并为日后品种翻改留有余地。

（2）同一产品前后工序配备的机台，尽可能建立固定的供应体制。

（3）机台配备计算过程中，应分品种、分工序逐一计算，计算结果保留 2~4 位小数，将相同型号设备的计算台数汇总并圆整成整数，即为该型号设备的配备台数。可以汇总后取整，也可以取整后汇总。一般只入不舍，以保证有足够的配备台数来进行加工，确保生产能力。汇总时应注意以下情况。

①原料不同不能汇总。

②机型不同，不能汇总。

③工艺参数不同（如纱线加捻时的 S 捻、Z 捻）不能汇总。因此，纱线成分相同的产品，应尽可能地简化工艺参数设计，方便生产管理。

④配备的各类设备在排列布局、工艺操作以及管理等方面应合理，要注意前后工序配套，并有利于排列。如左手车和右手车所取台数应结合排列位置决定；最终配备台数应取为 2 或 4 的倍数。如织机往往是 4 台一组排列，因此应配成 4 的倍数。无梭织机取为 2 的倍数即可。在特殊情况下，配备台数也可以适当调整。

⑤各类织机的设备台数还需满足前道工艺、设备及其他配备的优化配置。

第六章　厂房形式与柱网选择

第一节　厂房形式

一、厂房形式的选择

厂房形式的选择是设计工作中的一个重要环节。在纺织厂设计中，应当根据建厂地区的条件（气象条件、厂址地形、建筑材料、施工能力、场地面积、地质条件等）、施工周期长短、厂房造价高低、工艺生产的特点、机器排列、采光照明、自然通风、排湿条件、空气调节、企业管理等因素来确定。

纺织生产的特点如下。

（1）工艺流程长，生产连续性强，机器台数多，占地面积大。

（2）纺织生产对温湿度有一定要求。

（3）生产车间内要求采光均匀、充足，避免阳光直射，造成眩光。

（4）纺织原料、半制品、成品都是易燃品，要注意防火。

（5）在生产过程中，半制品运输频繁。

（6）厂房内地沟、管网较多。

在确定厂房形式时，除了应针对上述这些特点，满足其功能特性，切合生产任务所提出的要求外，还必须充分考虑城市规划、建厂地区条件和具体情况以及建设投资等经济条件，尽可能采用先进的科学技术和设施，并且经过多方案的技术经济比较，得出"适用、经济、并在可能条件下注意美观"的切实可行的最优方案。

二、厂房的建筑特点

（1）占地面积大。

（2）工厂周围有附属房间，附属房中有空调室和主风道，车间中有送风支风道。

（3）厂房设计应符合防火规范和卫生要求。

（4）生产车间内要求采光均匀、充足（验布车间采用天窗采光时，在我国宜采用北向天空的散射光，反光源）。

（5）须设计吊挂设施。

（6）厂房内地下沟道和架空的管线较多。

三、厂房形式分类

厂房建筑结构形式是建筑设计首先考虑的因素，纺织厂的工业建筑形式：按厂房布置方式区分，有集中式厂房和分散式厂房；按屋顶采光通风方式区分，有气楼形厂房、锯齿形厂房、平顶形厂房；按建筑结构的采光及保温特征分为有窗厂房和无窗厂房，有窗式厂房与无窗式厂房主要是采光的区别，为了保证车间里的湿度，一般采用无窗式厂房，车间内安装空调；短纤类产品企业，温湿度要求较高，长丝类产品主要要求湿度，温度要求不高；按建筑结构材料区分，有砖木结构厂房、混合结构厂房、钢筋混凝土结构厂房和钢结构厂房；钢结构厂房建筑周期短，可以做到大跨度，混合结构厂房和砖木结构厂房已基本淘汰；按层次区分，有单层厂房和多层厂房。

1. 集中式厂房

把所有的设备都包含在内，集中在一起。即主要生产过程集中在一个大型厂房内，原料进去，成品出来。不同的工艺车间用隔墙等分开，整个车间平面外形呈宽矩形。其优点是运输线路短、快捷；各种管线短，且易于布置，便于采用统一柱网，施工方便；车间集中，管理方便；用地面积小等。主要缺点是：由于厂房大而集中，自然通风差，排湿困难。集中式厂房的天然采光一般只能依靠天窗采光。因此，必须充分考虑合理的空气调节和排湿系统。

2. 分散式厂房

车间与车间完全独立，中间有简单的隔离或有一段距离。即厂房采用小型车间，不同的工艺车间可以采用不同的厂房形式。分散式厂房一般采用狭长形厂房，南北向，自然通风顺畅，排湿容易。不同生产特点的工艺车间，可采用不同的厂房结构形式，相互影响小，在降温设备不够完善的条件下，工人的操作条件及劳动保护较好，而且空气较新鲜。其主要缺点是：用地面积大，辅助建筑面积多（如走廊、外墙等），运输路线和工业管线长。

3. 气楼形厂房

气楼形厂房有单跨和多跨之分。通常，大中型厂采用多跨气楼形厂房，小型厂采用单跨气楼形厂房，其特点如下。

（1）自然通风较好，排湿容易，有利于改善劳动环境。

（2）气流组织合理，便于空气调节。

（3）车间光线照射不均匀。

此种建筑形式适用于缫丝车间和煮茧车间，其结构形式如图 6-1 所示。

4. 锯齿形厂房

锯齿形厂房是我国纺织厂应用比较普遍的一种厂房形式，其特点如下。

（1）利用锯齿屋顶的侧向天窗进行采光，北向采光，白天照度均匀柔和，没有直射光和眩光，照明用电较省。白天有自然光进入，劳动卫生条件好，有利于防排烟。通常锯齿天窗的采光面积约为地板面积的 $1/4 \sim 1/3$。

（2）便于采用大规模的结构，工艺设备易于合理布置，符合纺织厂工艺连续生产的要求。锯齿屋架的坡度 $22° \sim 23°$。

（3）车间温湿度易受室外气温变化影响，冬季易结露；锯齿厂房构件笨重施工工期长；

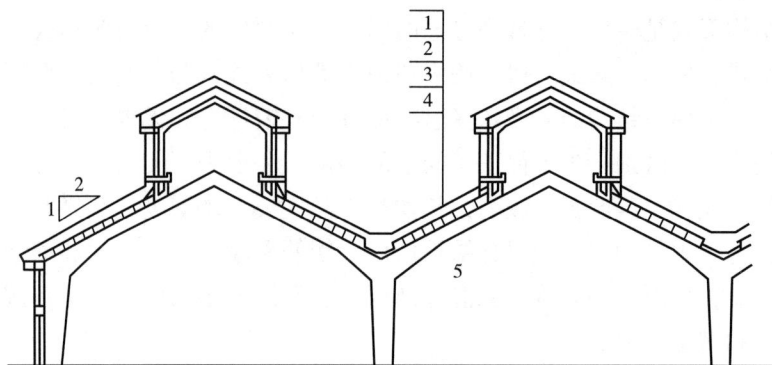

图 6-1　气楼形厂房

1—二布六涂氯丁胶乳沥青，撒蛭石粉　2—1：3 水泥砂浆找平，厚 15mm
3—D 厚乳化沥青珍珠岩　4—钢筋混凝土结构层　5—门式钢架

厂房柱网尺寸相对较小，车间内柱子较多。

（4）为了避免夏季太阳直接从北向天窗直射进车间，引起工人操作时眼花，也为了避免增大夏季空调降温负荷，在城建规划许可条件下，在我国北纬 40°以下地区建造锯齿型厂房，天窗需作一北偏东的偏角（5°~15°），北纬 40°以上地区因夏季下午高温时间不长，辐射热不太大，故无须考虑偏角。

锯齿形厂房的几种主要形式如下。

（1）双梁锯齿形厂房。在双梁结构的锯齿形厂房中，屋面、三角架、天窗和天沟的载荷，通过平行设置两根薄腹大梁传递到 T 形柱，然后集中到基础上。使用双梁，可以使大梁与天沟顶板及风道底板构成空调送风支道，用于车间内空调送风，车间环境好，工程造价低。支道上部是一条天沟，用于屋面排水。车间跨度可达 12~16m，柱距可达 10m，基本满足纺织厂主要机器设备排列。

这种厂房的缺点是：夏季热量通过天窗进入室内，室内温度高，且冬季热损失较多，厂房结构构件多，装配较困难，施工周期较长。这种形式有三角架支承屋面系统和直接由窗框与梁支承屋面系统两种。

大多数采用三角架承重结构。在薄腹大梁上设置三角架，屋面系统由三角架支承（图 6-2）。

此外，也可采用窗框承重和梁承重结构。这种形式结构取消了三角架，用两根不等高的梁支承屋盖系统，屋面板一端搁在窗框上沿，另一端搁在梁上，这种形式减少了构件，取消了三角架和窗下墙、窗台板等（图 6-3），施工工序也大幅简化。由于取消了三角架，厂房屋面显得比较平整，不易集结灰尘，冷凝水也易于收集。

（2）单梁锯齿形厂房。这种形式的厂房是由一根大梁直接搁置在柱上（图 6-4），三角架搁在大梁上，这种形式使车间内支风道不能很好地与厂房建筑结构形式形成一体，一般需在车间内设置吊挂风道。同双梁形式比较，建筑材料消耗少，取消了 T 形柱，构件种类减少。

（3）无梁锯齿形厂房。这种形式的厂房三角架直接搁在 T 形柱上，从受力来讲是最为直

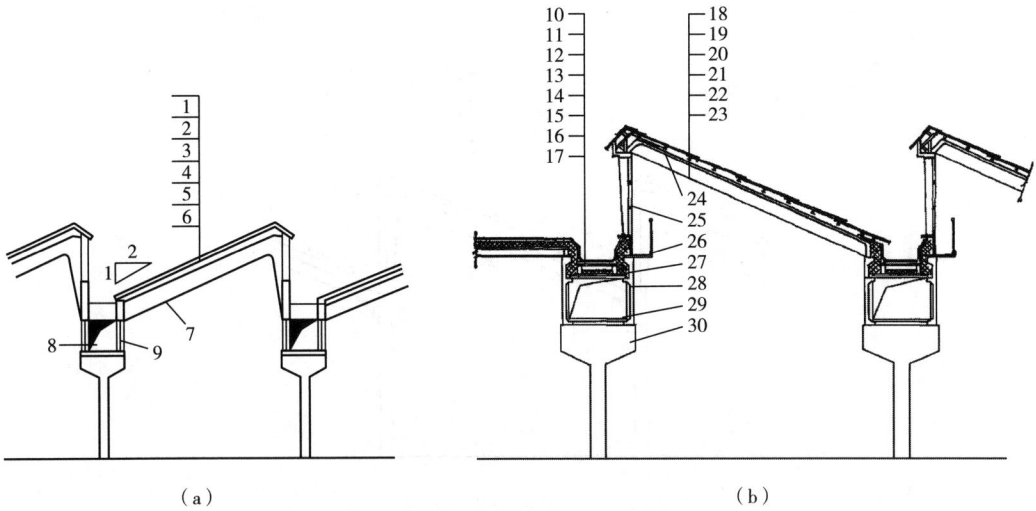

图 6-2 三角架承重双梁形厂房

1—石棉瓦　2—木挂瓦条　3—油毡　4—木基层　5—袋装散珍珠岩　6—钢筋混凝土结构层

7—三角架　8—支风道　9—双梁　10—防水层　11—1:3 水泥砂浆找平层，厚 20mm　12—钢筋砼垫坡板

13—保温层　14—隔气层　15—钢筋砼现浇层　16—预制钢筋砼板　17—支风道　18—中波石棉水泥瓦或波形金属瓦

19—挂瓦条　20—顺水条　21—保温层　22—隔气层　23—预制钢筋砼薄壳板　24—屋面板

25—承重天窗架　26—窗台板　27—天沟底板　28—大梁　29—风道底板　30—T 形柱

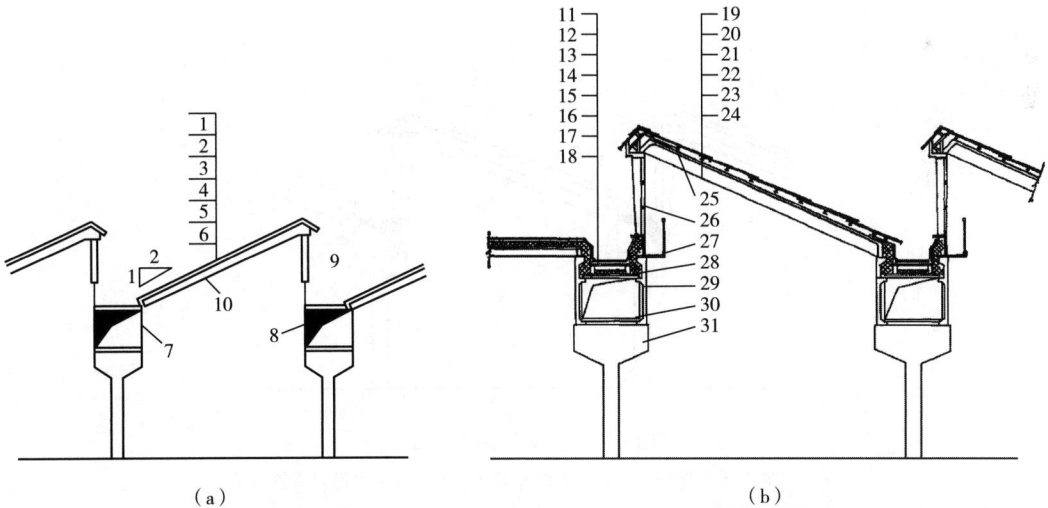

图 6-3 窗框承重和梁承重双梁形厂房

1—石棉瓦　2—木挂瓦条　3—油毡　4—木基层　5—袋装散珍珠岩　6—钢筋混凝土结构层

7—双梁　8—支风道　9—窗框架　10—屋面板　11—防水层　12—1:3 水泥砂浆找平层，厚 20mm　13—钢筋砼垫坡板

14—保温层　15—隔气层　16—钢筋砼现浇层　17—预制钢筋砼板　18—支风道　19—中波石棉水泥瓦或波形金属瓦

20—挂瓦条　21—顺水条　22—保温层　23—隔气层　24—预制钢筋砼薄壳板　25—屋面板

26—承重天窗架　27—窗台板　28—天沟底板　29—大梁　30—风道底板　31—T 形柱

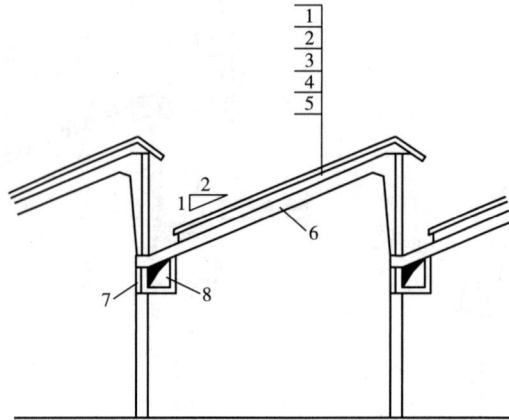

图 6-4　单梁锯齿形厂房

1—二布三油乳化沥青玻璃布上撒绿豆砂　2—1∶8 水泥砂一次压光

3—D 厚 1∶10 水泥珍珠岩深温层（先填满波谷）　4—压型钢板，用 φ6 镀锌瓦钉（钩）固定在木檩上

5—檩条　6—三角架　7—单梁　8—支风道

接的（图 6-5），它构件少，材料消耗少。但也存在着缺点，由于取消了承重的大梁，因而车间运输设备吊挂的安装比较困难，同时柱距因受屋面板长度的限制，也不宜过大。

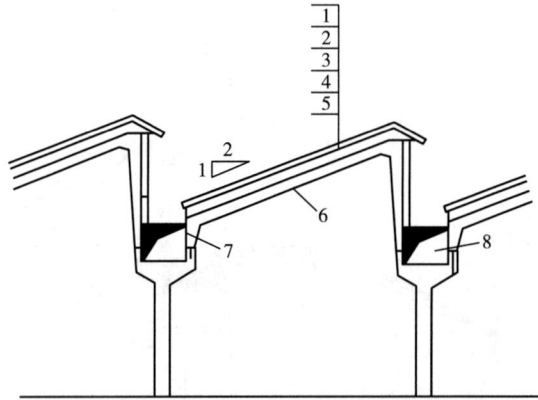

图 6-5　无梁锯齿形厂房

1—二布三油乳化沥青玻璃布上撒绿豆砂　2—1∶8 水泥砂一次压光

3—D 厚 1∶10 水泥珍珠岩深温层（先填满波谷）　4—压型钢板，用 φ6 镀锌瓦钉（钩）固定在木檩上

5—檩条　6—三角架　7—风道板　8—支风道

5. 平顶形厂房

平顶形厂房（图 6-6），屋面设置保温层，通过南北两侧的上下侧窗采光；夏季可采用地下风道通风。这种厂房造价较低，保温、保暖较好，但自然采光和自然通风较差。一般适用

于制丝厂的复摇、整检车间、剥选车间和仓库等。

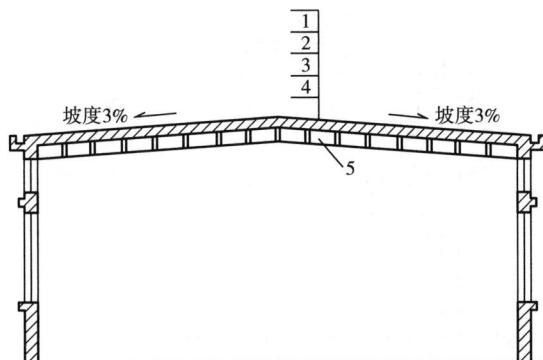

图 6-6 平顶形厂房

1—二布六度氯丁胶乳沥青，撒蛭石粉　2—1：3 水泥砂浆找平，厚 15mm

3—D 厚乳化沥青珍珠岩　4—钢筋混凝土结构层　5—大梁

6. 无窗厂房

由于纺织厂生产对车间内温湿度有较严格的要求，从满足工艺生产条件来看，为使车间不受外界影响，采用无窗厂房形式，还是有利的，这种厂房的特点如下。

（1）车间内温湿度易于控制，保温隔热性能好，有利于保证生产和产品质量的提高。

（2）构件少，造价低，施工快。一般比锯齿厂房可节省投资 6%～12%。

（3）采用人工照明，厂房不受方位限制，并可采用较大柱网，工艺生产更为灵活方便。

（4）维修保养工作简单，费用低。

（5）采用人工照明和通风，电力消耗大。

（6）不能获得天然采光和自然通风，职工容易感觉疲劳。

从实践上看，单层无窗厂房适合在电力充足和气候变化急剧的地区建设。

无窗厂房形式较多，常用有以下几种。

（1）以双梁锯齿形为基础的钢筋混凝土无窗厂房。这种形式是在原有锯齿形厂房的基础上形成的，保留了原来锯齿厂房中的 T 形柱、双梁风道，把锯齿上部的三角架改为屋架或拱板，分有阁楼（图 6-7）和无阁楼（图 6-8）两种形式，建筑结构比锯齿形厂房简单。

（2）主次梁形的钢筋混凝土无窗厂

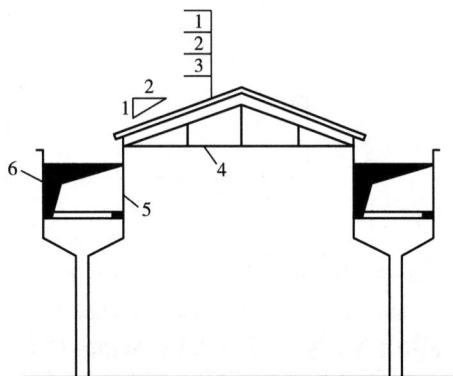

图 6-7 有阁楼的无窗厂房

1—二布三油水乳型橡胶沥青，撒粗砂　2—D 厚乳化沥青珍珠岩

3—钢筋混凝土结构层　4—阁楼　5—双梁　6—支风道

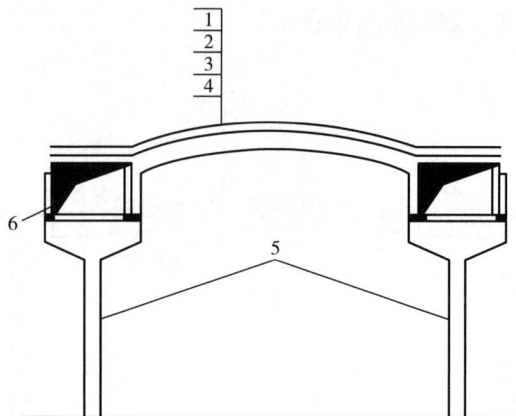

图 6-8　不带阁楼的无窗厂房

1—二布六度氯丁胶乳沥青，撒蛭石粉　2—1∶3 水泥砂浆找平，厚 15mm

3—D 厚乳化沥青珍珠岩　4—钢筋混凝土结构层　5—双梁　6—支风道

房。这种形式由主梁和次梁构成车间屋盖承重体系，无技术阁楼（图 6-9），其缺点是车间支风道未能和车间承重体系形成一体。

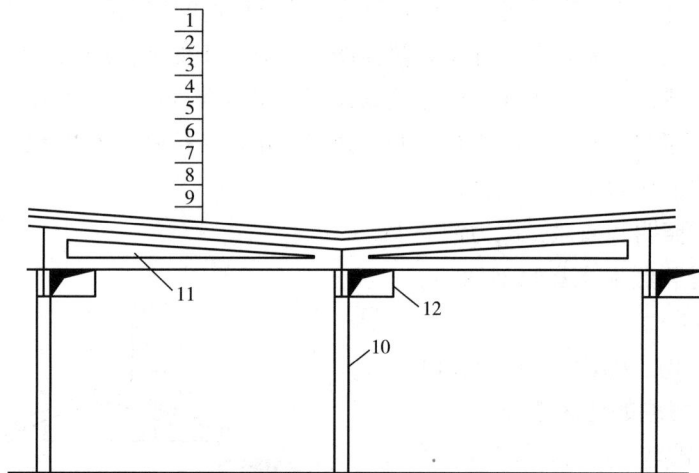

图 6-9　主次梁形钢筋混凝土无窗厂房

1—刷银色着色剂涂料保护层　2—1.4mm 厚氯丁橡胶卷材，用 XY-409 胶黏结，接头宽 100mm

3—基层表面和卷材底面均涂刷氯丁胶沥青胶乳黏结剂　4—基层处理剂一道　5—1∶3 水泥砂浆找平，厚 15mm

6—D 厚保温层　7—1∶8 水泥炉渣找坡，最洼处 15mm 厚（当屋面为结构或保温找坡时，该层取消）

8—冷底子油一道，热沥青一道　9—钢筋混凝土结构层　10—主梁　11—次梁　12—支风道

（3）封闭式风道大梁排架结构厂房。这种结构形式仍采用锯齿风道大梁，但去除三角屋架部分，屋面直接采用 6m 预应力空心板或槽板（图 6-10）。适当增加风道大梁的宽度，可使柱距宽至 8.6m，跨度方向仍可保持 12~16m，以满足纺织主机设备排列要求。屋面排水采

用结构和建筑专业共同找坡的方式，满足雨水排放的需要。

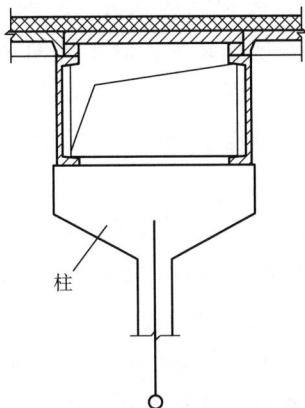

图6-10　封闭式风道大梁排架结构厂房

（4）钢结构无窗厂房。大跨度钢结构厂房的突出特点是跨度大，属于无窗厂房，它属于钢性框架结构：由钢梁、钢柱、屋面、檩条、柱子等组成。考虑到屋面排水的要求，人字坡两端间的全长最好控制在100m以内。跨度最大可设计到36m，最佳为22~28m；柱距一般可设计到6~9m，最佳为7~8m。其特点如下。

①优点：属无窗厂房没有方位要求；施工周期短，施工方便快捷；跨度大，节省占地面积，降低投资；采用天花板吊顶，车间整洁美观；厂房综合造价低。

②缺点：使用年限不及钢筋混凝土结构，需时常维护，定期进行防锈防腐处理；空调要求高，车间换气次数多；采用荧光灯照明，耗电量大，工人易感疲劳；火警时排烟及无照明电时对疏散工人不利。

这种形式的无窗厂房有带阁楼与不带阁楼两种（图6-11），前者可以把风道、电缆等设置在阁楼内，车间内部干净整洁。目前，喷水织机车间常采用此类厂房形式。

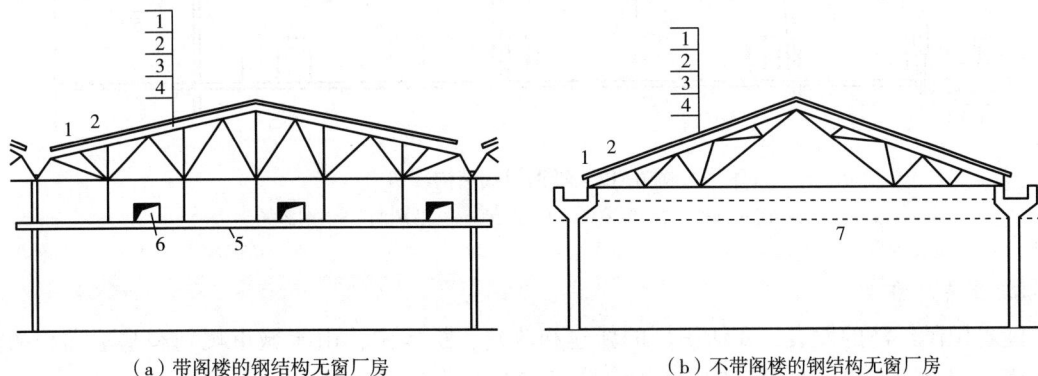

（a）带阁楼的钢结构无窗厂房　　　　　　　　（b）不带阁楼的钢结构无窗厂房

图6-11　钢结构无窗厂房

1—二布六度氯丁胶乳沥青，撒蛭石粉　2—1：3水泥砂浆找平，厚15mm

3—D厚乳化沥青珍珠岩　4—钢筋混凝土结构层　5—吊平顶　6—支风道

7. 轻钢结构厂房

轻钢门式结构厂房采用轻钢门式屋架结构承重，彩钢板屋面围护系统保温（图6-12）。其优点是：主要构件为工业化制作，现场装配，施工周期短，厂房部分工程造价较低，车间跨度较大、柱子较少，便于机器排列，面积利用率较高，外形美观，在新建和扩建纺织企业中被广泛地应用。这类厂房通过对钢结构系统的优化设计，可使每平方米厂房含钢量控制在24~28kg，耗用钢材较少。

轻钢门式结构厂房由于车间跨度大（最大可达36m），比较适合纺织设备密集的排列，通过采用必要的保温、隔潮、保湿措施，可以达到纺织厂的保温保湿要求。需设计单独的送风管道，在车间进行吊顶后，环境美观。但也存在着一些不足之处，首先是保温隔汽结构施工要求严格，需要采用保温效果好、隔汽性能强的超细玻璃棉和WS8聚丙烯防潮贴面结构、挤塑板防冷桥结构，并需进行合理的设计计算及严密的施工组织，否则会导致屋面隔汽层及保温层失效，造成屋面大面积结露。其次由于轻钢结构的耐火性能较差，不能满足纺织丙类生产厂房的耐火等级要求，需要喷涂价格昂贵的耐火涂料。再者，这类厂房的冷热变形量大，很容易将原来施工较为完善的保温、防潮体系破坏，厂房经过几年使用后，防潮层被破坏、保温层失效、主要构件生锈等都会造成厂房需要有较大的维修工作量。

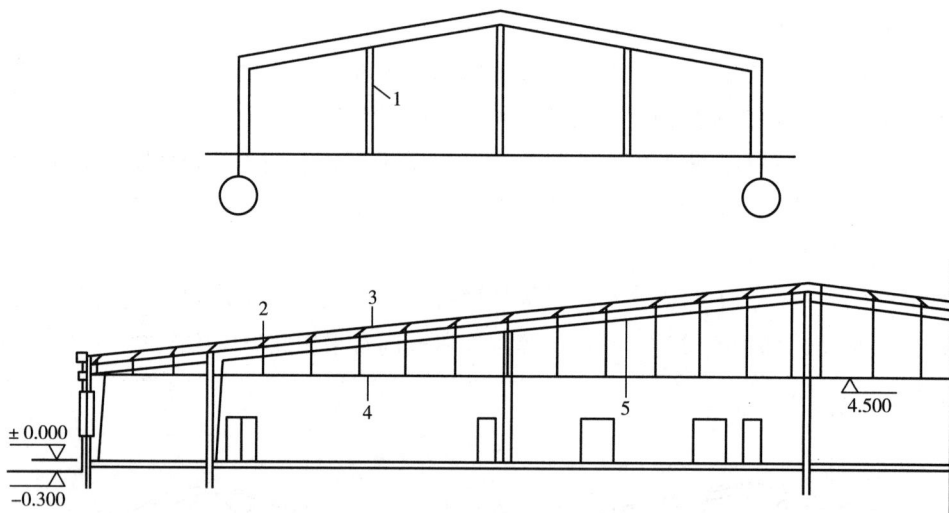

图6-12 轻钢门式结构厂房

1—门式钢架 2—钢檩条 3—铝瓦 4—吊平顶 5—钢屋架

8. 多层厂房

随着国民经济的发展，在纺织厂的新建和改建、扩建中，由于城市规划和基地面积的限制，常采用多层厂房，与单层厂房相比，多层厂房具有如下特点。

（1）占地面积小。有关资料表明，建造四、五层的厂房，可以比单层厂房节约用地1/3左右。

（2）减少屋面工程，便于保温隔热防漏，降低工程造价。

（3）工程管网、道路、围墙等设施都相应减少。

（4）外围护面积（外墙、屋顶）小，建筑热工性能较好，有利于温湿度控制。

（5）工艺布置不如单层厂房灵活，工艺流程复杂，厂房利用率低。

（6）必须设置楼梯及货运设备，垂直运输量大，运输不方便，人员上下流动、消防、疏散困难。

（7）车间内基本采用人工照明，故耗电量大。

（8）结构承重大，柱网尺寸小于单层厂房，耗用建材较多、施工复杂，工期较长，厂房造价高。

目前，纺织厂多层厂房的结构类型，主要有半框架结构和全框架结构两种。

半框架结构的外围采用砖墙承重，内部采用钢筋混凝土柱承重，这种结构比全框架结构节省钢材，可以多使用地方建筑材料，造价比较低。但是建筑物刚度较差，且抗振动和抗震能力较差，在地震区建厂不宜采用。通常纺织厂也较少采用。

全框架结构可以采用现浇或预制装配两种结构方案。现浇钢筋混凝土框架的多层厂房，具有良好的整体性，抗震能力强。但是，钢材、模板和脚手架的消耗量大，工人劳动强度大，工期长。预制装配式钢筋混凝土结构的梁、板、柱等构件，均可采用预制构件进行吊装，连成一体。全框架结构又分有梁和无梁两种形式，有梁结构又可分为梁板结构和主次梁结构。纺织厂采用梁板结构和主次梁结构这两种形式的较多。

梁板结构的形式如图 6-13 所示，其中主梁系放置在柱子上。风道由主梁和预制大板（与主梁平行）及上下风道板组成。

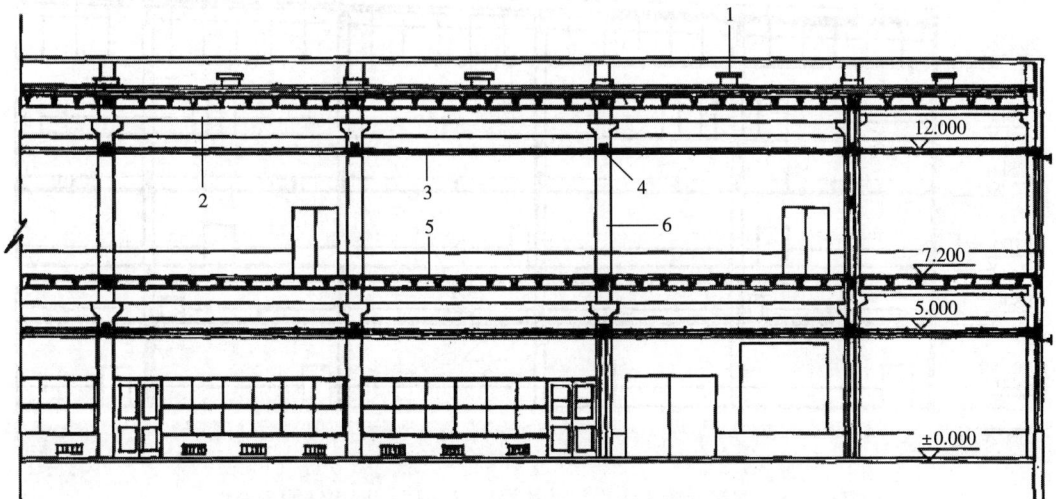

图 6-13　钢筋混凝土梁板结构（两层）厂房结构示意图

1—屋面排气孔　2—梁　3—多孔板　4—倒 T 形梁　5—槽形板　6—柱

主次梁结构的形式如图 6-14 所示。主梁系置于柱子上，次梁则置于主梁上。风道由两根次梁和上下风道板共同组成。

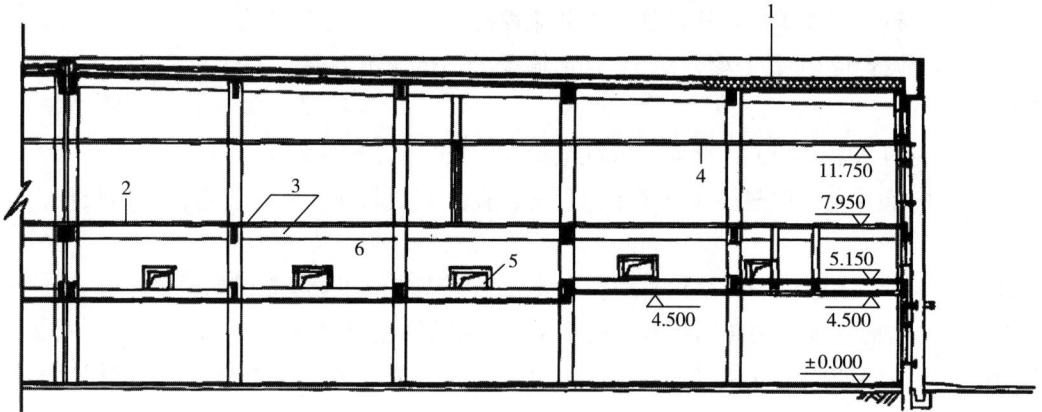

图 6-14　钢筋混凝土主次梁结构楼层（两层）厂房结构示意图
1—保温层　2—板　3—梁　4—吊平顶　5—风管　6—管道层

纺织厂多层厂房的层数一般不超过四层（图 6-15）。在多层厂房中排列机器时，应把笨重及振动大的机器放在底层，如需在楼层上布置机器，则楼板的厚度和强度都必须作进一步的处理。为了加强厂房的刚度，采用预制装配整体式钢筋混凝土框架结构和现浇钢筋混凝土框架预制楼板结构较为适宜。

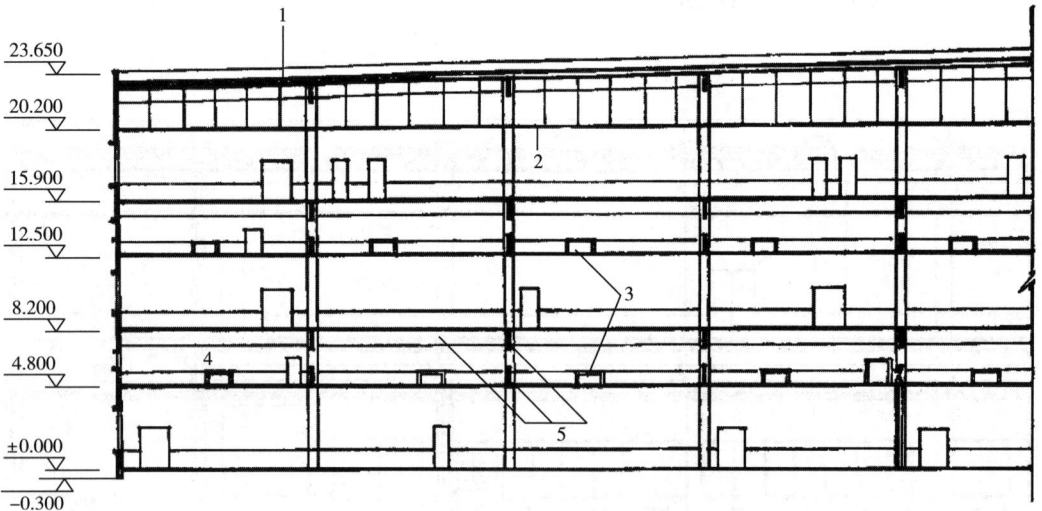

图 6-15　钢筋混凝土主次梁结构楼层（三层）厂房结构示意图
1—保温层　2—吊平顶　3—砖砌风道　4—管道层　5—现浇梁板

为了改善劳动条件和车间环境，在多层厂房中，可设置技术夹层。在技术夹层中，可以布置各种工程管线、风道、工艺运输线、办公室和生活室等，夹层净高如不超过 2.2m，可不计算建筑面积。技术夹层的内容涉及各有关专业，在设计和施工上都较复杂，必须全面考虑，统一安排，以便合理地使用技术夹层。多层厂房若采用技术夹层，夹层高度一般为 2.2~3.6m，采用梁板结构，才能使硬夹层的高度控制在 2.2m，若硬夹层（混凝土楼板夹层）层高超过 2.2m，按规定应计算建筑面积。在建筑高度允许的条件下，应用硬夹层，否则只能采用软夹层（吊平顶），软夹层无层高的限制。

多层厂房除了侧窗采光外，也可根据需要，在顶层做成锯齿天窗北向采光。

9. 其他单层厂房

其他对一些没有严格工艺要求的车间及仓库，可以采用造价更低的人字形厂房（图 6-16）。

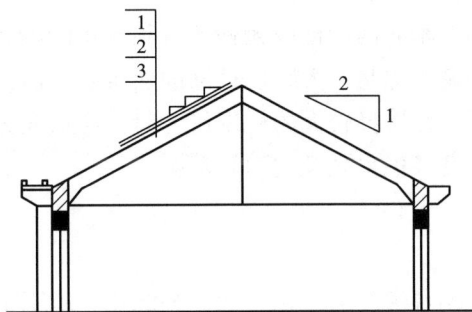

图 6-16 人字形厂房
1—青平瓦屋面 2—四合一板 3—钢筋混凝土屋架

第二节 柱网选择

一、柱网

厂房的承重柱子或承重墙的纵向和横向定位轴线在平面上构成的网格，称为屋柱网，简称柱网（图 6-17），柱网可以确定柱子、大梁和屋架的位置。纵向定位轴线之间的距离（即屋架方向，一般为南北向），称作跨度，横向定位轴线之间的距离（即大梁方向，一般为东西向），称作柱距。柱网尺寸一般用"跨度×柱距"表示。柱网尺寸的大小，不仅关系到机器的排列，而且与厂房占地面积以及建筑投资等都密切相关。柱网尺寸的选择需要纺织工艺设计师、建筑师及空调工程师等协作，综合分析、认真比较，共同确定最优方案。因此，厂房柱网尺寸的选择是设计工作中非常重要的一环。

随着工业化程度、技术发展、设计能力、施工技术、工艺要求及建筑材料等的不断发展，屋柱网尺寸逐步向模数化和大跨度发展。从工艺考虑，屋柱网尺大，机器的排列比较方便灵

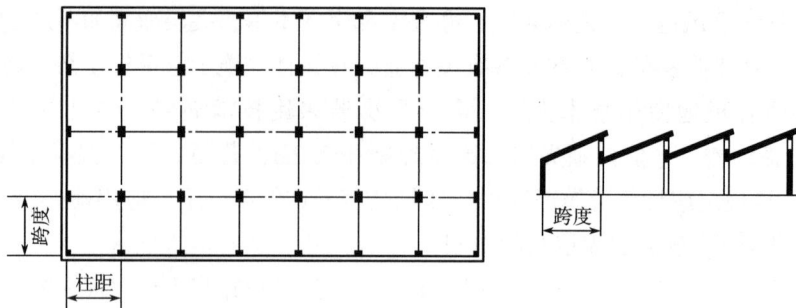

图 6-17　柱网示意图

活，并且机器设备更新时，厂房不需要进行重大改造。同时，柱网尺寸大，车间内承重柱少或者无柱，这给车间内的工作场地、运输路线以及地下沟道的布置带来很大的方便，可以提高车间内面积的有效利用率。车间内少柱或无柱还有利于车间内的生产管理，利于车间的整齐美观，创造良好的工作环境。但是，大跨度柱网的建筑要求高，并且给车间内的采光和空调也带来一定的影响。因此，在选择较大的柱网尺寸时，应该充分考虑建筑结构是否经济合理，施工技术是否可行，以及考虑采光及空调等要求。

二、柱网统一化与模数制

目前，我国建筑工业正朝着生产工厂化、构件装配化、施工机械化和设计标准化的方向发展。大量使用预制构件，集中加工制作，运到现场安装。这种施工方法可以节省模板，降低成本，减少劳动量，提高构件质量，而且不受气候影响，可以常年施工。这对加快建设具有很大作用。因此，若对机器排列影响不大，在选择柱网尺寸时，应尽量符合原国家建委制定的《建筑统一模数制》。即以 M_0（100mm）为基本模数，常用 $3M_0$、$6M_0$、$15M_0$、$30M_0$、$60M_0$ 的倍数尺寸。

单层厂房的跨度在 18m 及以下时，最好采用 3m（$30M_0$）的倍数；在 18m 以上时，最好采用 6m（$60M_0$）的倍数。单层厂房的柱距最好采用 6m（$60M_0$）的倍数，但根据纺织厂的机器尺寸，常采用 4.5m 或 9m 的柱距，可以选择 24m×12m、24m×15m、24m×9m 的柱网。

纺织厂由于工序复杂，机器设备种类多，外形尺寸和排列方式不一样，实际上要完全符合"建筑统一模数制"是比较困难的。如果通过技术经济比较，采用统一模数制规定的柱网尺寸不合算，就应该按实际需要确定柱网尺寸。但是在选择柱网尺寸时应使柱网尺寸相同，减少变化柱网，这样可以大幅减少单元构件品种，充分发挥加工预制的优点。从建筑施工来考虑，统一的柱网尺寸，可以收到很好的经济效果。

三、柱网尺寸选择的影响因素

柱网尺寸与工艺要求、厂房形式及结构、建筑材料等因素有关。单层锯齿型厂房为了使大梁支风道送风均匀，空调单侧送风距离最好不超过 70m；受天沟坡度的影响，厂房东西向车间长度不宜超过 140m。因受大梁支风道侧向送风距离的限制，跨度最好控制在 9m 以内。

柱距尺寸过大，钢筋混凝土构件粗大，土建投资加大，因此柱距不大于18m，最好小于15m。大跨度钢结构厂房柱网跨度×柱距可采用31m×8m。锯齿形钢筋混凝土结构厂房跨度为三角架方向两柱中心之间的距离（南北向），柱距为大梁方向两柱中心之间的距离（东西向），柱网尺寸参考取值见表6-1。根据采用的机器型号和建厂条件等，丝织厂的柱网尺寸为（6~12）m×（7.6~9.0）m，一般可用7.2m×9.0m，片梭织机车间为8.0m×7.8m，剑杆织机车间为9.0m×6.6m。多层厂房纺织厂的柱网一般为（6.2~10）m×（7~7.5）m。

表6-1 锯齿形钢筋混凝土结构厂房柱网尺寸参考值

项目			大梁长度（柱距）/m	锯齿方向（跨度）/m
纺部			9.9、10.2、12.0、18.0	9.0、8.6
织部	织机垂直于天窗	GA615系列（幅宽135cm、150cm、180cm）	9.3、13.8、18.3	7.2
				7.8
				8.4
		无梭织机	13.5、16.3	8~9
	织机平行于天窗	GA615系列（幅宽135cm、150cm、180cm）	14.1	9.3
			15.0	
			16.5	

一般在选择柱网尺寸时应综合考虑如下因素。

1. 工艺设计的要求

纺织厂的工艺流程复杂，机器类型多，数量大，各道工序机器的长短和宽窄又不统一，因此要选择一个适合各种机器排列的相同柱网尺寸是很困难的。对于集中厂房，一般应采用同一柱网尺寸，其柱网尺寸的选择应以满足机台数量多、占地面积最大的机器排列为依据，同时应适当地照顾到其他机器的特点，综合分析后加以确定。

在分散厂房的设计中，柱网尺寸也应尽量相同。但是当采用同一柱网尺寸经济效益低时，对于不同的机器排列要求可以采用不同的柱网尺寸。

纺织厂的主要机器是织机、机台多，工人实行多机台看管。为了使工人便于操作和管理，对织机进行分组划区，一般以4台为一组，因此柱网中的织机排列台数应是4的倍数，并且以排列4台织机为最小柱网尺寸。采用大柱网尺寸，如每一柱网内排8台或16台，车弄内的柱子可以大幅减少，对挡车巡回、采光、运输及车间内整齐美观均有利。

由于工艺设备不断更新，机器设备的尺寸将发生变化。另外，纺织厂的产品品种、规格和原料等也经常要发生变化。上述因素都会影响柱网尺寸的选择，因此在选择柱网尺寸时应充分考虑这些因素。

受占地面积的限制，纺织厂的主厂房也可采用多层厂房。为了有效地利用厂房，平衡不同楼层的面积和机器排列，柱网尺寸可以有一定的灵活性。但也应考虑楼房建筑的结构特点，各楼层的柱网尺寸应统一，楼房上下层柱子的中心必须保持在同一垂直线上。

有时，为了节约厂房的建筑面积或满足机器排列的特殊要求，主厂房四周的柱网尺寸，即边跨可以根据建筑结构的技术条件，采用其他适宜的尺寸，即边跨尺寸可以与基本柱网尺寸不同。当然，在满足机器排列的要求下，最好不设边跨，以利于建筑施工。

2. 暖通、采光和地沟等要求

纺织厂的水、电、汽等工业管线很多，为使车间整齐美观，大多采用地沟铺设。因此，在选择柱网尺寸时，除满足工艺排列的要求外，还需充分考虑地下风道和地沟布置等。另外，还需考虑排湿、采暖除尘等要求。

对于采用上送风的单层锯齿形厂房来说，柱网尺寸越大，机器排列越灵活方便，但对通风和采光并不一定有利。因为支风道在T形柱上，支风道的间距相当于锯齿跨度，跨度越大，相应地支风道的间距也越大，越影响送风的均匀性。另外，纺织厂的生产要求工作面有较高的照度，为此一般要求有足够的自然采光，即应保证天窗的采光面积为柱网面积的 1/4～1/3。如果跨度增大，若不相应提高天窗的高度，采光面积和柱网面积的比值就会减少，而靠提高天窗高度来增大采光面积，采光效果并不好。所以从自然采光的要求来考虑，跨度也不宜过大。综合上述因素，目前单层锯齿形厂房的柱网尺寸，跨度一般为 8～9m，最大不超过 12m。

3. 建筑结构设计及施工与屋柱网尺寸的关系

柱网尺寸的选择和厂房的结构形式有很大关系。钢筋混凝土结构的厂房，其柱网尺寸小于钢结构的厂房；多层厂房的柱网尺寸，小于单层厂房。目前对于钢结构无窗厂房，只要施工条件允许，柱网尺寸可达到 18m×24m。对于钢筋混凝土无窗厂房，最大柱网尺寸也可达到 24m×12m。多层楼房除顶层外，由于荷重大，大梁最大长度目前为 9.5m 左右，屋面板最大长度为 7.5m 左右。

钢筋混凝土结构采用较大屋柱网时，除考虑上述空调采光等因素外，还应考虑施工能力、施工技术水平、材料供应情况以及土建造价等因素。如果构件过大，构件太重而施工能力有限时，则会影响施工质量和施工进度。目前，为了降低预制构件的材料用量，充分发挥材料的性能，正在大量使用预应力构件和大型薄壳结构等。

第三节　厂房高度选择

厂房高度是指车间内部地面至大梁底面（或吊顶底）的高度，以 m 为单位。厂房高度不但影响车间的空间体积，而且影响土建造价。不适当地提高厂房高度，不仅使投资增加，而且对生产也不一定有利。

影响厂房高度的因素一般有以下几个方面。

（一）设备的高度

纺织厂的设备种类很多，但以平面布置为主，设备一般不太高。纺织厂目前影响厂房高度的主要是提花织机，因此在排列机器时，主要考虑提花织机车间的大梁高度是否适于提花机的安装、调整和维修保养。

（二）自然采光和人工照明

对于锯齿形厂房，车间的自然采光可以通过锯齿形天窗面积的妥善布置，达到均匀采光的目的，因此大梁的高度对车间的采光影响不大。除了锯齿形厂房外，还采用气楼形、平顶形及人字形屋顶等厂房形式，因此除利用天窗采光外，还利用侧窗采光，这样，厂房的高度在一定程度上也影响到采光面积的大小。另外，无窗厂房、半封闭厂房或多层厂房，厂房高度对采光照明有显著影响，而且，对照明灯具的高度和灯点的布置也有很大影响。

（三）空调和通风、排湿及保温

如果采用地下送风，通风道布置基本设在地下。若厂房过低，对自然通风和排湿不利；厂房过高，不利于冬季保温，容易造成整个车间冬季结露和滴水。

如果采用上送风，其送风系统是和厂房结构结合在一起的。如果厂房过高，条缝形送风口送出的风，难以到达机器的工作面上，这样，将影响产品质量和工人的健康；如果加大送风量，又将增加空调设备容量和耗电量。反之，厂房高度过低，则将使送出的风直接到达机器工作面上，造成局部风速过大，影响部分机器的经线断头率，使另一部分工作面上缺乏新鲜空气，难以达到空气调节的目的。在浆丝、浸渍车间，由于车间温湿度很高，需要加强排风，如果车间高度不足，排风不畅，易造成车间温度过高和湿度过大等不良后果。

（四）建筑结构要求和人的感觉

按建筑结构的要求，厂房构件宜统一化、定型化，厂房高度也应当统一，不因各车间层高不同而增加厂房主要构件的种类和数量。从防震需要出发，厂房高度统一时，承重构件受力均匀，抗震性能比较好。并且厂房高度最好能符合"建筑统一模数制"，即高度应为300mm（$3M_0$）的倍数。对于无窗厂房，如果厂房局部层高需要变化，可采用不同的天花板标高，这样既能解决不同层高的问题，又能减少构件的种类。

纺织厂的厂房都有面积大、工艺流程长、车间机器多、某些车间温湿度高以及工人多等特点，尤其是车间高温多湿时，若厂房过低，会感到闷而压抑。纺织厂的浆丝车间和提花织机车间的厂房高度可比其他车间适当高一些。

从相同规模的锯齿形厂房和无窗厂房来比较，锯齿形厂房因有三角架形成的空间，故显得比较宽敞，而在同等条件下，无窗厂房则显得比较矮小。为改善人们的感觉，一般吊顶棚的无窗厂房净高应稍高于有窗厂房。

目前纺织厂的厂房高度：标准厂房高度为6m，提花织机车间高度高于6m。若采用多层厂房，则层高应适当增加。

第七章 工艺参数的确定

第一节 络筒工艺

络筒的目的是将管纱（或绞纱）做成容量较大，成形良好的筒子，以提高后道工序的生产效率，同时清除纱线上对织物产品质量有影响的疵点和杂质，以改善织物的外观质量，减少后道加工过程中的纱线断头。

为了实现上述目的，需满足以下基本要求：筒子卷装应坚固、稳定、成形良好；卷绕张力的大小要适当而均匀；尽可能清除纱线上影响织物外观和质量的有害纱疵；筒子卷装容量尽可能增加并满足定长要求；纱线结头的直径和强度要符合工艺要求；尽可能降低在络筒过程中毛羽的增加量。

络筒工艺参数主要有络筒速度、导纱距离、张力装置形式及工艺参数、清纱装置形式及工艺参数、筒子卷绕密度、筒子卷绕长度等。络筒工艺要根据纤维材料、原纱质量、成品要求、后工序条件、设备状态等众多因素来统筹制订。合理的络筒工艺设计应达到：不损伤纱线的物理机械性能，减少络筒过程中毛羽的增加量，减小络筒过程中的张力波动及筒子之间的张力差异，减小筒子卷绕密度差异，筒子卷装成形良好，尽可能清除纱线上影响织物外观和质量的有害纱疵，筒子卷装容量尽可能增加并满足定长要求，纱线连接处的直径和强度要符合工艺要求。

一、络筒速度

络筒速度及生产时间效率影响络筒机生产率。

$$络筒机理论生产率[kg/(锭 \times h)] = \frac{络筒速度(m/min) \times 60 \times 纱线线密度}{1000 \times 1000}$$

$$络筒机定额生产率[kg/(锭 \times h)] = 理论生产率 \times 络筒机时间效率$$

$$(7-1)$$

络筒机理论生产率与络筒速度成正比，而实际生产率除与络筒机理论生产率有关外，还取决于机器的时间效率。在其他条件相同时，络筒速度高，时间效率一般要下降，故提高车速并不一定会使络筒机的实际生产率提高。

络筒速度的确定在很大程度上要考虑络筒机的机型，此外与纤维原料、纱线线密度、纱线质量及退绕方式也有关。自动络筒机材质好、设计合理、制造精度高，适于高速络筒，络筒速度一般达 1000m/min 以上；用于管纱络筒的槽筒式络筒机速度就低一些，一般为 500~800m/min；各种绞纱络筒机的络筒速度则更低。这些设备用于不同纤维材料、不同纱线时，络筒速度也各不相同。当纤维材料容易产生静电，引起纱线毛羽增加时，络筒速度应适当低一些，如化纤纯纺或混纺纱。如果纱线比较细、强力比较低或纱线质量较差、条干不匀，应选择较低的络筒速度，以免断头增加和条干进一步恶化。当纱线比较粗或络股线时，络筒速度可以适当高些。

二、导纱距离

导纱距离是指纱管顶端到导纱器之间的距离。合适的导纱距离应兼顾到插管操作方便、管纱退绕张力均匀、减少脱圈和管脚断头等因素。短距离导纱有利于退绕张力均匀，长距离导纱有利于减少断头。普通管纱络筒机为方便换管操作，常采用较短导纱距离，一般为 70～100mm；自动络筒机因无须人工换管，一般采用 500mm 左右的长导纱距离并附加气圈破裂器或气圈控制器。

三、张力装置形式及工艺参数

1. 张力大小

络筒时，为得到符合质量要求的筒子，纱线必须具有一定的张力，纱线张力必须得到有效的控制，使张力均匀、大小适当。络筒张力大小适当，能使络成的筒子成形良好，具有一定卷绕密度而不损伤纱线的力学性能。此外，还可将纱线的薄弱环节予以清除，有利于提高后道工序的效率。络筒张力过大，会使纱线弹性损失，织造时断头增加，同时络成的筒子太硬，当纱线轴向退绕时，可能导致纱圈成批地脱落，造成大量的回丝。络筒张力过小，会造成筒子成形不良，且断头时纱线容易嵌入筒子的内部，接头时不易寻找，从而降低工作效率。此外，还会使筒子过于松软，减少筒子容纱量。

张力的大小要根据织物的性能和原纱的性能而定，一般可在下列范围内选定。

（1）棉纱。张力不超过其断裂强度的 15%～20%。

（2）毛纱。张力不超过其断裂强度的 20%。

（3）麻纱。张力不超过其断裂强度的 10%～15%。

（4）丝的张力可以参考下列经验公式加以选择。

平行卷绕：1.8×丝的线密度（cN）。

交叉卷绕：3.6×丝的线密度（cN）。

无捻涤纶长丝：0.88×丝的线密度（cN）。

（5）混纺纱线。应根据混纺纤维的性质确定络筒张力。混纺纤维表面平直光滑的，或纤维强力、弹性差异比较大的，纱线受到外力作用后，纤维间易产生相对滑移，纱线易产生塑性变形，破坏纱线条干均匀性，纱线弹性、强力也会受到损失，断头增加，张力应适当减小。

络筒张力均匀意味着在络筒过程中应尽量减少纱线张力波动，从而减少纱线断头，使筒子卷绕密度尽可能达到内外均匀一致，筒子成形良好。

络筒张力的影响因素很多，生产中主要是通过调整张力装置的工艺参数来加以控制。

2. 张力装置形式及张力调节

张力装置有许多形式，大都是通过和纱线接触产生摩擦而增加张力。设计合理的张力装置应符合结构简单，调整方便，张力波动小，飞花、杂物不易堆积堵塞的要求。

根据张力增加原理，张力装置分为累加法张力装置、倍积法张力装置和间接法张力装置。

（1）累加法张力装置。累加法张力装置是利用纱线与两个张力盘平面之间摩擦而产生张力的。采用此种方法增加纱线张力，张力波动幅度不变，张力平均值增大，因此降低了张力不匀率。对纱线产生正压力的方法有垫圈加压、弹簧加压和气压加压。新型自动络筒机上还可采用电磁加压的方法。

①垫圈加压。用垫圈加压时，纱线上的粗细节会引起上圆盘和垫圈的振动，产生意外的络筒动态张力，引起新的张力波动，而且络筒速度越高，这种现象越严重。因此，采用这种张力装置时，必须采用良好的缓冲措施，减少上圆盘和垫圈的震动，以适应高速络筒。

②弹簧加压。用弹簧加压时，纱线上的粗细节引起弹簧压缩的变形量很小，弹簧产生的正压力变化也很小，这对络筒的动态张力影响很小。因此弹簧加压在高速络筒机上得到广泛应用。

③气压加压。有些高速络筒机的气动立式张力装置用压缩空气加压，对纱线的加压作用平缓而均匀，遇纱线粗细节所产生的动态附加张力比普通水平式要小得多，且全机各锭张力装置加压大小可统一调节。采用直立式，两圆盘之间不易聚集飞花杂质，有利于张力稳定。

④电磁加压。德国 Autoconer338 型和意大利 ORION 型自动络筒机采用电磁加压式张力装置，压力大小由电信号进行控制。张力装置上方装有张力传感器，用于检测纱线退绕过程中动态张力的变化值并及时通过电子计算机进行相应的调节。

在棉织生产中，根据不同的纱线除杂要求，选用不同形式的张力盘。对于单纱强力大而杂质较多的粗特纱线，络筒时为加强去杂效果，常采用菊花式张力盘（俗称磨盘），这种张力盘有利于去除纱线表面的棉结、棉杂。对于强力低而光洁的细特纱线，由于纺纱原料比较好，纺纱过程中除杂较多，纱线本身杂质较少，因此络筒的重点是减磨保伸，应当采用光面张力盘（俗称光盘）。

（2）倍积法张力装置。倍积法张力装置是利用纱线与曲弧面之间的摩擦获得张力。采用此种方法增加纱线张力，张力波动幅度增大，张力平均值同比增大，因此张力不匀率得不到改善。但纱线上的粗细节不会引起新的动态张力波动。从这方面讲，高速络筒时，用这种方法对均匀张力有利。

曲弧板式及梳式齿张力装置属此类。梳式齿张力装置采用倍积法工作原理，通过调节张力弹簧张力来改变纱线对梳齿的包围角，从而控制络纱张力，例如络丝机上就使用这种张力装置。

纱线通过导纱部件产生的张力也属倍积张力。垫圈式张力装置虽是通过累加法给纱线增加张力的，但由于张力盘柱芯的存在，纱线与柱芯之间摩擦会产生倍积张力，因此张力波动兼有倍积张力的性质。

（3）间接法张力装置。间接法张力装置是使纱线绕过一个可转动的圆柱体的工作表面，圆柱体在纱线带动下回转的同时，受到一个恒定的阻力矩作用，从而使纱线产生一个张力增量。这种张力装置的主要特点是：纱线受磨损很小；张力波动幅度不变，张力不匀率下降；

张力增加值与纱线的摩擦系数、纱线的纤维材料性质、纱线表面形态结构、纱线颜色等因素无关。它的缺点是装置结构比较复杂。

张力装置的工艺参数主要是指加压压力或梳齿的相对位置（影响纱线对梳齿的摩擦包围角）。加压压力由垫圈重量（垫圈式张力装置）、弹簧压缩力（弹簧式张力装置）、压缩空气压力（气动式张力装置）来调节。所加压力的大小应当轻重一致，在满足筒子成形良好或后加工特数要求的前提下，采用较轻的压力，最大限度地保持纱线原有质量。原则上粗特纱线的络筒张力大于细特纱线，涤棉混纺纱的络筒张力略小于同特纯棉纱。另外，络筒速度也会影响络筒张力。相同条件下，络筒速度越大，张力越大，所以在设置张力参数时应考虑速度的大小。

纱线细度与垫圈式张力装置的垫圈重量的关系见表 7-1。

表 7-1　纱线细度与垫圈式张力装置的垫圈重量的关系

纱线细度		垫圈重量/g
线密度/tex	英制支数/英支	
58~36	10~16	19~15
32~24	18~24	15~12
21~18	28~32	11.5~9
16~14	36~42	9.5~8.5
12 及以下	50 及以上	8~6

四、清纱装置形式及工艺参数

为提高织物质量和后道工序生产效率，在络筒工序中应有效地清除一些有害纱疵。纱疵由清纱装置鉴别并清除，根据工作原理，清纱装置可分为机械式和电子式两大类。

（一）机械式清纱装置

机械式清纱装置可分为隙缝式、梳针式和板式三种，机械式清纱装置结构简单、价格低廉，但清除效率低，并且容易刮毛纱线、产生静电，现在只少量用于中低档产品的生产。

机械式清纱器的工艺参数为清纱隔距。隙缝式清纱器清纱隔距一般取纱线直径的 1.5~2.5 倍（丝织物取 2.0~2.5 倍）。梳针式清纱器的清纱隔距一般取纱线直径的 4~6 倍。板式清纱器的清纱隔距为纱线直径的 1.5~1.75 倍。

（二）电子式清纱装置

电子式清纱装置根据工作原理不同，可分为光电式和电容式两种；根据功能不同，可分为单功能（清除短粗节纱疵）、双功能（清除短粗节和长粗节纱疵）和多功能（清除短粗节、长粗节、长细节、双纱疵点）几种。电子清纱装置采用非接触工作方式，不损伤纱线，清除效率高，而且可以根据产品质量和后道工序的需要，综合纱疵长度和截面积两个因素，灵活地设置清纱范围，清除必须除去的有害纱疵，保留对织物质量和后道工序生产无影响或影响甚微的无害纱疵。生产实践表明，使用电子清纱器，可以明显提高产品和后道工序生产效率。在高档天然纤维产品、化纤产品、混纺产品的生产中已广泛采用。

电子清纱器的工艺参数（即工艺设计值）是指不同检测通道（如短粗节通道、长粗节通道、细节通道）的清纱设定值。每个通道的清纱设定值都有纱疵截面变化率（%）和纱疵参考长度（cm）两项。生产中根据后道工序生产的需要、布面外观质量的要求以及布面上显现的不同纱疵对布面质量的影响程度，结合被加工纱线的乌斯特（Uster）纱疵分布情况，制定最佳的清纱范围（即各通道的清纱设定值）。

最佳的清纱范围就是允许保留在纱线中的无害纱疵级别及个数与必须清除的有害纱疵级别及个数之间最佳的折中。如果清纱范围过小，清纱后纱线上保留的纱疵过多，会影响后道工序的生产效率和织物的外观质量；清纱范围过大，络筒中清除的纱疵过多，影响络筒生产效率，并且络筒结头过多，同样会影响后道工序的生产效率和织物的外观质量。

为了正确使用电子清纱器，电子清纱器制造厂必须提供相配套的纱疵样照和相应的清纱特性曲线及其应用软件。

在电子清纱器制造厂提供不出可靠的纱疵样照的情况下，一般采用瑞士蔡尔韦格—乌斯特纱疵分级样照。该纱疵样照把各类纱疵分成23级，如图7-1所示。样照中，对于短粗节纱疵，长度在0.2~1cm的称A类，在1~2cm的称B类，在2~4cm的称C类，在4~8cm的称D类；纱疵横截面积增量在+100%~+150%的称为第1类，在+150%~+250%的称为第2类，在+250%~+450%的称为第3类，在+450%以上的称为第4类。这样，短粗节总共分成16级：A_1、A_2、A_3、A_4、B_1、B_2、B_3、B_4、C_1、C_2、C_3、C_4、D_1、D_2、D_3、D_4。对于长粗节，共分为3级，纱疵横截面积增量在+100%以上，而疵长大于8cm的称为双纱，归入E级；纱

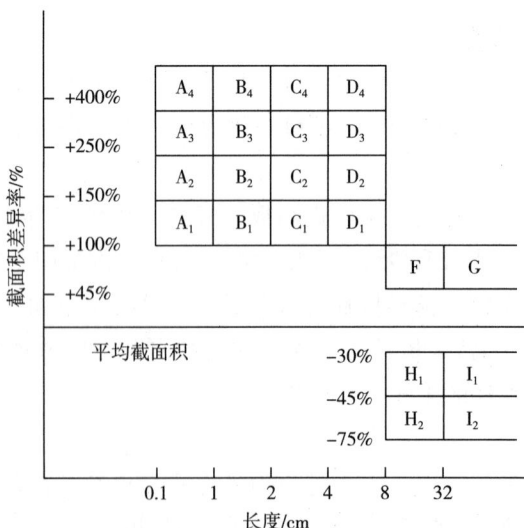

图7-1 瑞士蔡尔韦格—乌斯特纱疵分级样照

疵横截面积增量在+45%～+100%，疵长大于 32cm 的也称长粗节，归入 G 类。对于长细节，共分为 4 级，纱疵横截面积增量在−30%～−45%，疵长在 8～32cm 的定为 H_1 级；截面积增量与 H_1 级相同而疵长大于 32cm 的定为 I_1 级；纱疵横截面积增量在−45%～−75%，疵长在 8～32cm 的定为 H_2 级；截面积增量与 H_2 级相同而疵长大于 32cm 的定为 I_2 级。

清纱设定的主要依据是对有害纱疵、无害纱疵及临界纱疵的划分。

一般而言，机织用棉纱短粗节有害纱疵可定在纱疵样照的 A_4、B_4、C_4、C_3、D_4、D_3 和 D_2 七级；针织用棉纱短粗节有害纱疵可定在纱疵样照的 A_4、A_3、B_4、B_3、C_4、C_3、D_4、D_3 和 D_2 九级，这是因为短粗节对针织物的影响较大；而本色涤棉纱的短粗节有害纱疵也定在 A_4、A_3、B_4、B_3、C_4、C_3、D_4、D_3 和 D_2 九级。无论是七级还是九级，有害纱疵的设定在样照上是一根折线，电子清纱器的清纱特性直线或曲线不可能与折线完全一致，但须尽可能靠拢。

考核电子清纱器工艺性能时，一般以目测法将被切断的纱疵对照纱疵样照来判断纱疵的清除情况，然后采用倒筒实验检查漏切的有害纱疵。在提高清纱器灵敏度后，检查漏切情况。检查漏切有害纱疵的方法还有从布面上检查残留纱疵和纱疵分析仪检查两种。前者比较容易进行，但只能反映总的清查效果，不能反映各锭的清纱情况；后者能准确反映各锭的清除效果。

五、筒子卷绕密度

筒子卷绕密度与络筒张力和筒子对槽筒的加压压力有关。筒子卷绕密度的确定以筒子成形良好、紧密，又不损伤纱线弹性为原则。因此，不同纤维、不同线密度的纱线，其筒子卷绕密度也不同。棉纱筒子卷绕密度见表 7-2。

表 7-2　棉纱筒子卷绕密度

棉纱细度		卷绕密度/（g/cm³）
线密度/tex	英制支数/英支	
96～32	6～18	0.34～0.39
31～20	19～29	0.34～0.42
19～12	30～48	0.35～0.45
11.5～6	50～100	0.36～0.47

股线的卷绕密度可比单纱提高 10%～20%，相同工艺条件下，涤棉纱的卷绕密度比同特纯棉纱大。

六、筒子卷绕长度

络筒工序根据整经或其他后道加工工序所提出的要求来确定筒子卷绕长度。如果要求筒子绕纱长度准确，络筒机上必须安装定长装置，定长装置有机械定长和电子定长两种。机械定长装置是当筒子卷绕直径达到预定直径时，满筒自停机构使槽筒自动停转，并发出满筒信号。电子定长有两种方法，一种是直接测长法，它测量络筒过程中纱线的运行速度，根据运行速度和络筒时间算出筒子上卷绕的纱线长度；另一种是间接测量法，通过检测槽筒转数，转换成相应的纱线卷绕长度，达到定长的目的。当筒子卷绕长度达到工艺设定值时，电子清纱器自动切断纱线，筒子自动停止卷绕。

目前在普通络筒机上，常采用电子清纱器的附加定长功能进行测长，应用直接测量法。在自动络筒机上以应用间接测量法居多，间接测量的长度误差较高，达到 2% 左右。

在新型自动络筒机上，有一种叫 ECOPACK 的方式，其采用光学非接触方式在纱线中扫描并记录运动纱线轮廓，分析比较运行时测得的信号，将信号计算转化为当前纱线长度，并和设定值比较，并作相应动作。采用这种 ECOPACK 的高精度长度测试方式后，筒子卷绕长度误差可控制在 0.5% 之内。

第二节　整经工艺

整经的目的是把一定数量的筒子纱，按工艺设计的长度和幅宽，以适当均匀的张力平行均匀地卷绕在整经轴或织轴上去，为后道工序做好准备。

整经质量直接影响后道工序的生产效率和织物质量，因此，整经工序需满足如下要求：在整经过程中保持单纱和片纱张力的均匀一致，并不过度损伤纱线的力学性能；全片经纱排列均匀，经轴（织轴）成形良好，表面平整；经轴（织轴）卷绕密度适当而均匀，表面圆整；整经根数、整经长度、色纱排列符合工艺要求；结头质量符合规定标准，回丝要少。

一、分批整经工艺

分批整经工艺参数包括整经机类型、整经张力（筒子架上前、中、后和上、中、下张力分布情况）、张力装置形式、整经速度、整经轴数和根数、整经长度、整经卷绕密度、整经结头规格、整经长度等内容，其中以整经张力的设计为主。

（一）整经张力

全片经纱张力应均匀，并且在整经过程中保持张力恒定，从而减少后道加工中经纱断头和织疵。整经张力大小应适当，以保持纱线的强力和弹性，避免恶化纱线的力学性能，同时尽量减小对纱线的摩擦损伤。整经张力的大小与纤维材料、纱线特数、整经速度、筒子尺寸、筒子架形式、筒子分布位置及伸缩筘穿法等有关。一般粗特纱的整经张力应比细特纱的整经张力大，化纤纱的整经张力应比同特纯棉纱的整经张力小。

均匀片纱张力可采取如下措施。

1. 采用间歇整经方式和筒子定长

由于筒子卷装尺寸影响纱线退绕张力，特别在高速整经或粗特纱加工时尤为明显。所以，在高、中速整经和粗特纱加工时应当尽量采用间歇整经方式，使筒子架上筒子退绕直径保持一致。采用间歇整经方式需集体换筒，即对络筒工序提出定长要求，以保证所有筒子在换到筒子架上时具有相同的初始卷装尺寸，并可减少筒脚纱。

2. 合理设定张力装置的工艺参数

张力装置的工艺参数指张力垫圈重量、纱线对导纱杆的包围角、气动或弹簧加压压力等。

由于筒子在筒子架上的位置不同，造成各筒子上引出纱线的张力差异很大。筒子架后排引出的纱线距整经机机头较远，因此空气阻力和导纱部件的摩擦使纱线张力较大，而前排筒子引出的张力较小；同排的上、中、下层筒子之间，由于引纱路线的曲折程度不同，也造成了上、下层张力较大，中层张力较小的现象。为弥补这些张力差异，实现片纱张力均匀，应适当调整筒子架上不同区域张力装置的工艺参数。

在1452型整经机筒子架上，采用了分段分层配置张力垫圈重量的措施。分段分层配置张力垫圈重量的原则是：前排重于后排，中层重于上层和下层。分段分层配置张力垫圈重量的方法应根据筒子架的长度和生产管理而定，一般有筒子架前后方向分三段或四段的配置，也有前后方向分段结合上下方向分三层而成六个区域或九个区域的配置。为使片纱张力更加均匀，还可采用弧形分段配置张力垫圈重量。分段分层数越多，片纱张力越趋于均匀一致，但生产管理也越不方便。因此，生产中经常使用前后方向分三段配置张力垫圈重量的方法。

1452型整经机筒子架上不同线密度棉纱，前后分四段的张力垫圈重量见表7-3。其整经速度为200~250m/min。若整经速度提高，则纱线的退绕张力以及由空气阻力产生的纱线张力增加，应适当减轻张力垫圈重量。

表7-3　分四段配置张力垫圈重量

细度		张力垫圈重量/g			
线密度/tex	英制支数/英支	前排	前中排	中后排	后排
13~16	44~36	5.0	4.6	3.8	3.3
18~20	32~29	5.5	4.6	4.2	3.8
24~30	24~20	6.4	5.5	5.0	4.4
32~60	18~10	8.4	6.4	6.0	4.6
14×2	42/2	6.4	5.5	4.8	4.4

1452型整经机上不同特数棉纱，前后分三段结合上下分三层而成九个区的张力垫圈重量配置见表7-4。其整经速度为200~250m/min。整经速度提高后，应适当减轻张力圈重量。

表7-4　分九区配置张力垫圈重量

区段和边纱	张力垫圈重量/g			
	14.5tex（40英支）	29tex（20英支）	58tex（10英支）	14tex×2（42/2英支）
前区上层和下层	5.0	5.5	9.5	11.5

续表

区段和边纱	张力垫圈重量/g			
	14.5tex（40英支）	29tex（20英支）	58tex（10英支）	14tex×2（42/2英支）
前区中层	5.5	6.0	10.0	12.0
中区上层和下层	4.5	5.0	8.5	11.0
中区中层	5.0	5.5	9.0	11.5
后区上层和下层	4.0	4.5	8.0	10.5
后区中层	4.5	5.0	8.5	11.0
后排边纱	6.5	7.0	12.0	13.0

涤棉细特高密织物在1452型整经机筒子架上弧形分四段的张力垫圈重量配置，如图7-2所示。

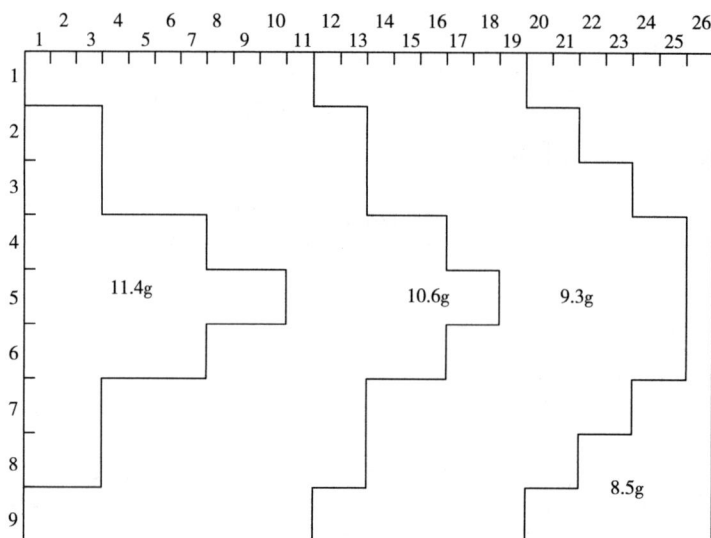

图7-2 涤棉细特高密织物张力圈弧形配置图

3. 纱线合理穿入伸缩筘

纱线穿入伸缩筘的不同部位会形成不同的摩擦包围角，引起不同的纱线张力。纱线合理穿入伸缩筘既要考虑片纱张力均匀，又要适当兼顾操作方便。目前使用较多的有分排穿筘法（又称花穿）和分层穿筘法（又称顺穿）。分排穿筘法从第一排开始，由上而下（或由下而上）将纱线从伸缩筘中点往外侧逐根逐筘穿入，如图7-3（a）所示。此法虽然操作较不方便，但在一些整经机（如1452型整经机）上，将引出距离较短的前排纱线穿入纱路包围角较大的伸缩筘中部，而后排穿入包围角较小的边部，能起到均匀纱线张力的作用，并且纱线断头时也不易缠绕邻纱。分层穿筘法则从上层（或下层）开始，把纱线穿入伸缩筘中部，然后逐层向伸缩筘外侧穿入，如图 7-3（b）所示。此法纱线层次清楚，找头、引纱十分方便，但是扩大了纱线张力差异，影响整经质量。因此，目前 1452 型整经机上较多采用分排穿筘法。

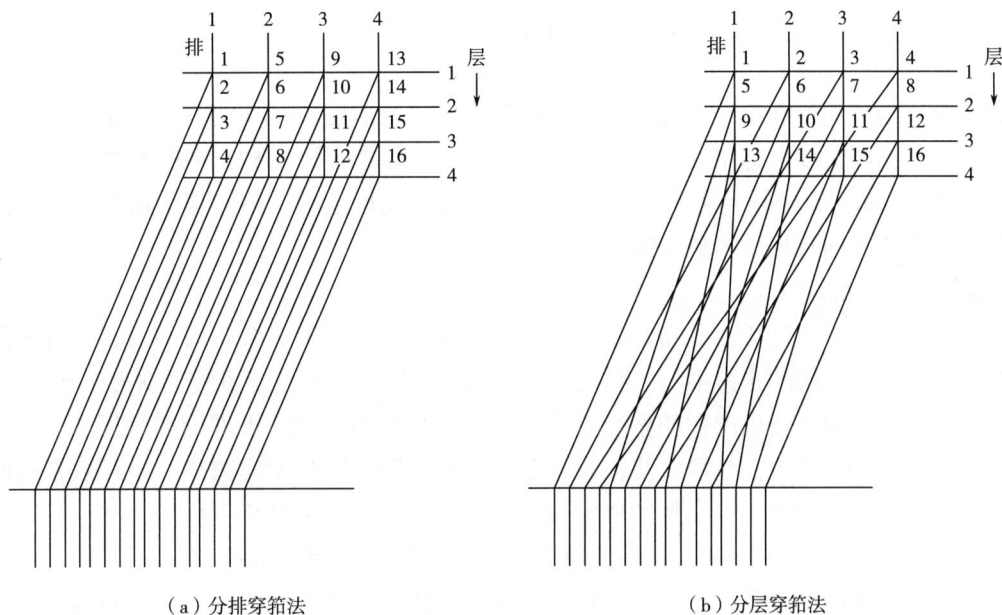

（a）分排穿筘法　　　　　　　　（b）分层穿筘法

图 7-3　纱线穿入伸缩筘的方法

4. 选择合适的整经张力装置

张力装置的形式有很多，根据张力增加原理，可分为累加法、倍积法和间接法张力装置。其工作特点在络筒张力部分已做过介绍。整经应选择间接法或累加法张力装置，尽量减小经纱的转折次数和曲折程度，减少倍积张力的产生。

根据张力装置的结构又分为圆盘式、立柱式、导纱棒式张力装置。无瓷柱双盘张力器已为多数整经机采用。张力器没有瓷柱，纱线成直线通过两只张力盘，避免了倍积张力造成的张力波动扩大。张力盘的下盘由齿轮传动主动回转，避免了飞花聚集。

5. 加强生产管理，保持良好的机械状况

应重视加强生产管理、保持良好的机械状态。为减少片纱横向张力差异，整经机各轴辊安装应平直、平行、水平，各机件的安装调整符合要求。尽量减少整经过程中的关车次数，减少因启动、制动而引起的张力波动。半成品管理中应做到筒子先到先用，减少筒子回潮率不同造成的张力差异。张力装置应经常清洗、检查，保持张力盘回转轻快灵活，保证张力装置的工艺参数符合工艺设计规定，伸缩筘筘齿应排列均匀。

分批整经的工艺设计应尽可能多头少轴，既可以减少并轴时各轴之间产生的张力差异，又可减少经轴上纱线间的间距，避免纱线过大的左右移动，使经轴卷绕圆整。伸缩筘齿间排纱要匀，采用游动伸缩筘可改善经轴表面平整度，使片纱张力均匀。

（二）整经速度

影响整经速度的因素有机械和工艺两个方面。机械方面主要考虑经轴传动机构、制动机构及断头自停机构的类型。工艺方面主要考虑原纱质量、筒子卷绕质量和经轴幅宽。

高速整经机最大设计速度为 1000m/min 左右，随着整经速度的提高，纱线断头将会增加，影响整经效率，达不到高产的目的。只有在纱线品质优良和筒子卷绕质量好时，才能充分发挥高速整经的效率。

目前由于纱线质量和筒子卷绕质量还不够理想，整经速度以中速为宜。经轴直接传动的高速整经机，整经速度可选用 600m/min 以上；滚筒摩擦传动的 1452A 型整经机的整经速度为 200~300m/min。整经轴幅宽大，纱线强力低、筒子成形差时，整经速度应低一些。涤棉纱的整经速度应比同特棉纱的整经速度低一些。

（三）整经轴数和根数

整经轴上纱线排列过稀会使卷装表面不平整，从而造成片纱退绕张力不匀，而且浆纱并轴轴数增加，会产生新的张力不匀。因此，整经根数的确定以尽可能多头少轴为原则。

整经根数还影响整经机产量和整经效率。整经根数增加，整经机理论产量提高，而且一次并轴的整经轴个数减少，整经、落轴和筒子架换筒的操作次数相应减少，整经效率有所提高。但是，整经根数增加，每个整经轴加工过程中经纱断头数量也相应增加，并且筒子架工作区长度增大，使处理断头的停台时间延长，从而影响整经效率的提高。

整经根数还受筒子架最大容筒数限制。为管理方便，一次并轴的各轴整经根数要尽量相等或接近相等，并小于筒子架最大容筒数。

1. 白坯织物或素色织物

（1）整经轴数。

$$整经轴数 \ n = \frac{织物总经根数 \ M_z}{筒子架最大容筒数 \ K} \tag{7-2}$$

n 有小数时，小数进位取整，使筒子架利用率达 80%~95%，以便留出预留筒子和接头纱筒子的位置，并尽量不使用筒子架四个角上的筒子插座，减小经纱张力差异。

（2）整经根数。

$$整经根数 \ m = \frac{织物总经根数 \ M_z}{并轴轴数 \ n} \tag{7-3}$$

计算 m 时，如遇除不尽，则保留余数，然后对余数进行合理分配。分配时，各经轴间允许有 ±4 根的差异，且这种经轴应控制在 2 只以内。生产中需将整经根数不同的经轴作出标记，以便并轴时搞混。

例 1：1452-180 型筒子架的最大容量为 630 个，织物总经根数为 5422 根，则整经轴数为：

$$n = \frac{M_z}{K} = \frac{5422}{630} = 8.6 \approx 9（轴）$$

于是，整经根数为：

$$m = \frac{M_z}{n} = \frac{5422}{9} = 602 \text{ 轴余 } 4 \text{ 根}$$

依照整经根数的分配原则，各经轴间允许有 ±4 根的差异，且这种经轴应控制在 2 只以内。在该例中，将多余的 4 根经纱添加在一个经轴上，最后，整经根数确定为：m_1、m_2、$\cdots$、$m_8 = 602$ 根，$m_9 = 606$ 根。也可分加在两个经轴上，最后，整经根数确定为：m_1、m_2、$\cdots$、$m_7 = 602$ 根，m_8、$m_9 = 604$ 根。

2. 色织物

由于分批整经速度快、效率高，现在色织物也通常采用分批整经，然后采用轴经上浆的生产工艺。

色织产品的经纱组合情况比较复杂，故应视经纱组合的特点，合理配置整经根数和整经轴数。

（1）经纱分配原则。

①色泽近似，不易区分的经纱，不应配置在同一经轴上，必须分色分轴整经。上浆并轴后，应分色绞线以便于区分色纱。

②经纱粗细不一，必须分轴整经，便于分轴调节经纱张力。上浆时，还要根据纱线粗细、单纱或股线，分浆槽上浆。

③经纱织缩率差异大时（无须双轴织造），不宜混合同轴整经，必须分轴整经，便于分轴调节经纱张力。上浆并轴后，应穿区分绞线以便于穿综。

因此，色织物的整经根数不能强求统一。整经根数的配置除受筒子架最大容筒数限制之外，主要取决于伸缩筘规格、经纱配色循环和经纱特点。同时应使经轴成型好，避免经纱嵌陷。实践证明，细特纱（20tex 及以下）排列密度不少于 15 根/10cm，一般取 30~35 根/10cm；中特纱（21~30tex）排列密度不少于 12 根/10cm，一般取 28~34 根/10cm；粗特纱（30tex 以上）排列密度不少于 10 根/10cm，一般取 25~32 根/10cm。

整经时，整经根数若有增减，应相应调节伸缩筘规格。过稀时，可用间隔排列空筘的方法来调节纱片幅宽。

在可能条件下，各经轴经纱排列的顺序、色泽、根数应尽可能一致，以减少换筒次数，便于挡车工操作，减少差错和提高产量。

（2）整经排花工艺。

①分色（或分线密度）分层法。将经纱区分色泽或线密度分轴整经，不需要排花型。经纱经上浆分绞后，纱片呈分色泽或分粗细分层的状态。该法适用于双色细条形间隔排列、多色细条均匀间隔排列、同底色异色嵌条排列、粗细纱结合相间排列等色织物。

并轴时，应将纱线根数少的经轴放在上层，纱线根数多的经轴放在下层。在整经根数相近时，应将深色经轴放在上层，浅色经轴放在下层。这样浆纱时容易发现断头、跳绞现象，且便于处理疵点。

例2：色纱排列：

特白 6 根　粉红 6 根

每花经纱 12 根，总经根数 3494 根，边纱（特白）24×2＝48（根）。$\frac{3494-48}{12}=287$ 余 2，所以全幅 287 花，加头 2 根（特白）。

整经分为 8 轴，具体分配配置如下：

粉红：6×287＝1722（根），1 轴、2 轴 430 根×2 轴，3 轴、4 轴为 431 根×2 轴。

特白：6×287＋2＋48＝1772（根），5 轴、6 轴、7 轴、8 轴为 443 根×4 轴。

同色经纱条形较窄，条子间隔不超过 10 根，浆纱时可不排花型，将浆纱分摊均匀，浆轴在落轴时，穿放分色绞线，以利于穿综时分层认色、分头穿综。若条子间隔超过 10 根，为提高浆轴质量、避免织机上经纱绞头，浆纱时可分头排列花型。

例 3：经纱排列：

14.5tex 14.5tex 14.5tex 14.5tex ＋14.5tex 14.5tex 14.5tex 14.5tex 14.5tex ＋14.5tex

湖蓝　　特白　　湖蓝　　低捻花线　　　特白　　湖蓝　　特白　　低捻花线

<u>1 根　　1 根　　1 根　　1 根</u>　　　<u>1 根　　1 根　　1 根　　1 根</u>

　　　　6 次　　　　　　　　　　　　　　6 次

每花经纱 28 根（湖蓝 13 根，特白 13 根，低捻花线 2 根），总经根数 3496 根，边纱（特白）24×2＝48 根。$\frac{3496-48}{28}=123$ 余 4，所以全幅 123 花，加头 4 根（2 根湖蓝、2 根特白）。

整经分为 9 轴，具体分轴配置如下：

14.5tex＋14.5tex 低捻花线：2×123＝246（根），卷绕在 1 个轴上，即 1 号轴，246 根×1 轴。

14.5tex 湖蓝：13×123＋2＝1601（根），分成 4 个轴，2 轴、3 轴、4 轴为 400 根×3 轴，5 轴为 401 根×1 轴。

14.5tex 特白：13×123＋2＋48＝1649（根），分成 4 个轴，6 轴、7 轴、8 轴为 412 根×3 轴，9 轴为 413 根×1 轴。

浆纱可不排花型，只需要第一层（14.5tex＋14.5tex）低捻花线均匀分布在筘齿中固定位置，在浆纱落轴时，在第一层与第二层之间放一根分粗细的绞线，在第五层与第六层之间（5 号轴和 6 号轴的经纱之间）放一根分色绞线，以利于穿综时的分层分头。

②分条分层法（成型法）。分条时将经纱按色纱条形均匀分配到各经轴上，分轴整经。经轴经上浆分绞后，呈现分条形分层的状态。浆纱需按色纱排列条形，分层分头均匀排花型。该法适用于双色或多色阔条形（20mm 以上）排列的色织物。

经纱按色纱条形均匀分配到各经轴上，分轴整经。经轴经上浆分绞后，呈现分条形分层的状态。浆纱需按色纱排列条形，分层分头均匀排花型。该法适用于双色或多色阔条形（20mm 以上）排列的色织物。

经纱按色纱条形均匀分配到各经轴上，如果条形内的经纱根数并不是经轴只数的整数倍，经轴根数不均匀时，也要使一个完全循环花型内的经纱根数或两个完全循环内的经纱根数均匀地分配到各经轴上，各经轴的经纱根数接近，以保证经轴并轴后，纱片条形复合整齐。

例 4：经纱排列：

漂白	蓝	漂白	绿	漂白	大红	漂白	黄
42 根	42 根	42 根	42 根	42 根	82 根	42 根	42 根

每花经纱 376 根，总经根数 3820 根，边纱（漂白）20×2＝40 根。$\dfrac{3820-40}{376}=10$ 余 20，所以全幅 10 花，加头 20 根（漂白）。

整经分为 8 轴，劈花劈在漂白条形里，具体分轴配置见表 7-5。

表 7-5　各色经纱在各经轴中的分配

轴次	左边	漂白加头	漂白	蓝	漂白	绿	漂白	大红	漂白	黄	漂白	漂白加头	右边	整经根数
—	20	8	32	42	42	42	42	82	42	42	10	12	20	—
1	2		4	5	5	5	6	10	5	5	2	3	2	477
2	2		4	5	5	5	6	10	5	5	2	3	2	477
3	2		4	5	6	5	5	10	5	6	1	3	2	477
4	2		4	5	6	5	5	10	5	6	1	3	2	477
5	3	2	4	5	5	6	5	10	6	5	1		3	478
6	3	2	4	5	5	6	5	10	6	5	1		3	478
7	3	2	4	6	5	5	5	11	5	5	1		3	478
8	3	2	4	5	5	5	5	11	5	5	1		3	478

注　全幅 10 花，每轴重复 10 次。

③分区分层法（分色分条结合法）。将若干个相邻的经轴分成一组，作为一个区，然后将条形中的经纱，根据颜色分别均匀分配到不同组的经轴上。经轴上浆分绞后，虽然分区分层部分的纱片呈分色分层状态，但对于整个花型中的经纱，浆纱时还需按色纱排列条形、分头排花型。该法适用于条形较宽或某一色泽经纱根数少而地经根数又很多的品种。

对根数很多的地经采用分色分层法，而对根数较少的花经可与部分地经合并采用分条分层法。

例 5：某经起花织物，经纱为 13tex，花经与地经采用双轴织造。

经纱排列：

漂白　　浅蓝　　漂白　　浅蓝　　漂白
4 根　　<u>1 根　　2 根</u>　　1 根　　60 根
3 次

每花经纱 74 根（漂白 70 根，浅蓝 4 根），总经根数 3932 根，边纱 32×2＝64（根）。$\dfrac{3932-64}{74}=52$ 余 20，所以全幅 52 花，加头 20 根（4 根浅蓝、16 根漂白）。

浅蓝色纱线根数＝4×52+4＝212（根）；漂白色纱线根数＝3932-212＝3720（根）。

整经分为9轴，具体分轴配置如下：

第1、第2、第3号轴由于卷绕花经，用于上面的织轴，第1、第2、第3号轴的经纱根数根据织物组织要求确定为364根，均为漂白纱。由于织物组织、织缩率不同，整经以后这三个轴需单独上浆。在整经时，由于这三个轴的经纱根数较少，为使经纱排列均匀，穿伸缩筘时要求每隔4个筘空1筘，以符合经轴宽度。

第4号轴经纱根数=212（浅蓝）+260（漂白）+6（漂白边纱）=478（根）；第4号轴采用分条分层法。经纱排列顺序为：

漂白	浅蓝	漂白	浅蓝	漂白
3根	4根	5根	4根	3根
	52次			

第5、第6、第7轴经纱根数为472根，均为漂白纱。

第8、第9轴经纱根数为473根，均为漂白纱。

为便于穿经操作，第4个轴落轴时，要求打一根绞线，将色纱压在下面。

在实际生产中，色织物的经纱色条排列复杂多变，色泽繁多，兼有组织变化、纱线粗细变化、花式线等，往往一种花型不是简单地采用某种单一的排花方法就能满足生产要求的，需要熟练掌握，灵活运用。

（四）整经卷绕密度

整经卷绕密度的大小与纱线线密度、整经速度、整经张力、整经加压及车间空气相对湿度有关。整经速度高、整经张力大、加压压力大、相对湿度高时，卷绕密度就大；低特纱比高特纱卷绕密度大。卷绕密度的大小影响到原纱的弹性、经轴的卷绕长度及后工序的退绕，应合理选择。

整经卷绕密度要比筒子卷绕密度大20%~30%，股线的卷绕密度比同特单纱增加10%~15%。

（五）整经长度

整经长度计算分为以下几个步骤进行。

1. 计算经轴的卷绕体积 V

$$V = \frac{\pi \times W}{4} (D^2 - d^2) \tag{7-4}$$

式中：D——经轴绕纱直径，D=经轴盘片直径 D_Φ-（10~30）mm；

d——织轴轴芯直径，如1452系列整经机为260mm；

W——经轴盘片间距，因整经机型号不同而异，如1452-180型整经机 W 为1800mm。

2. 经轴卷绕经纱重量 G

$$G = V \times \gamma \times 10^{-3} \tag{7-5}$$

式中：γ——经轴的卷绕密度，g/cm³。

经轴的卷绕密度与经纱线密度、卷绕张力、整经速度、整经加压程度等因素有关。一般细特纱比粗特纱的卷绕密度大，高速高压时卷绕密度大。单纱卷绕密度一般在0.4~

$0.6g/cm^3$。当卷绕股线时，其卷绕密度约比同特数单纱提高 10%~15%。

3. 计算经轴理论绕纱长度（最大绕纱长度）L′

$$L' = \frac{G}{Tt \times m} \times 10^6 \tag{7-6}$$

式中：Tt——经纱线密度；

　　　　m——一个经轴的整经根数。

4. 计算经轴计划绕纱长度 L

为了减少回丝，避免出现小轴，一个经轴的绕纱长度应保证浆出若干个完整的织轴，即要求经轴的绕纱长度等于织轴绕纱长度的整倍数。所以应先算出一个经轴可卷织轴数 n：

$$n = \frac{L'}{L_{织轴}} \tag{7-7}$$

式中：$L_{织轴}$——织轴实际绕纱长度，m；

　　　计算出的 n 如有小数，则小数舍去取整。

　　　经轴计划绕纱长度为：

$$L = \frac{L_{织轴} \times n + L_1}{1 + \varepsilon} + L_2 \tag{7-8}$$

式中：L_1——浆纱浆回丝长度，一般取 4~5m；

　　　　L_2——浆纱白回丝长度，一般取 10~15m；

　　　　ε——浆纱实际伸长率。

二、分条整经工艺

分条整经工艺参数包括整经张力、整经速度、整经长度、整经条数、条带宽度、筘号和斜度板锥角及定幅筘移动速度等内容。

（一）整经张力

滚筒卷绕时，张力装置工艺参数及伸缩筘穿法可参照分批整经。

织轴卷绕时，片纱张力取决于制动皮带对滚筒的摩擦制动程度，片纱张力应均匀、适当，以保证织轴卷绕达到合理的卷绕密度。织轴的卷绕密度可参见表7-6。织轴卷绕时，随滚筒退绕半径减小，摩擦制动力矩应随之减小，为此要调节制动的松紧程度，以保持片纱张力均匀一致。

表7-6　织轴卷绕密度

纱线种类	卷绕密度/（g/cm³）	纱线种类	卷绕密度/（g/cm³）
棉股线	0.50~0.55	精纺毛纱	0.50~0.55
涤/棉股线	0.50~0.60	毛/涤混纺纱	0.55~0.60
粗纺毛纱	0.40		

(二) 整经速度

由于分条整经机的换条、分绞、倒轴、生头、接头等停车操作时间多，其生产效率比分批整经机低得多。据统计，分条整经机整经速度（滚筒线速度）提高25%，生产效率仅增加5%，因此分条整经速度的提高就显得不如分批整经那么重要。

分条整经的经纱卷绕截面是平行四边形，滚筒每转动一圈，条带相对滚筒就要有一定的横向位移。

老式的分条整经机采用的是大滚筒不动，条带移动。条带移动又需要定幅筘、导条器和筒子架的移动，运动复杂，所以高速适应性低，整经速度仅为87~250m/min。同样倒轴时，滚筒不动，织轴横动，卷绕速度为20~110m/min。

新型分条整经机采用的是大滚筒横动，条带不动，即倒轴装置和筒子架均固定不动。具有无级变化的斜度板锥角和定幅筘移动速度，滚筒与织轴均采用无级变速传动，以保证条带卷绕及倒轴时纱线线速度不变，使纱线张力均匀，卷绕成形良好，能适应高速运转。还有很多新型分条整经机的滚筒采用整体固定锥角设计，高强钢质材料精良制作，能满足各种纱线卷绕的工艺要求。所以整经速度大幅提高，设计最高整经速度可达800m/min，不过实际使用时一般低于这一水平。纱线强力低、筒子质量差时应选较低的整经速度。

(三) 整经条数

（1）条格及隐条织物。在条格及隐条织物生产中，整经条数的确定要考虑花经排列情况，其计算式为：

$$n = \frac{M - M_b}{m} \tag{7-9}$$

式中：n——整经条数；

M——织轴总经根数；

M_b——两侧边纱根数之和；

m——每条经纱根数。

每条经纱根数为每条花数与每花配色循环经纱数之积，即：

$$m = 每条花数 \times 每花配色循环经纱数$$

每条经纱根数应小于筒子架最大容筒数，并且是经纱配色循环的整倍数。第一和最后条带的经纱根数还需修正。应加上各自一侧的边纱根数，并对m取整后多余或不足的根数作加、减调整。

（2）素经织物。在素经织物生产中，整经条数的确定比条格及隐条织物简单，其计算式为：

$$n = \frac{M}{m} \tag{7-10}$$

每条经纱根数的确定只考虑筒子架最大容筒数，当M/m无法除尽时，应尽量使最后一条（或几条）的经纱根数少于前面几条，但相差不宜过多。

在筒子架容量许可的条件下整经条数应尽量少些。

（四）条带宽度

整经条带宽度即定幅筘中所穿经纱的排列幅宽，其计算式为：

$$b = \frac{B \times m}{M \times (1 + q)} \qquad (7-11)$$

式中：b——条带宽度，cm；

B——织轴幅宽，cm；

q——条带扩散系数。

整经条带经定幅筘后发生扩散。高经密的品种在整经时条带的扩散现象较严重，造成滚筒上纱层呈瓦楞状。为减少扩散现象，可将定幅筘尽量靠近整经滚筒表面。

（五）筘号

定幅筘的筘齿密度以筘号表示。公制筘号是指10cm长度内的筘齿数（筘/10cm）；英制筘号是指2英寸长度内的筘齿数（筘/2英寸）。筘号 N 可按下式计算：

$$N = \frac{M}{B \times C} \times 10 \qquad (7-12)$$

式中：C——每筘齿穿入经纱根数。

若每筘齿穿入经纱根数过多，则整经滚筒上纱线排列不匀；若每筘齿穿入经纱根数过少，则筘号大，筘齿密度大，虽有利于经纱均匀排列，但增加了筘片与经纱间的摩擦。每筘齿穿入经纱根数的多少，以滚筒上纱线排列整齐、筘齿不磨损纱线为原则。一般品种每筘齿穿入经纱根数为4~6根或4~10根，经密大的织物，每筘穿入数取大些。

（六）斜度板锥角及定幅筘移动速度

正确的整经条带截面形状为规则的平行四边形，这样才能保证滚筒和织轴表面卷绕平整退绕张力均匀。影响条带卷绕成形的基本参数是斜度板锥角 α 及定幅筘移动速度 h。正确选择斜度板锥角 α 和定幅筘移动速度 h 是提高整经质量的重要措施。定幅筘移动所形成的纱层锥角与斜度板锥角 α 相等时，条带截面才能呈现正确的平行四边形，如图7-4所示。

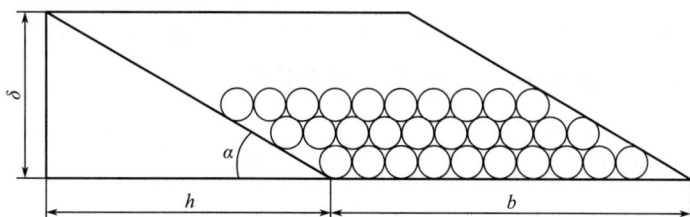

图7-4 条带截面

由图7-4可知：

$$\tan\alpha = \frac{\delta}{H} = \frac{\delta}{n \times h} = \frac{\delta}{n} \times \frac{1}{h} \qquad (7-13)$$

式中：α——滚筒斜度板锥角，（°）；

H——卷绕一个条带过程中定幅筘的总动程，cm；

δ——一条带卷绕厚度，cm；

n——卷绕一个条带的滚筒转数即绕纱圈数；

h——定幅筘移动速度，即滚筒转一转定幅筘移动的距离，cm。

$\dfrac{\delta}{n}$ 即为平均每层纱线的卷绕厚度，$\dfrac{\delta}{n}$ 与纱线线密度 Tt 成正比，与纱线卷绕密度 γ 成反比，与条带中纱线排列密度 $\dfrac{m}{b}$ 成正比，进而得出斜度板锥角 α 和定幅筘移动速度 h 的关系式为：

$$\tan\alpha = \frac{Tt \times m}{\gamma \times b \times h \times 10^5} \tag{7-14}$$

$$h = \frac{Tt \times m}{\gamma \times b \times \tan\alpha \times 10^5} \tag{7-15}$$

使用固定斜度板时，倾斜角 α 不变，按式（7-15）计算定幅筘移动速度 h，但 h 为有级变化，只能选接近计算 h 值的一档，往往选配精度不够。新型分条整经机的滚筒采用整体固定锥角设计，滚筒可实现无级位移，级差小于 0.01mm，可保证 α 与 h 的正确配合。

使用活动斜度板时，可以同时选择 α 和 h，并且 α 为无级变化，能使上式严格成立。α 数值尽量取得小些，以斜度板露出纱条之外 30~50mm 为宜，此时纱圈稳定性最佳。

实际生产中，还需参照纱层实际卷绕厚度 δ 和导条装置移动距离 H，对上述理论计算的斜度板锥角进行修正。实测纱层卷绕厚度时，以成形正确处纱层厚度为依据。最后确定的斜度板锥角 α 为：

$$\alpha = \arctan\frac{\delta}{H} \tag{7-16}$$

（七）分条整经长度

分条整经是首先把经纱条带卷绕到大滚筒上，待所有条带卷绕结束后，再把经纱一起退绕到织轴上，用于织机进行织造，所以分条整经长度取决于织轴绕纱长度。分条整经常用于小批量、多品种的色织产品加工，当批量较小且不足一个织轴时，一般不再进行整经长度的计算；当批量较大时，需按织轴绕纱容量计算整经长度。

织轴绕纱长度的计算步骤如下。

1. 织轴的卷绕体积 V

$$V = \frac{\pi \times W}{4}(D^2 - d^2) \tag{7-17}$$

式中：D——经轴绕纱直径，D=经轴盘片直径 D_Φ-（10-30）mm；

　　　　d——织轴轴芯直径，mm；

　　　　W——织轴盘片间距，m。此值过大，会增加边纱张力，增大边经纱的转折角，使边经纱受到较大的摩擦力，增加断头率。一般可取大于上机筘幅 30~100mm。

2. 织轴上经纱重量 G

$$G(\text{kg}) = V \times \gamma \times 10^{-3} \tag{7-18}$$

式中：γ——织轴的卷绕密度，g/cm³。

织轴的卷绕密度与经纱线密度、卷绕张力、卷绕速度等因素有关。单纱卷绕密度一般在 $0.4\sim0.6$g/cm³。当卷绕股线时，其卷绕密度约比同线密度单纱提高 15%~25%，而用于阔幅织机的织轴卷绕密度要降低 5%~10%。

3. 织轴上经纱理论绕纱长度（最大绕纱长度）L'

$$L' = \frac{G}{\text{Tt} \times M_z} \times 10^6 \tag{7-19}$$

式中：Tt——经纱线密度，tex；

M_z——织轴上总经根数。

4. 织轴上经纱计划绕纱长度 L

为了减少回丝，减少零布，一个织轴的绕纱长度应尽量保证织出若干个完整的布辊，所以应先算出一个织轴可织布辊数 n：

$$n = \frac{L'}{L_j \times n_p} \tag{7-20}$$

式中：L_j——一匹布所需经纱长度，m；

n_p——一个布辊的联匹数。

上式计算出的 n 如有小数，则小数舍去取整。

织轴上经纱计划绕纱长度 L 为：

$$L = L_j \times n_p \times n + L_1 + L_2 \tag{7-21}$$

式中：L_1+L_2——织机上了机回丝长度，一般为 $1.5\sim2.0$m。

第三节　浆纱工艺

一、浆液配方

浆液配方工艺包括浆料组分选择和配比。浆液组分主要包括主浆料（黏着剂）和辅助浆料（助剂）。

（一）对浆液配方的要求

（1）浆料对纱线要有良好的黏附性。

（2）各浆料组分应具有良好的相容性。

（3）浆液应有适当的黏度和良好的黏度热稳定性。

（4）浆液的成膜性好，形成的浆膜应具有较好的强力、耐磨性、弹性。

（5）浆液不起泡，无臭味，退浆容易，对环境无污染。

（6）浆料来源广，价格适中。

（二）主浆料的选择

主浆料是浆液的主要成分，在上浆过程中起主要作用。对主浆料的选择有以下几方面要求。

（1）主浆料的选择主要根据相似相容原理，浆料与纤维应具有相同的基团或相似的极性。常见纤维与主浆料的化学结构特点见表7-7。在选择主浆料时，可根据浆料和纤维的结构特点来确定。

表7-7　常见纤维和主浆料的化学结构对照表

浆料名称	结构特点	纤维名称	结构特点
淀粉	羟基	棉纤维	羟基
氧化淀粉	羟基、羧基	黏胶纤维	羟基
褐藻酸钠	羟基、羧基	醋酯纤维	酯基、羟基
羧甲基纤维素钠（CMC）	羟基、羧甲基	涤纶	酯基
完全醇解聚乙烯醇（PVA）	羟基	锦纶	酰胺基
部分醇解聚乙烯醇（PVA）	羟基、酯基	维纶	羟基
聚丙烯酸酯	酯基、羧基	腈纶	酯基
聚丙烯酰胺	酰胺基	羊毛	酰胺基
动物胶	酰胺基	蚕丝	酰胺基

（2）棉、麻、黏胶纱上浆时，可选择淀粉类（包括变性淀粉）、完全醇解PVA、CMC等含有羟基的浆料。

（3）醋酯纱、涤纶纱上浆时，可选择聚丙烯酸酯类等含有酯基的浆料。涤棉混纺纱上浆时，可以选择完全醇解PVA、CMC等含有羟基的浆料和部分醇解PVA、聚丙烯酸酯类等含有酯基的浆料，也可以采用变性淀粉替代部分PVA。

由于PVA对于酸、碱及一般的微生物比较稳定，在自然环境中较难降解，对环境有较大的污染，在欧洲的一些国家被认为是"不洁浆料"，已被明令禁止使用，我国出口到欧洲一些国家的纺织品已经受到贸易壁垒的限制。我国环保总局也提出要限制或不用难降解的PVA浆料。但是，由于PVA优异的上浆性能，使得企业在织造难度较大的品种时，为了提高经纱的可织性及织造效率，仍需使用一定量的PVA，但是用量不应过多。

（三）辅助浆料的选择

辅助浆料的作用是为了弥补主浆料上浆性能的不足，协助主浆料更好地发挥浆液的性能，提高浆纱的质量。若主浆料的性能可以满足上浆的要求，辅助浆料的使用种类以少为宜，使用量尽可能少。

浆液配方中常用的辅助浆料有表面活性剂、油剂、蜡和防腐剂等。表面活性剂有抗静电剂、渗透剂、消泡剂、乳化剂等。在选择辅助浆料时，可根据主浆料、纱线、织物及加工条件等具体确定。

（1）为了降低浆纱表面的摩擦系数，改善浆纱的平滑性，减少静电集聚，涤棉及纯棉的中、高档织物要采用后上蜡的工艺，上蜡量（相对主浆料的重量）一般为：以变性淀粉为主体浆料时，上蜡量为2%~8%；以PVA为主体浆料时，上蜡量为0~4%。细特高密织物上浆时上蜡量取上限。

（2）疏水性纤维纱线、表面光滑的长丝及捻度较大的纱线，由于吸浆能力较差，可在浆液配方中加入适量的浸透剂，以改善浆液对经纱的浸透程度。

（3）为了改善浆纱的手感，防止浆膜脆硬，提高浆膜的柔韧性和耐冲击性，浆液配方中可加入适量的柔软剂。但是当柔软剂用量过多时，会导致浆膜的抗拉强度、弹性模量及玻璃化温度等有所下降。所以柔软剂的用量（相对主浆料的重量）一般为：以淀粉为主体的浆液中柔软剂的用量一般不超过4%~6%；以化学浆料为主体的浆液中，柔软剂的用量一般不超过2%；细特高密织物浆液中，柔软剂用量不宜超过8%。

（4）防腐剂的使用主要视所用浆料的种类、pH、温湿度、浆纱与坯布的储存时间与条件来确定。当浆料组分是淀粉、胶类或多糖类浆料时，容易被微生物腐蚀，长时间放置会导致浆液腐败变质，使织物霉变。合成浆料上浆时，若在潮湿条件下或南方的梅雨季节，织物上也会产生霉斑。当坯布需要长时间储存或运输时，微生物也易繁殖。为了避免上述情况下织物出现霉变，浆液中需要加入防腐剂。因为防腐剂种类繁多，且大多属化学物质，有一定的毒副作用，对环保有一定的影响，所以要求浆纱所用的防腐剂不仅要有良好的防腐性能，而且对浆液、浆纱、坯布及生产环境等都不能有不良的影响。在北方干旱地区，直接交印染厂加工的坯布可少用或不用防腐剂。

（5）疏水性合成纤维纱线在织造过程中容易集聚，因摩擦而产生的静电使纱线表面的毛羽增加，影响织造。因此，在调浆时需加入抗静电剂，以减少织造时纱线上静电的集聚。

（6）上浆时若浆槽内浆液起泡过多，液面实际高度下降。经纱在带有泡沫的浆液中通过时，会造成上浆量不足和上浆不匀，直接影响上浆效果及织造效率。因此，在调浆时若浆液容易起泡，需加入消泡剂来抑制泡沫的产生。

（四）浆料配比的确定

依据纱线的条件选择了浆料的组分以后，要进一步确定各组分在浆液配方中所占的比例，该比例主要是各种主浆料成分相对于水的用量比。而辅助浆料的用量主要是根据经验依照主浆料的用量确定。

浆料配比的确定形式：以主要黏着剂的用量为100，其他浆料的用量按比例配置；或者以调制一缸一定浓度的浆液所需各种浆料的重量进行配置。

浆液中各成分的配比目前还不能通过理论计算分析来精确地确定，受到浆料成分、纱线条件、浆纱设备等因素的影响。企业一般是依靠工艺技术人员的生产经验，并通过反复的试验来确定配比方案。企业也可以和高校和科研机构联合，利用其试验条件和深厚的理论功底，采用不同的试验方法进行浆纱配方的工艺优化。例如，采用正交试验设计法、旋转试验设计法等，通过试验找出浆液配方中各种主浆料相对于水的最佳比。

（五）浆液配方工艺实例

1. 常见织物的浆液配方

（1）纯棉织物的浆液配方。纯棉中粗特纱织物一般是以淀粉或变性淀粉作为主浆料，并配以适量的柔软剂。细特高密纯棉织物浆液的配方一般是以变性淀粉和PVA作为主浆料的混合浆，也可配以丙烯酸类浆料，并加入适量的辅助浆料。常见纯棉织物的浆液配方实例见表7-8。

由于PVA1799的浆膜强度较大，干分绞时易撕破浆膜，产生二次毛羽，而且调浆时较难溶解。若出现未完全溶解的PVA1799，容易形成浆块，烘干后形似刀片，织造时易割断邻纱。所以上述表格的配方中，可以用一定量的PVA205（聚合度为500，醇解度为88%±1%）替代部分PVA1799，以此来改善分纱性能。例如，JC9.8/9.8、551/551平纹织物的浆液配方为：PVA1799浆料37.5kg，PVA205浆料30kg，磷酸酯淀粉37.5kg，乳化油3kg，含固量为14%；上浆率15%~15.5%。

表7-8　纯棉织物的浆液配方实例

浆液组分/%	品种（经特/纬特、经密/纬密）						
	粗平布（32/32、252/244）	市布（28/28、236/228）	细平布（14/14、362/345）	府绸（14.5/14.5、523.5/283）	防羽布（J9.7/J9.7、551/551）	纱卡（J24.3/J24.3、523/228）	直贡（18/18、456/314）
变性淀粉/kg	100	100	100	100	100	100	100
PVA1799/kg	—	—	10	20	50	15	10
丙烯酸类/kg	—	—	—	10	10	10	5
乳化油/kg	2	2	2	4	4	2	2
2-萘酚/kg	0.4	0.2	0.2	0.4	0.4	0.4	0.2
上浆率/%	6~8	8~10	10~11	11~12	13~15	11~12	12~13

注　经特、纬特的单位为tex，经密、纬密的单位为根/10m。之后各表相同。

（2）涤/棉混纺织物的浆液配方。常见的涤/棉混纺织物的混纺比为65/35，这类织物的力学性能和服用性能较佳，现在市场上还出现了45/55、80/20、90/10等各种混纺比，但主流产品仍然是涤/棉65/35。涤/棉混纺织物一般选择含有羟基和酯基的浆料混合，如以变性淀粉和PVA为主浆料的混合浆，并配以丙烯酸类浆料。表7-9为涤/棉65/35织物浆液配方实例。

表7-9　涤/棉65/35织物浆液配方实例

浆液组分	品种（经特/纬特、经密/纬密）				
	细平布（13/13、377/342.5）	府绸（13/13、523.5/238）	防羽布（13/13、472/433）	纱卡（29/35、472/236）	府绸（13/13、433/299）
变性淀粉/kg	50~60	45~55	40~50	50~60	45~55
PVA1799/kg	20~30	25~35	40~60	20~30	25~35

续表

浆液组分	品种（经特/纬特、经密/纬密）				
	细平布 （13/13、377/342.5）	府绸 （13/13、523.5/238）	防羽布 （13/13、472/433）	纱卡 （29/35、472/236）	府绸 （13/13、433/299）
丙烯酸类/kg	15	15	20	10	15
乳化油/kg	2	4	2	4	2
2-萘酚/kg	0.2	0.2	0.2	0.2	0.2
上浆率/%	10~11	12~13	12~14	11~12	11~12

（3）涤纶短纤纱织物的浆液配方。涤纶短纤纱的表面有害毛羽较多，且较难服帖，上浆比混纺纱更困难。因此上浆主要使毛羽服帖，提高其耐磨性为主。涤纶含有酯基，浆液配方主要选用 PVA1799、PVA205 与丙烯酸酯类混合，为了减少 PVA 的用量，可加入淀粉醋酸酯来替代部分 PVA。涤纶短纤纱织物的浆液配方见表7-10。

表 7-10　涤纶短纤纱织物的浆液配方

浆液组分	织物品种（经特/纬特、经密/纬密）		
	细平布 （13/13、350/310）	装饰平布 （24/24、307/242）	府绸 （12.3/12.3、523/322）
醋酸酯淀粉/kg	20~30	20~30	15
PVA1799（PVA205）/kg	40~50	40~50	40~50（25）
丙烯酸酯类/kg	12~16（固体）	10~12（固体）	20
乳化油/kg	3~5	3~5	3~5
上浆率/%	10~12	8~10	12~13

（4）合纤长丝织物的浆液配方。无捻或低捻涤纶、锦纶长丝表面没有毛羽，上浆的主要目的是增加纤维的集束性，增强纤维之间的抱合力。浆料宜选用黏附性好、黏度较低的合成浆料，所以浆液组分采用低聚合度的 PVA205 与丙烯酸酯类混合，或是玻璃化温度较高的丙烯酸酯的共聚浆料。

由于上述纤维的静电严重，要加入抗静电剂。若用喷水织机织造，必须使用聚丙烯酸铵盐的专用浆料。长丝上浆率较短纤纱织物低。醋酯丝由于具有疏水性且不耐高温，宜用化学浆料，并采用与合纤长丝相似的上浆工艺。常见合纤长丝织物的浆液配方见表7-11。

表 7-11　合纤长丝织物的浆液配方

浆液组分	纤维类别			
	涤纶网络丝（低网络度）	锦纶丝	涤纶低弹丝	醋酯丝
丙烯酸酯类/kg	5~10	5~7	8~12	4~8

续表

浆液组分	纤维类别			
	涤纶网络丝（低网络度）	锦纶丝	涤纶低弹丝	醋酯丝
PVA205/kg		1~2	2~3	2~4
平滑剂/kg	0.4~0.6	0.5~0.8	0.4~0.6	0.4~0.6
抗静电剂/kg	0.1~0.3	0.1~0.3	0.1~0.2	0.1~0.3
上浆率/%	3~5	3~5	3~5	3~5

（5）黏胶短纤维纱织物的浆液配方。黏胶纤维纱的吸湿性强，吸浆性好，湿强低，湿伸长大，易塑性变性，不耐高温，表面毛羽多。上浆可采用羧甲基淀粉 CMS 与 PVA 和丙烯酸类混合，并加入柔软剂。黏胶短纤维纱织物的浆液配方见表 7-12。

表 7-12　黏胶短纤维纱织物的浆液配方

浆液组分	品种（经特/纬特、经密/纬密）		
	平布（19.5/19.5、263.5/263.5）	府绸（19/19、346.5/236）	牛仔布（18.2/18.2、512/276）
羧甲基淀粉/kg	20~30	60~70	50
PVA1799/kg	5~10	15~25	15
聚丙烯酰胺/kg			10
乳化油/kg		2	3
上浆率/%	4~5	8~10	5~6

（6）黏胶长丝织物的浆液配方。黏胶长丝的上浆不要求贴伏毛羽，而在于使纤维束中单纤维间的黏结作用增强，使纤维集束性好，增加其抱合能力。因此，黏胶长丝上浆应选择黏结性好、黏度低的浆料，配以适当的平滑剂及乳化剂等，一般是以动物胶作为主浆料，与 CMC 混合，或混以少量的 PVA。配方中加入柔软剂、吸湿剂和防腐剂等辅助浆料，动物胶的用量一般为 8~10kg，CMC 或 PVA 的量较少，一般为 2~3kg，柔软剂为 0.5~0.7kg，吸湿剂为 0.3~0.5kg，防腐剂 0.1~0.3kg。

（7）麻织物的浆液配方。麻织物主要为亚麻和苎麻织物。亚麻湿纺纱，表面毛羽较棉纱多而长，但较苎麻纱光洁。因此，浆料通常采用淀粉浆，适当加入柔软剂。干纺亚麻纱也可用类似配方，但要加强分解，高温上浆，加强浸透。

苎麻纱表面毛羽多而长，且毛羽刚性大，贴伏较困难。所以麻纱的上浆是以贴伏毛羽为主的被覆性上浆，若单独使用淀粉浆则不能满足要求，使用以淀粉为主的混合浆料也难以达到要求。上浆过轻，不足以贴伏毛羽；上浆过重，浆膜过厚，容易脱落，而且浆纱脆硬，使苎麻纱本来就很小的伸度损失。因此应采用以 PVA 为主的化学混合浆料，因为 PVA 黏着力强，成膜性与耐磨性好，可用较低的上浆率使毛羽贴伏，浆膜完整、耐磨。同时配以黏度较高的氧化淀粉和适量的丙烯酸类，或者降低高聚合度 PVA 的用量，加入适量的低聚合度 PVA，以此来改善 PVA 的分纱性能，保证浆膜完整，减少二次毛羽的产生。由于麻纱的伸长小，织造时易产生脆断，要求浆膜柔软坚韧有弹性，所以配方中需加入柔软剂和吸湿剂。苎麻纱上浆率较高，亚麻纱上浆率较低。

麻棉混纺织物，所用浆料与麻织物相同，只是根据混纺比例的不同，各成分的用量有差异。例如，27.8tex × 27.8tex、236 根/10cm × 236 根/10cm 平纹苎麻织物的浆液配方为 PVA1799 浆料 25kg，变性淀粉 25kg，聚丙烯酸 10kg，甘油 1.5kg，柔软剂 4kg，PVA205 浆料 10kg。

（8）毛织物的浆液配方。国内的毛织物上浆较少，因为毛纱主要以股线或强捻纱的形式进行织造。对于细特轻薄的毛织物，需采用上浆后的纱线织造。由于羊毛纤维结构的特殊性与本身含有油脂的特点，使得上浆过程中浆液对羊毛的浸透性较差，而且毛纱表面毛羽粗而长，毛羽卷曲且富有弹性。所以毛纱的上浆要考虑浆液的浸透与毛羽的帖服，选择 PVA 与变性淀粉作为主浆料，配以聚丙烯酰胺，还需加入浸透剂、柔软剂和抗静电剂。若不采用单独的上浆工艺，为防止高速整经时产生静电，并能满足无梭织机高速、高张力的织造要求，常在分条整经加工时对经纱进行上蜡或上合成浆料的乳化液，以代替浆纱。毛纱在整经过程中所用乳化液有乳化油、乳化蜡、合成浆料乳化液等。毛织物上浆配方实例见表 7-13。

表 7-13　毛织物浆液配方实例

纱线种类	浆液配方
精梳纯毛单纱	淀粉 65kg，动物胶 3.5kg，氯胺 T 0.13kg，水溶性蜡 0.6kg，甘油 3.5L，浸透剂 0.29kg，醋酸 3L，加水到 1000L
	PVA 35kg，柔软剂 5kg，醋酸 0.5L，加水到 1000L
	PVA 1799 45kg，变性淀粉 35kg，聚丙烯酸 12kg，CMC 5.5kg，柔软剂 1.5kg，抗静电剂 1kg
精梳纯毛股线	CMC 40kg，甘油 2L，醋酸 2L，加水到 1000L
	PVA 35kg，甘油 5L，醋酸 1L，加水到 1000L

注　表中醋酸的浓度为 30%，目的是调整浆液 pH 到中性。

毛纱用乳化液配方见表 7-14。

表 7-14　毛纱用乳化液配方实例

乳化液种类	配方
乳化油	水 96.74%，白油 2.4%，油酸 0.48%，三乙醇胺 0.15%
乳化蜡	水 86.8%，白蜡 5%，白油 5%，平平加 O2.5%，油酸 0.5%，三乙醇胺 0.25%，石炭酸 0.15%

乳化液种类	配方
毛纱用合成浆料乳化液	聚丙烯酰胺 5%，氟硅酸铵 5%，水 90%
毛混纺纱用合成浆料乳化液	聚丙烯酰胺 5%，氟硅酸铵 5%，氨水 5%，水 85%

2. 新型纤维织物的浆液配方

（1）大豆蛋白纤维织物的浆液配方。大豆蛋白纤维是采用聚乙烯醇和大豆蛋白复合纺丝而成，大豆蛋白纤维纱线表面毛羽较多，摩擦易产生静电。上浆的关键是贴伏毛羽，保持纱线伸长，减少织造过程中静电的集聚。浆液配方以 PVA 和丙烯酸类浆料为主，配以部分变性淀粉，并加入抗静电剂。

（2）天丝纤维织物的浆液配方。天丝为再生纤维素纤维，与黏胶相比，其具有干湿强度高，干湿强差异小，在水中收缩率小，尺寸稳定性好的优势，但吸湿膨润后有明显的原纤化特点，纱线表面毛羽较多，刚性大。所以天丝纱上浆主要是贴伏毛羽，保持纱线的弹性。浆料选择以变性淀粉与低聚合度的 PVA 作为主浆料，或配以丙烯酸类，并加入柔软剂。

（3）丽赛纤维织物的浆液配方。丽赛纤维是一种新型高湿模量的纤维素纤维，它既具有传统黏胶纤维较好的服用性能，又有优异的湿态强力，并有较好的耐碱性，可进行丝光处理。该纤维的结构、性能与天丝纤维比较接近。其上浆与黏胶纤维所不同的是可以用单浸双压，用碱性浆，因属纤维素纤维，所以主浆料应以淀粉或变性淀粉为主，配以低聚合度的 PVA、丙烯酸类浆料，并加入乳化油或蜡片。

（4）莫代尔纤维织物的浆液配方。莫代尔纤维是新一代的纤维素纤维，含有大量亲水性羟基，因此主浆料应选用变性淀粉为主，细特纱还需用 PVA 和丙烯浆。莫代尔纤维比电阻高，在纺织生产过程中易产生静电，使纱条发毛，断头增加。因此，在浆料配方中尚需加入少量的抗静电剂和平滑剂，使毛羽贴伏，纱线柔韧耐磨。

二、调浆工艺

（一）调浆方法

浆液的调制是将各种黏着剂和助剂在水中溶解、分散，最后调煮成均匀、稳定、符合上浆要求的浆液。浆液的调制方法对浆液的质量影响较大，即使选择了好的浆料，确定了合理的配方，但若调浆方法不合理，仍然不能得到满意的浆液。

浆液的调制方法视浆料的种类、配方及调浆设备而定。浆液的调制工作是在调浆桶内进行，调浆桶分为常压调浆桶和高压调浆桶。在常压调浆桶内的调浆为常压调浆，在高压调浆桶的调浆为高压调浆。

1. 常压调浆

常压调浆所用的调浆桶加料方便，有蒸汽加热和机械搅拌功能，调浆压力为常压，调浆桶价格低，保养维修方便，应用广泛。但是浆料的溶解速度较慢，调浆时间稍长。

2. 高压调浆

高压调浆所用的调浆桶的特点是利用高温高压煮浆，例如，C924 型调浆桶的温度可达到 132℃，最高工作压力为 0.2MPa。在这样的条件下，能够得到混合均匀、质量优良的浆液。若浆料为原淀粉，淀粉在高温和一定压力条件下热分解，可以少用或不用分解剂，加快浆料的溶解速度，缩短调浆时间。为了稳定与提高淀粉浆的质量，简化操作，多采用压力煮浆。

高压调浆又分为压力稍低的低压调浆（0.2MPa、118℃左右）和压力较高的高压煮浆（0.4MPa、130℃左右）。

常规的调浆方法主要有定浓法和定积法两种。定浓法一般用于纯淀粉浆的调制，将一定量的浆料，加水调制成以比重表示的一定浓度的溶液，一般采用加热至 50℃ 定浓的方法，浓度确定以后继续加热搅拌得到符合要求的浆液。定积法通常用于化学浆、变性浆及混合浆的调制，在水中投入规定质量的浆料，然后加水至一定体积，加热搅拌，形成浆液。

（二）调浆工艺实例

1. 助剂的准备

一般淀粉浆或化学浆的配方中要加入 2-萘酚、油脂、硅酸钠等助剂。在调浆之前，需先把助剂准备好，调至一定时间后加入淀粉。

（1）2-萘酚溶液的准备。将规定重量的 2-萘粉放入铜制或不锈钢制的容器中，再加入 2-萘酚重量的 25%~40% 的烧碱。若为固体烧碱，需先制成 30% 浓度的溶液。然后再加入适量的冷水，搅拌使 2-萘酚润湿，然后加热至完全溶解，用水稀释至 10~20 倍备用。

（2）油脂的准备。以乳化油为例，先将规定量的乳化油放入乳化桶，加入所需的乳化剂或烧碱，再加入占油脂重量 50% 的水，开动搅拌器烧煮 2h 即可使用。若柔软润滑剂为合成蜡或油剂，可在浆液基本调好时加入，不需其他准备。

（3）硅酸钠的准备。称取规定量的硅酸钠（35%、40°Bé）放入桶内，加水稀释，搅拌均匀即可备用。

2. 淀粉浆液的调制

普通淀粉浆调制时，首先称取定量的干淀粉，将其投入调浆桶，并加入一定量的水进行搅拌。搅拌均匀后加入准备好的 2-萘酚溶液，再搅拌片刻后进行 pH 的校正，使 pH 为 7，然后开蒸汽加热到 50℃（定浓温度），焖浆 15min 后校正至规定浓度。继续对浆液进行加热，至温度为 60℃ 时，加入一定量准备好的分解剂硅酸钠，立刻加热升温，以加速糊化过程。当升温至 65℃ 时，可加入准备好的油脂，再继续加热至沸腾后，焖煮 30min 即可作为熟浆供应。若浆液需作为半熟浆供应，则将加入油脂后的浆液加热到 80~85℃，焖一定时间后供浆。

3. 混合浆的调制

目前对于混合浆的调制，多实行定积式快速一步法调浆。如调制 PVA 和变性淀粉混合浆时采用以下步骤：在高速调浆桶中放入调浆所需的 40% 的水，开动搅拌器，边加水，边投入淀粉或变性淀粉，再徐徐倒入 PVA，待体积达到规定体积的 75%~80% 后停止加水。开蒸汽升温到 60℃，投入柔软剂或乳化油、丙烯酸类浆料等，然后升温至（63±1）℃，保温溶胀 15~30min 后，开蒸汽高温烧煮，待浆液均匀煮透，再加入防腐剂、定积、定黏度、定 pH 等

115

待用。

4. 浆液调制时应注意的问题

（1）应使用经检验合格的浆料。不合格或由于存放不当造成变质的浆料不能使用，对助剂的处理如油脂的乳化、烧碱定浓等也要严格要求；要严格按照配方要求的比例，先将上浆材料分组称量放置。

（2）做好调浆前的预处理。特别是对不溶于水的助剂，一定要提前溶解于溶剂中，供调浆时使用。

（3）调浆必须做到"六定"，即定投料质量、定调浆体积（或浓度）、定温度、定黏度、定 pH、定时间，这样才能保证浆液中各种浆料的含量及调浆量符合工艺要求，各种浆料在最适合的时间参与混合，达到应有的调浆效果。

三、上浆工艺

要达到好的浆纱质量要求，除了有合理的浆液配方和正确的调浆以外，上浆过程的各项工艺也必须能够适应不同纱线和浆料的需求。上浆工艺内容包括浆纱机类型（浆槽数）、浸压形式、压浆辊压力（高速压力、低速压力）、浆纱速度、浆液温度、烘筒温度等。

一般浆纱机的车速为 30~50m/min，压浆辊上单位压浆力为 20N/cm 左右，最高为 35N/cm。浆纱出浆槽时的压出回潮率一般为 130%~150%，而织造工序要求出烘房时的回潮率一般纱线为 2%~7%，个别纱线如苎麻、黏胶的回潮率由于其公定回潮率较大而达到 10%~13%。高压上浆的压浆力可以达到 97~194N/cm（折合到 200cm 工作幅宽浆纱机的总压浆力为 19.4~38.8kN），压出回潮率一般小于 100%，浆纱机的车速可以达到 40~80m/min。

（一）上浆工艺选择

1. 浆槽的选择

随着织物品种的多样化发展，织造难度和经纱的上浆难度也在不断提高。经纱密度高、头份多的品种，若使用单浆槽，由于浆纱覆盖系数过高，达不到所需要的上浆率，必须采用双浆槽。中低压上浆时，浆纱的覆盖系数以不超过 50% 为宜；高压上浆时，若含固率较高（如 13.4%），覆盖系数以不超过 50% 为宜；若含固率不高（如 9.7%），覆盖系数以不超过 70% 为宜。在上述条件下，若上浆率基本能够达到要求，可以选择单浆槽。若达不到上浆率的要求，应该采用双浆槽。否则，除了上浆率大小达不到要求外，由于经纱头份过多，排列重叠，还会造成上浆不匀，经纱张力不匀。

2. 浸压次数及压浆力的选择

（1）浸压次数。经密较低、头份较少的纯棉品种，在老式浆纱机上可以采用单浸单压或单浸双压，基本能够满足上浆的要求。对于细特高密品种，尤其是疏水性纤维的上浆，在高速浆纱机上，为了达到浸透的要求，必须采用双浸双压甚至双浸四压，才能解决高速条件下浸浆时间短，浸润不足的问题。

（2）压浆力。压浆力的大小取决于压浆辊自重与加压重量，依据纱线的种类确定，高经密织物纱、强捻纱、粗特纱的压浆力较大；反之压浆力应较小。若浆槽内纱线的浸压方式为双浸双压，则两对压浆辊的压力也有区别。

一般所说的新型浆纱机 40kN 的压浆力，是指浆纱机在额定速度 100m/min 时的额定压浆力，当浆纱速度为 50m/min 时，由无级调压装置使压浆力降至 20~25kN。因为上浆辊的带浆量在车速差别较大时有明显的区别，所以为保持压出加重率均匀一致，保证稳定的上浆率，压浆力应随车速的变化做相应地改变。高压上浆要采用线性加压，使压浆力随车速的上升而增大。

普通浆纱机或一般品种采用的压浆力为两种模式切换即可以满足上浆要求，即车速 10m/min 及以下采用一种压浆力，而车速在 10m/min 以上采用另一种压浆力。

在浆高难度品种时，须采用高压浆力。例如，当车速在 60m/min 及以上时，高压上浆的压浆力配置可以为第一对压浆辊压力用 16kN，第二对压浆辊的压力用 22kN。一般品种可采用较低的压浆力，第一对压浆辊的压力用 8kN，第二对压浆辊压力用 15kN。

不同细度纱线适宜的压浆力范围见表 7-15。

表 7-15　不同细度纱线适宜的压浆力范围

细度		压浆力			
线密度/tex	英支	N/cm	kgf/cm	kN	t
29.2 以上	20 以下	137~167	14~17	19.6~24.5	2.0~2.5
19.4	30	98~137	10~14	14.7~19.6	1.5~2.0
14.6 以下	40 以上	78~98	8~10	11.8~14.7	1.2~1.5

压浆力除了与纱线和织物种类有关外，在确定压浆力时还应考虑浆液的含固量与上浆率等因素，常见压浆力与浆液含固量和上浆率的关系见表 7-16。

表 7-16　压浆力与浆液含固量和上浆率的关系

含固量/%	压浆力/kN										
	5.88	6.86	7.84	8.82	9.8	10.87	11.76	12.74	13.72	14.7	19.6
	压出回潮率/%										
	125	123	120	112	110	106	104	101	98	96	90
	上浆率/%										
7.0	8.8	8.6	8.4	7.8	7.7	7.4	7.3	7.1	6.9	6.7	6.3
7.5	9.4	9.2	9.0	8.4	8.3	8.0	7.8	7.6	7.4	7.2	6.8
7.8	9.8	9.6	9.4	8.7	8.6	8.3	8.1	7.9	7.6	7.5	7.0
8.0	10.0	9.8	9.6	9.0	8.8	8.5	8.3	8.1	7.8	7.7	7.2
8.2	10.3	10.1	9.8	9.2	9.0	8.7	8.5	8.3	8.0	7.9	7.4

含固量/%	压浆力/kN										
	5.88	6.86	7.84	8.82	9.8	10.87	11.76	12.74	13.72	14.7	19.6
	压出回潮率/%										
	125	123	120	112	110	106	104	101	98	96	90
	上浆率/%										
8.4	10.5	10.3	10.1	9.4	9.2	8.9	8.7	8.5	8.2	8.1	7.6
8.6	10.8	10.6	10.3	9.6	9.5	9.1	8.9	8.7	8.4	8.3	7.7
8.8	11.0	10.8	10.6	9.9	9.7	9.3	9.2	8.9	8.6	8.4	7.9
9.0	11.3	11.1	10.8	10.1	9.9	9.5	9.4	9.1	8.8	8.6	8.1
9.2	11.5	11.3	11.0	10.3	10.1	9.8	9.6	9.3	9.0	8.8	8.3
9.5	11.9	11.7	11.4	10.6	10.5	10.1	9.9	9.6	9.3	9.1	8.6
10.0	12.5	12.3	12.0	11.2	11.0	10.6	10.7	10.1	9.8	9.6	9.0
10.5	13.1	12.9	12.6	11.8	11.6	11.1	10.9	10.6	10.3	10.1	9.5
11.0	13.8	13.5	13.2	12.3	12.1	11.7	11.4	11.1	10.8	10.6	9.9
11.5	14.4	14.1	13.8	12.9	12.7	12.2	12.0	11.6	11.3	11.0	10.4
12.0	15.0	14.8	14.4	13.4	13.2	12.7	12.5	12.1	11.8	11.5	10.8
12.5	15.6	15.4	15.0	14.0	14.8	13.3	13.0	12.6	12.3	12.0	11.3
13.0	16.3	16.0	15.6	14.6	14.3	13.8	13.5	13.1	12.7	12.5	11.7
13.5	16.9	16.6	16.2	15.1	14.9	14.3	14.0	13.6	13.2	13.0	12.2
14.0	17.5	17.2	16.8	15.7	15.4	14.8	14.6	14.1	13.7	13.4	12.6

3. 浆液温度的确定

在调浆工艺中对浆液的温度已有所介绍，在此主要介绍常见织物中不同品种对浆液温度的要求。由于温度的高低直接影响浆液的黏度及浆液对经纱的浸透与被覆程度，所以浆液的温度必须根据纤维的种类来确定。

（1）纯棉织物。由于棉纤维表面附着有棉蜡，低温下会阻碍浆液的浸透，而棉蜡需在75℃左右的条件下溶解，所以棉纤维纱上浆需要高温条件。一般浆纱机过去均采用不低于98℃的浆液温度。新型浆纱机车速快，多采用双浆槽，压浆力比较大，浸透条件好，所以浆液温度低于98℃也可满足上浆要求。

天然彩棉织物中纤维表面的蜡质含量高于白棉，所以浆液温度较白棉高一些。

（2）涤/棉、涤/黏混纺织物。涤/棉高比例混纺、涤/黏混纺织物采用PVA混合浆时，为减少浆液的结皮和浆斑，可以采用低温上浆的方式，浆液温度一般比纯棉低。

（3）纯涤纶织物。纯涤纶短纤纱在采用PVA为主的浆料时，浆液温度可以较低。涤纶低弹丝采用丙烯酸类为主浆料时，浆液温度比PVA浆稍高。

（4）黏胶织物。黏胶纤维、羊毛纤维在高温、湿态条件下，强力下降较多，所以浆液温度不宜太高。而黏胶纱一般都采用淀粉与CMC混合浆，浆液温度不能过低，一般较棉稍低。

表7-17为日本津田驹浆纱机常用浆液温度。此表的数值为参考值，因为浆纱所用的浆料及浆纱机的性能的不同，会使浆液温度有差异。

表7-17　日本津田驹浆纱机常用浆液温度

纱线种类	温度范围/℃	纱线种类	温度范围/℃
棉纱	92~95	纯涤纶纱	70~85
涤/棉纱	88~92	纯黏胶纱	80~90
涤/黏纱	70~85	羊毛纱	80~88

4. 浆纱回潮率与烘筒温度

烘筒温度的高低直接影响浆纱回潮率，而决定浆纱回潮率的因素是纱线的公定回潮率及织造车间的温湿度条件。常见纱线的公定回潮率及相应的浆纱回潮率见表7-18。一般标准为棉和黏胶短纤纱的浆纱回潮率比公定回潮率低1.5%~2%，纯涤纶纱的浆纱回潮率比公定回潮率高0.5%，涤棉混纺纱的浆纱回潮率比公定回潮率低0.5%比较合适。

表7-18　常见纱线的公定回潮率及相应的浆纱回潮率

纱线种类	公定回潮率/%	浆纱回潮率/%
棉纱	8.5	7±0.5
涤/棉纱（65/35）	3.2	2~4
纯涤纶纱	0.4	1.0
黏胶纱	13	10±0.5
腈纶纱	2.0	2.0
苎麻纱	13	10
锦纶	4.5	2.0

注　纱的公定回潮率根据纤维的公定回潮率按比例计算得出。

依据纱线的回潮率要求来确定烘房的温度，目前较多采用的是全烘筒式浆纱机，所以烘房的温度主要指各组烘筒的温度。由于新型浆纱机均为双浆槽多烘筒结构，烘筒分为预烘和合并烘两部分。预烘烘筒的温度一般较高，因为预烘部分浆纱的回潮率较大，烘筒温度偏低时，聚四氟乙烯防黏涂层的防黏作用差，纱线与烘筒容易粘连。合并烘筒完成纱线的最后烘干，以达到工艺要求的回潮率。所以合并烘筒的温度由浆纱机回潮率自动检测装置测试信号的反馈自动控制。表 7-19 为津田驹和 GA308 型双浆槽浆纱机烘筒温度参考值。

表 7-19　津田驹和 GA308 型双浆槽浆纱机烘筒温度参考值

纱线种类	预烘烘筒温度/℃		合并烘筒温度/℃	
	津田驹	GA308	津田驹	GA308
棉纱	130	135	110	130
涤/棉纱	130	125	115	120
涤/黏纱	110	125	105	110
纯涤纶纱	110	120	105	110
纯黏胶纱	110	125	105	120
羊毛纱	105		100	
棉/黏纱		130		120

5. 浆纱速度

浆纱速度的大小依据纱线种类和设备条件而定，浆纱速度的大小直接影响浆纱的质量。当纱线种类、烘燥装置的烘燥能力、回潮率等条件确定的情况下，浆纱速度的最大值可由下式确定：

$$v_{\max} = \frac{G \times (1 + W_g) \times 10^6}{60 \times \text{Tt} \times m \times (1 + S) \times (W_0 - W_1)} \qquad (7-22)$$

式中：$v_{\max}$——浆纱速度，m/min；

$\quad G$——烘燥装置的最大蒸发能力，kg/h；

$\quad W_g$——原纱公定回潮率；

$\quad \text{Tt}$——经纱线密度，tex；

$\quad m$——总经根数；

$\quad S$——上浆率；

$\quad W_0$——浆纱压出回潮率；

$\quad W_1$——浆纱工艺回潮率。

普通浆纱机生产中正常的浆纱速度一般在 30～60m/min；高压上浆的浆纱机，由于压出回潮率较小，浆纱速度最大可以开到 80m/min。

(二) 常见织物上浆工艺实例

1. 14.6/14.6tex、393.7/307 根/10cm 纯棉平纹织物

浆液配方为 PVA1799、PVA205 与变性淀粉的混合浆，助剂为柔软润滑剂。

浆纱工艺：浆液含固率 9% 左右，上浆率 11% 左右，浆纱机为 GA308 型双浆槽浆纱机，浆纱车速 50m/min 时，压浆力为 18～20kN，浆槽温度为 95℃，浆纱回潮率为 6.5% 左右。

2. CJ9.7/9.7tex、582/519 根/10cm 平纹防羽布

浆液配方为PVA、变性淀粉与聚丙烯酸类浆料的混合浆，助剂为油剂。

浆纱工艺：浆液含固率14.5%，上浆率12.5%～13.5%，浆纱机为中国台湾大雅双浆槽浆纱机，浆纱车速45m/min，第一压浆辊压浆力为22.6kN，浆槽温度95℃，浆纱回潮率为6.5%左右。

3. 58.3/58.3tex、252/157 根/10cm 纯棉斜纹织物

浆液配方为PVA与变性淀粉的混合浆，助剂为乳化油。

浆纱工艺：浆液含固率9.5%，上浆率10%～10.5%，浆纱机为GA308型双浆槽浆纱机，浆纱车速60m/min，压浆力为20～30kN，浆槽温度95℃左右，浆纱回潮率为6.5%左右。

4. 涤/棉65/35、13/13tex、522/238 根/10cm 斜纹织物

浆液配方为PVA与变性淀粉的混合浆，助剂为柔软润滑剂和防腐剂。

浆纱工艺：浆液含固率10.5%，上浆率11.8%，浆纱机为祖克S432型双浆槽浆纱机，浆纱车速45～50m/min，第一压浆辊压浆力为8kN，第二压浆辊压浆力为19kN，浆槽温度95℃，浆纱回潮率为2.5%左右。

5. JC11.8/11.8tex、590.5/338.5 根/10cm 纯棉直贡

浆液配方为PVA1799、PVA205、变性淀粉与丙烯酸类的混合浆，助剂为柔软润滑剂和防腐剂。

浆纱工艺：浆液含固率14%，上浆率14.5%，浆纱机为贝宁格双浆槽浆纱机，浆纱车速60m/min，第一压浆辊压力为12kN，第二压浆辊压浆力为17kN，浆槽温度92～94℃，浆纱回潮率为6.5%左右。

（三）新型纤维织物浆纱工艺要求

1. 大豆蛋白纤维织物

大豆蛋白纤维有许多优良性能，但纤维的耐热性差，易收缩，有一定的静电。所以上浆过程中浆液温度宜控制在90℃左右，烘筒温度也比棉织物低，预烘烘筒的温度为110℃，合并烘筒的温度为100～105℃，避免高温使纱线发脆，损伤其强力。浆纱回潮率不宜超过6%。

2. 竹纤维织物

竹纤维吸、放湿快，易吸浆，易烘燥，吸湿后相对滑移大，湿强明显降低，伸长大，热收缩率高。因此，上浆过程中，浆纱工艺应保证轻张力、小伸长、低温度、低黏度、轻加压，以被覆为主、渗透为辅，浆液温度在85～90℃，浆纱回潮率为8%～9%，预烘烘筒的温度约为110℃，合并烘筒的温度约为100℃。

3. 天丝织物

天丝具有干湿强度高、干湿强差异小、初始模量高、水中的收缩率小、尺寸稳定等优点。浆纱的增强应该不是主要问题，浸透自然应该减少。但是天丝具有吸水膨胀及原纤化缺点，遇水后横向膨胀率较高，在浆槽中纱线遇水膨胀后，使纱线之间排列密度增大，纱线的吸浆条件降低，毛羽不能很好地贴伏。即使毛羽贴伏了，如果浆液浸透少，则浆膜的附着基础差，在织造时经不起过多的摩擦，浆膜容易脱落。所以天丝上浆要浸透与被覆并重，可采用单浸双压或双浸双压，增加浆液的浸透性可使浆膜有良好的附着基础，增加其耐磨性，减少原纤化产生。浆液温度不宜过低，浆纱回潮率控制在9%左右。

第四节 穿结经工艺

穿经是根据织物规格、结构与织造工艺要求，将浆轴上的各根经纱按一定规律依次穿过经停片、综丝和钢筘。穿经工序的主要工艺参数有经停片规格、经停片列数、经停片穿法、综丝规格、综丝列数、综框页数、穿综方法、筘号、筘幅、地组织穿法、边组织穿法等。

结经是把新织轴上的经纱和带有经停片、综丝和钢筘的了机经纱逐根进行打结、然后把新经纱按原来的穿经顺序拉过经停片、综丝和钢筘，完成穿经任务。这种方法只能用在不改变织物品种的生产中，而且在经停片、综丝和钢筘质量优良或经停片、综丝和钢筘不需要维修时使用。

一、经停片与穿经工艺

经停片是织机断经自停装置的传感元件。当经纱断头时，经停片下落，通过机械式或电气式断经自停装置，发动织机停车。同时，经停片能使织机机后经纱分隔清楚，减少经纱的相互粘连。国产有梭织机通常使用机械式断经自停装置，无梭织机则使用电气式断经自停装置。

（一）经停片的结构与规格

经停片由钢片制成，外形如图7-5所示。

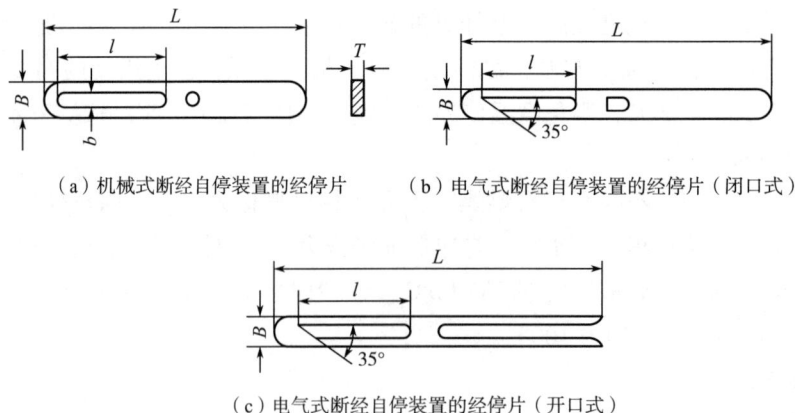

（a）机械式断经自停装置的经停片　　　（b）电气式断经自停装置的经停片（闭口式）

（c）电气式断经自停装置的经停片（开口式）

图7-5 经停片外形图

目前使用的经停片分开口式和闭口式两种。若用闭口式经停片，穿经时用穿综钩将经纱引过经停片中部的孔眼；开口式经停片可直接在织机上插放，使用比较方便，了机时可卸下经停片与经停杆，继续织造，因此可节约回丝。

机械式断经自停装置的经停片的厚度有 0.1mm、0.2mm、0.25mm、0.3mm、0.4mm 五种，长度有 80mm、120mm 两种，每种的重量也不相同。电气式断经自停装置的经停片的厚度有 0.15mm、0.2mm、0.3mm、0.4mm、0.5mm、0.65mm、0.8mm、1.0mm 等。棉织生产中，常采用厚度为 0.2mm、0.3mm 的经停片。

经停片的尺寸、形状和重量应根据纤维原料、纱线线密度、织机形式和织机车速等因素而定。一般纱线线密度大、车速快，选用较重的经停片；反之，则用较轻的经停片。毛织用经停片较重，丝织用的经停片较轻。长时间、大批量生产的织物品种一般用闭口式经停片；经常翻改品种，批量较小的品种可采用开口式经停片。

（二）经停片的排列密度与列数

每根经停杆上经停片的排列密度不可太大，否则，经停片之间相互摩擦，相互影响，当经纱断头后，经停片的下落运动不灵敏，造成织机停车不及时，增加疵点。

经停片的排列密度可用下式计算：

$$P = \frac{M}{m \times (B + 1)} \quad\quad\quad (7-23)$$

式中：P——经停片排列密度，片/cm；

M——总经根数；

m——经停杆排数，通常为 4 或 6；

B——综框上综丝的上机宽度，cm。

经停片在经停杆上的最大允许密度与经停片厚度有关，而经停片的厚度又取决于经纱线密度。经纱线密度越大，选用经停片厚度越大，每根经停杆上经停片最大排列密度越小。

棉织生产中，每根经停杆上经停片最大排列密度与纱线线密度的关系见表 7-20。

表 7-20　经停片最大排列密度与纱线线密度的关系

经停片最大排列 密度/（片/cm）	8~10	12~13	13~14	14~16
纱线线密度/tex	48 以上	42~21	19~11.5	11 以下

当经停片排列密度超过其最大排列密度时，应增加经停片列数。一般有梭织机采用四列，无梭织机采用六列甚至八列经停片，其排列密度均能满足要求。如果超出其最大排列密度，还可改用较薄型经停片（如 0.3mm 改为 0.2mm）。

（三）经停片穿法

纱线穿入经停片的顺序根据织物品种确定。一般品种采用顺穿，即 1、2、3、4；也有采用飞穿法，即 1、3、2、4。细特高密品种采用并列顺穿，即 1、1、2、2、3、3、4、4；或 1、2、3、4、3、4、1、2。

在无梭织机的运转中，有时为避免在同一根经停杆上的经停片同时上下剧烈跳动，防止积花、断头，可按以下原则配置经停片列数：当地组织综框数为偶数时，经停片列数可配为奇数（即按奇数穿经停片）；当地组织综框数为奇数时，经停片列数可配为偶数（即按偶数穿经停片）。这样可保证同页综上的经纱分穿在不同列经停片上，防止提综时经停片同步跳动。若是经密较大的织物，地组织综框为偶数，经停片列数又不宜穿奇数，那么也可用改变经停片穿法来解决。如图7-6所示，经停片"顺穿逢10空1"，即1、2、3、4、5、6、7、8、9、10连续顺穿10片，然后空穿1片（图中"0"），再1、2、3、4、5、6、7、8、9、10连续顺穿10片，再空穿一片。依此类推，可大大减少经停片同步跳动的概率。

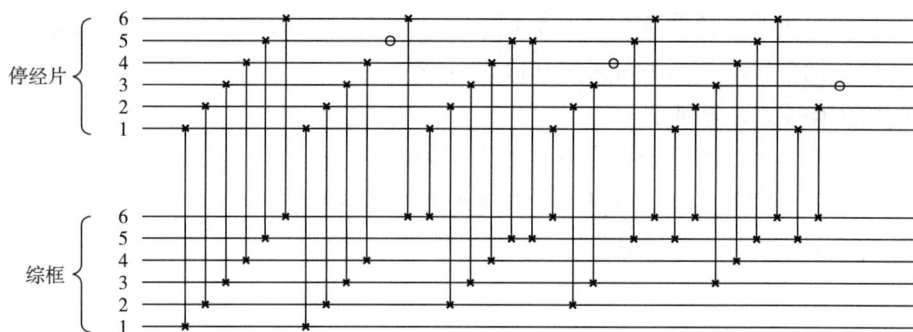

图 7-6　改变经停片穿法解决同步跳动

二、综框、综丝与穿经工艺

（一）综框

综框是织机开口机构的一个组成部分。经纱在综框的带动下按一定的沉浮规律形成梭口，以便与纬纱交织成所需的织物组织。常见的综框均为金属综框。综框有单列式和复列式两种形式，单列式每页综框只悬挂一列综丝，复列式则悬挂2~4列综丝，用于高经密织物的加工。

综框宽度是指左右综横头外缘的间距，由织机的筘幅确定。综框宽度与织机筘幅的关系见表7-21。

综框高度是指上下两根金属管的外侧间距，它取决于综丝长度。

表 7-21　综框宽度与织机筘幅的关系

织机公称筘幅/cm	127	142	160	190
综框宽度/mm	1254	1406	1586	1877
综丝铁梗长度/mm	1270	1420	1500	1891

（二）综丝与穿经工艺

目前织机上一般使用金属综丝，金属综丝有钢丝综和钢片综两种。钢丝综通常由两根细钢丝焊合而成，两头呈环形，称为综耳，中间有综眼，综眼平面与上下综耳平面成45°夹角，以利于经纱通过。钢片综用薄钢片制成，与钢丝综不同的是钢片综比较耐用，综眼形状为四角圆滑过渡的长方形，因而对经纱的磨损大大减小。钢片综比较薄，排列密度可较大。综丝长度是指综丝两端综耳最外侧的距离。棉织生产中常用的综丝长度有 260mm、267mm、280mm、300mm、305mm、330mm、343mm、355mm、380mm 等。其中踏盘织机常用综丝长度有 260mm、267mm、280mm 和 300mm，多臂织机常用 305mm、330mm 的长综丝。

钢丝综的粗细用直径和综丝号数（S. W. G）表示。综丝粗细根据经纱的直径而定，细特纱用的综丝直径细，反之则粗。棉织生产中，钢丝综直径与棉纱线密度的关系见表 7-22。

表 7-22 钢丝综直径与棉纱线密度的关系

纱线线密度/tex	14. 5~7	19~14. 5	36~19
综丝号数/（S. W. G）	28	27	26
综丝直径/mm	0. 35	0. 40	0. 45

综丝在综丝杆上的排列密度可按下式计算：

$$P = \frac{M}{B \times n} \tag{7-24}$$

式中：P——综丝排列密度，根/cm；

M——总经根数；

n——综丝列数；

B——综框上综丝的上机宽度，cm，B=上机筘幅+2cm。

综丝在综丝杆上的排列密度不可超过最大允许密度，否则会加剧综丝对经纱的摩擦，增加经纱断头次数。棉织生产中，钢丝综的最大排列密度与棉纱线密度的关系见表 7-23。

表 7-23 钢丝综的最大排列密度与棉纱线密度的关系

纱线线密度/tex	36~19	19~14. 5	14. 5~7
钢丝综最大排列密度/（根/cm）	4~10	10~12	12~14

无梭织机一般使用钢片综。钢片综的长度、截面尺寸、最大排列密度的选择原则与钢丝综相同。棉织生产中，瑞士 Grob 钢片综的选择见表 7-24。

表 7-24 瑞士 Grob 钢片综的选择

综片截面积/mm	综眼尺寸/mm	上下两耳环顶端间距离/mm					适用纱线细度/tex	最大排列密度/（根/cm）	
								直式	复式
1. 8×0. 25	5×1. 0	260	280	300	330		14. 5	16	24
2×0. 30	5. 5×1. 2		280	300	330		29	12	20

续表

综片截面积/mm	综眼尺寸/mm	上下两耳环顶端间距离/mm					适用纱线细度/tex	最大排列密度/（根/cm）	
								直式	复式
2.3×0.35	6×1.5		280	300	330	380	420	58	10	17
2.6×0.40	6.5×1.8		280	300	330	380		72	9	14

织造高经密织物时，如果计算综丝排列密度超过最大排列密度的允许值，应增加综框页数或综框上的综丝列数。

穿综方法应根据织物的组织、原料、密度、操作来定。由于织物组织的变化多种多样，因而穿综方法也各不相同。

穿综的原则是：一般把交织规律相同的经纱穿入同一页综片中，也可穿入不同的综页（列），而交织规律不同的经纱必须穿入不同的综页内。

三、钢筘与穿经工艺

织物形成过程中，钢筘将每一根纬纱推向织口，与经纱完成交织，并决定经纬纱的排列密度和织物幅宽。有梭织机上，钢筘还作为梭子飞行的依托，对梭子飞行稳定性产生很大的影响。喷气织机普遍采用异形（风道）筘，由筘片构成的凹槽作为引纬气流和纬纱飞行的通道。

（一）钢筘的分类与规格

1. 钢筘的分类

钢筘由筘片编扎而成，根据制作方法不同，可分为胶合筘和焊接筘两种。焊接筘比较坚牢，因此无梭织机上通常使用焊接筘。

2. 钢筘的规格

钢筘的筘齿密度以筘号表示。公制筘号是指 10cm 长度钢筘内的筘齿数；英制筘号是指每 2 英寸长度内的筘齿数。公制筘号可按下式计算：

$$N = \frac{P_j \times (1 - a_w)}{b} \tag{7-25}$$

式中：N——公制筘号；

P_j——经纱密度，根/10cm；

a_w——纬纱织缩率；

b——每筘齿中穿入的经纱根数。

（二）钢筘与穿经工艺

每筘齿中穿入经纱数影响织物的外观和经纱断头率。

每筘齿内经纱穿入数的多少，应根据织物的经纱密度、织物组织、对坯布的要求和织造条件而定。同一种织物，采用小的穿入数会使筘号增大，筘齿稠密，虽有利于经纱均匀分布但会增加筘片与经纱之间的摩擦而增加断头。采用大的穿入数，则筘号减小，筘齿稀疏，对经纱摩擦较小，但经纱分布不匀，筘路明显，影响织物外观质量。

实践证明，本色棉织物每筘穿入数一般为 2~4 入，在选择每筘穿入数时，一般经密大的织物，穿入数可以大一些；色织布和直接销售的坯布，穿入数可以小一些；需经过后处理的经物，穿入数可以大一些。此外，还应注意穿筘数应尽可能等于其组织循环经纱数或是组织循环经纱数的约数或倍数。

一般密度的平纹织物织造时每筘齿穿 2 入；高经密平纹织物织造时每筘齿穿 4 入；三页斜纹每筘齿穿 3 入；四页斜纹每筘齿穿 4 入；五枚经面缎纹每筘齿穿 3 入或 4 入，五枚纬面缎纹每筘齿穿 2 入或 3 入，麻纱穿 3 入。

本色棉布每筘穿入数见表 7-25。

表 7-25　本色棉布每筘穿入数

布别	穿入数	布别	穿入数
平布	2 入、4 入	直贡	3 入、4 入
府绸	2 入、4 入	横贡	2 入、3 入
三页斜纹	3 入	麻纱	3 入

小花纹织物、经二重织物、双层织物、毛织物、丝织物等，每筘穿入数可大一些，可达 4~6 入。

在经纱穿筘中，还需考虑某些织物结构的特殊要求，如织造稀密条织物或突出织物上的纵条纹，透孔等效应，需采用不均匀穿筘，或在穿一定筘齿后，空一个或几个筘齿不穿，称为空筘。

棉织生产中常用筘号为 80~200，一般取整数，特殊情况可取小数 0.5，小数的取舍规定为：0.31~0.69 取 0.5，0.3 以下舍去，0.7 以上取 1。

钢筘的内侧高度由梭口高度决定，必须比经纱在筘齿处的开口高度大，筘的全高有 115mm、120mm、125mm、130mm 和 140mm 五种。棉织物常用 115mm 高的钢筘，双踏盘开口采用 120mm 高的钢筘。

在棉织生产中，普通钢筘的筘片宽度常采用 2.5mm 和 2.7mm 两种。筘片的厚度随筘号而异，筘号越大，筘齿越密，筘片越薄，反之则筘片较厚。常用的筘片厚度与筘号对照表见表 7-26。

表 7-26　常用筘片厚度与筘号对照表

公制筘号	110	118	126	134	141.5	149.5	157.5	165	173	181
英制筘号	56	60	64	68	72	76	80	84	88	92
筘片厚度/mm	0.43	0.4	0.38	0.36	0.34	0.32	0.30	0.28	0.27	0.26

目前，穿经工序已经逐渐由自动穿经代替传统的人工穿经。自动穿经是由计算机控制的

全自动设备，配备主动经纱控制装置，通过先进的技术控制和监控每一根经纱，可大幅提高穿经效率和生产力，一台机器最多可替代15位工人，并可实现无错误穿经。

四、结经

目前，自动结经机已得到了广泛应用。自动结经机也是用机械操作代替手工操作的一种穿经机械（图7-7）。

图7-7　TS/2自动结经机

（一）固定使用法

将自动结经机安放在穿结经车间进行结经工作的方法，称为固定使用法。此时应配备固定机架。

当织机了机时，在织口的前方割下宽3~4cm长的布条，同时在织轴一方割下长70~100cm的了机纱尾。连同纱尾卸下钢筘、综框和经停片，送往穿经车间。值车工将了机钢筘、综框和经停片分别安置在固定机架座上，将了机纱尾夹持在活动机架的上纱架上；再将准备上机的织轴安放在织轴架上，其纱头夹持在活动机架的下纱架上，这时了机纱尾和上机纱头在活动机架上形成上下平行的两层纱片。接着，打结机头进行打结，每打好一个结头，机头步进一次。全部经纱对接完毕后，对经纱片进行整理，再由卷纱辊卷取了机经纱，使结头平稳通过经停片、综丝眼和钢筘，完成穿经工作。最后，把穿好经的织轴连同经停片、综框和钢筘一起送到布机车间上机织造。

固定使用法有以下两个优点。

（1）管理方便，生产率高，每小时可打结24000个。

（2）每台自动结经机可配备两个固定机架，当结经机在一个机架上打结时，另一个机架便可进行了机经纱的整理工作，提高了打结机头的利用率。

但该方法增加了织机的了机工作量，且不适合多页综的复杂组织织物。

（二）活动使用法

将自动结经机的打结机头运往布机车间，在布机车间内，由自动结经机直接在织机上结经的方法，称为活动使用法。

结经时不需要固定机架，也不需将经停片、综框和钢筘卸下。操作时，首先使织机处于平综状态，在织机后梁处割断了机经纱，卸下旧织轴，装上新织轴，最后由结经机直接在织机上对了机纱尾和上机纱头进行梳理、打结、整理等工作。结经完毕即可开车织造。

活动使用法有以下几个优点。

（1）能适应多页综的复杂组织和提花组织织物。

（2）减少了了机工作量，可提高织造效率。

（3）避免了因运输和上机过程对经纱的损伤。

（4）减少了经停片、综框和钢筘的储备量。

但是结经机停台、等待时间增加，打结速度较慢，影响工作效率。

第五节　织造工艺

经纬纱在织机上相互交织形成织物，此过程称为织造。织机工作性能、设备状态、织造工艺参数的设置与配合直接影响织物质量与织造生产效率。

一、剑杆织机织造工艺

剑杆引纬以剑杆头作为引纬器夹持纬纱，利用剑杆的往复运动将纬纱引入并使之穿越梭口，使经纬纱交织成织物。剑杆引纬的特点是：不仅纬纱在引纬中受到剑杆的积极控制，携带纬纱的剑杆的运动也受到引纬机构的积极控制。因此，剑杆织机引纬稳定可靠，并能减少织物纬缩疵点和引纬过程中的纬纱退捻现象。该引纬方式对纬纱的要求较低，不仅能用于各种常规纱线的引纬，也能用于一些线密度小、强度小的纱线和弱捻纱线以及强捻纱线的引纬，还能用于花式纱线的引纬，并且剑杆引纬具有较强的纬纱选色功能。此外，双层剑杆织机适用于二重织物及双层织物的生产。

剑杆织机织造工艺参数很多，可调整的工艺参数主要有开口时间、经纱上机张力、经位置线、引纬参数等，其中需要调整的引纬参数主要有剑头初始位置、剑杆动程、储纬量的调节、纬纱张力、选纬指调整、剑头进出梭口及交接纬纱时间、剪纬时间、接纬剑开夹时间等。

剑杆织机的速度远高于有梭织机，因此，对各机构运动时间的协调配合、上机张力和后梁位置等的要求，较有梭织机更为严格，否则易产生各种故障并增加织疵，从而影响产品质量。

开口时间、经纱上机张力、经位置线等工艺参数对织造过程及织物质量的影响同有梭织机，这里不再赘述，仅对这些参数的确定与调整进行介绍，并重点分析剑杆织机特有的引纬参数。

（一）经纱上机张力的确定与调整

对于织造宽幅织物的剑杆织机宜采用较大上机张力，这是由于经纱张力中央大两侧小，若过于降低上机张力，织机两侧经纱必然开口不清。

此外，经纱上机张力还应随打纬机构的形式而改变。如非分离筘座的连杆打纬机构，因连杆打纬动程大，前方梭口长，因此配置"大梭口，较小张力"的工艺，这与采用分离筘座的共轭凸轮打纬机构，采用"小梭口，大张力"的工艺不同，应引起注意。

剑杆织机剑头截面尺寸很小，同时为了适应织机高速而形成快开梭口，梭口高度减小。然而采用小梭口和减少梭口形成时间往往需要较大的上机张力，以确保梭口的清晰。但过大的上机张力，会使经纱断头率增加，也会因张力过大造成织物经向撕裂。

选择多大的上机张力，应视具体情况而定，综合考虑织物的形成、织物的外观质量及织物的物理性能等。经纬密较大的织物，为开清梭口和打紧纬纱，上机张力应适当加大。织造黏胶纤维织物或稀薄织物时，上机张力不宜过大。织造平纹织物时，在其他条件相同的情况下，应采用较大的上机张力。而织造斜纹、缎纹类织物时，由于实物的外观要求，应选用较小的上机张力。

大多数剑杆织机采用弹簧张力系统调节张力，如 SM92/93 系列、CTM 型、C401S 型剑杆织机等。有些剑杆织机，如 TP500 型剑杆织机采用弹簧和重锤的复合系统，只有少数低档织机仍采用重锤式张力系统。由于弹簧张力系统具有调节简便、附加张力较为稳定、可适应高速等特点，所以被普遍采用。弹簧张力系统的可调参数主要有弹簧刚度、弹簧初始伸长量和弹簧悬挂位置等。在调整上机张力时，必须使织机两侧弹簧参数调整一致。不同机型的上机张力调节方法不同，简述如下。

1. SM92/93 系列剑杆织机上机张力的调节

SM92/93 系列剑杆织机上机张力由弹簧产生，如图 7-8 所示。上机张力的调节方法有以下三种。

（1）改变弹簧悬挂位置。织造窄幅轻薄织物时，弹簧置于位置 1、2 与 L，作用力臂较短，获得的上机张力小；织造宽幅轻薄织物或窄幅厚重织物时，弹簧置于位置 3、4 与 M，作用力臂较长，可获得较大的上机张力。

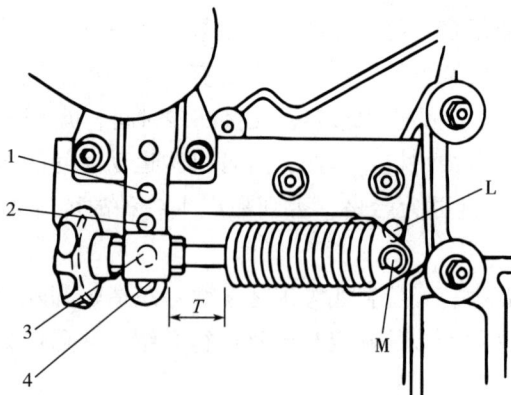

图 7-8　SM92/93 型剑杆织机张力调节装置

（2）改变弹簧初始伸长量。织造宽幅厚重织物时，通过调节图中距离 T 的大小，可获得不同的上机张力。随着 T 由大变小，弹簧的初始伸长量由小变大，上机张力逐渐增大。对于轻型织物，初变形小，T 取 5cm；对于中厚织物，初变形中等，T 取 4cm；对于厚重织物，初变形大，T 取 3cm。

（3）改变弹簧刚度。织造宽幅特别厚重的织物，还可更换刚度较大的弹簧来增大上机张力。

2. GTM 型剑杆织机上机张力的调节

GTM 型剑杆织机的上机张力是利用弹簧调节摆动后梁的摆幅来控制，上机张力的大小取决于弹簧弹力，而弹簧直径的粗细决定弹簧刚度，可直接影响经纱张力的大小。该机提供以颜色区别的 8 种不同直径的张力弹簧（表 7-27）。根据单纱张力大小和经纱根数，按图 7-9 引水平和垂直线，两线相交点附近的斜线，便是应选的弹簧。合适的弹簧，其后梁振幅约为 5mm，织机两侧弹簧力必须调整一致。

表 7-27 张力弹簧种类

弹簧直径/mm	3			3.6		4	4.8	5.5	6.5	7.25	8
弹簧颜色	铅灰色	紫色	粉红色	米色	黑色	黄色	橘黄色		红色		

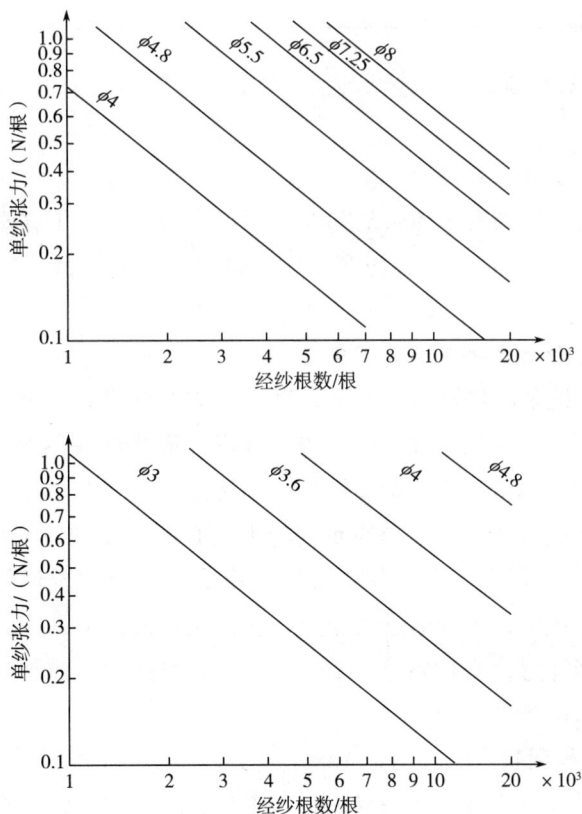

图 7-9 GTM 型剑杆织机张力弹簧的选用

GTM 型剑杆织机织造各类织物的上机张力配置见表 7-28。

表 7-28　GTM 型剑杆织机各类织物上机张力的弹簧直径参数

织物类别	经向紧度/%	经纱细度/tex（英支）	弹簧直径/mm		备注
			参数值	允许限度	
平布	37~55	58~24（10~24）	7.2~4.0	+<1	
斜卡	55~90	42~24（10~24）	1.5~4.0	+0.5 以上	包括左、右斜向的斜卡织物
贡缎	44~80	28~14.5（21~40）	4.8~3.6	+0.5 以上	包括直贡织物与横贡织物
麻纱（纬重平）	43~45	8（32）	3.6	+0.4	不包括各种花式麻纱织物
小花纹	55~75	42~24（14~24）	1.5~4.0	+0.5 以上	组织循环为16根以下小花纹织物
大花纹	55~80	42~24（14~24）	6.5~4.0	+0.5 以上	包括各种花型的纹织物

由表 7-28 可知，对纱线较粗，经纬纱强力较高的织物，宜采用直径较粗的弹簧；反之宜采用直径较细的弹簧。

3. C401S 型剑杆织机上机张力的调节

C401S 型剑杆织机上机张力由弹簧的初变形大小来调节，上下移动弹簧的吊装点可以改变初变形的大小。处于高位时，弹簧初变形大，张力大；处于低位时，弹簧初变形小，张力小。

4. TP500 系列剑杆织机上机张力的调节

TP500 系列剑杆织机采用弹簧和重锤复合系统调节上机张力，经纱的上机张力取决于加压弹簧的作用力、弹簧连杆在张力杆上的位置、重锤重量及重锤在重锤杆上的位置。可根据织物品种选用不同刚度的弹簧和改变调节螺母的初始位置来调节加压弹簧的作用力，弹簧连杆在张力杆上有两个支点可选用，重锤在重锤杆上也有两个悬挂位置可选用，重锤重量分4种，所以有 16 种不同的上机张力。当加工细特（高支）织物要求经纱张力很小时，甚至可以不挂重锤。在织造生产中，主要通过改变弹簧连杆在张力杆上的位置或调节重锤悬挂位置来调节上机张力。应当注意，当筘幅超过 260cm 时，必须在另一侧加装相同的作用杠杆和放置相同的重锤，使后梁两侧受力均衡。

（二）经位置线的确定与调整

有梭织机的经位置线由后梁高低决定，而无梭织机的经位置线由托布梁和后梁位置两个参数决定，这是有梭织机和无梭织机在调节经位置线上的不同之处，但作用原理是一样的，即经位置线实质上决定了梭口上下层经纱的张力差。

无梭织机的经位置线以托布梁为基准线。在决定梭口形状和尺寸时，应首先以梭口底线来确定托布梁的高低，然后再确定其他尺寸，这是无梭织机与有梭织机在工艺参数上的不同之处。后梁的高低决定后部梭口的尺寸。其后梁有单辊、双辊和三辊。中轻型织物用单辊，厚重型织物用双辊，大张力强打纬的织物用三辊。决定经位置线的后梁是探测经纱的游动辊，其前后和高低位置都可调节，经纱强力低的细特织物，后梁应向后移，经密和纬向紧度高的织物，为了开清梭口和减少织口游动，应将后梁向前移，以期获得强打纬的效应。

无梭织机速度高，张力大，布幅宽，若采用等张力梭口，则布面较有梭更容易出现筘路和条影，影响实物质量；当后梁高于托布梁时，则上层经纱张力小，下层经纱张力大，形成不等张力梭口，布面比较丰满。

一般，棉、毛平纹织物和常见的轻型、中厚型织物的后梁高度应适中。丝织物或装饰织物（如巴厘纱、纱罗织物等）应取较低的后梁。各类高密重型织物（如牛仔布、帆布、府绸、防羽绒布等）应采用高后梁。

1. TP500 系列剑杆织机经位置线的调节

该机上后梁的高低和前后位置均可调节。高低刻度尺的 0 位表示开口时上下层经纱张力相等，抬高、降低的调整范围分别为 +11cm 和 -5cm；前后刻度尺的 0 位表示后梁常处的位置，向前、向后调整范围分别为 -11cm 和 +5cm。后梁向前，梭口长度缩短，可以增加经纱张力；后梁向后，梭口长度增大，可以减小经纱张力。同时，后梁可自由转动，也可由螺钉予以固定，以增加经纱张力。当经纱需要特别大的张力时，还可在后梁与经停架区域内选用三夹辊装置，如图 7-10 所示。选用该装置时，在经纱张力不变的前提下，可使纬密增加 10% 以上，而通常改变后梁高低、前后位置，仅使纬密增加 3%~5%。

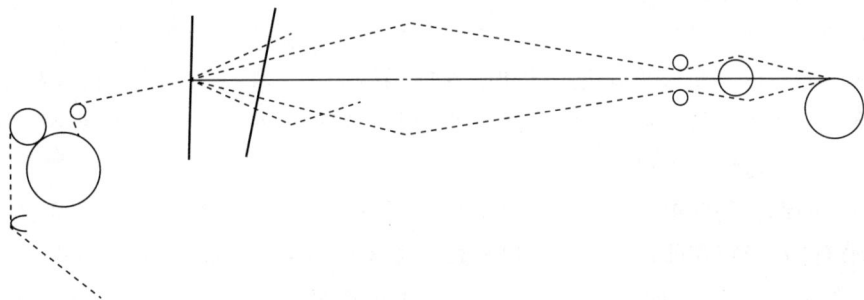

图 7-10 三夹辊装置

2. SM92/93 系列剑杆织机经位置线的调节

在该织机上，后梁前后方向有 3 个位置可供选择。

（1）靠近机前的位置用于织造经纱张力大的厚重织物，综框页数最多为 6~8 页。

（2）中间位置适合加工棉、毛、丝、麻织物。可配置凸轮开口或多臂开口机构，综框页数最多为 12 页。

（3）离机前最远的位置用来织造经纱强度差、弹性小的织物，综框页数在 12 页以上，也可配用提花开口机构。

在 SM92/93 系列剑杆织机上，后梁高度以后梁顶点到地面的距离表示。不同品种的织物的后梁位置见表 7-29。

表 7-29　不同品种织物的后梁位置

开口机构类型	织物品种	后梁顶点离地距离/mm
凸轮或多臂	棉、麻织物	970
	毛或合纤织物	960
提花机	装饰织物	950
	丝织物	930

3. GTM 型剑杆织机经位置线的调节

该机的后梁装置视加工织物而异。当织造轻薄织物和整片经纱上机张力在 2500N 以下时，采用单后梁。当织造比较紧密厚实织物和整片经纱上机张力大于 2500N 时，宜选用双后梁，并装上阻尼器。后梁也可用固定不转。对厚重紧密织物还可在上述双后梁基础上，加装一根制动张力辊，其转动方向与经纱前进方向相反。后梁可以在高低和前后方向移动，前后方向移动范围可达 22mm。

4. C401S 型织机经位置线的调节

后梁高低位置可按刻度尺调整，0 值位置形成上下层经纱张力相同的等张力梭口；向上调后梁，上层经纱张力减小，下层经纱张力增大。后梁位置在水平方向分 3 挡。调节时，摆动杆的回转支点也要作相应调整。

各种剑杆织机与有梭织机相同，为减少边经纱断头，在梭口后部，要求边经纱与地组织经纱伸长尽可能接近，要求两侧边经纱和中间地经纱应基本保持平行，因此织轴两盘片间距应等于或略大于筘幅，且织轴两盘片间距中心应和筘幅中心重合，这样可减小经纱在筘齿中的摩擦，以减少断边纱和松边现象。

至于梭口前部，剑杆织机与有梭织机一样，以下层经纱作为参照基准。而下层经纱的位置是这样确定的：当筘在前止点时，织口托板头端离钢筘 1.5～2mm，并在后止点时，在走剑板表面切线的延长线上；同时，第一页综框向下开足时，综眼位置应低于上述延长线 1.5～2mm。

（三）开口时间的确定与调整

在无梭织机上，可采用较小的梭口。该种情况下，为保证梭口的清晰度，一般采用较大的上机张力。织机高速运转，经纱必然受到较大拉伸作用，同时梭口形成时间缩短，也会引起较大的经纱张力。

1. 剑杆织机开口时间的确定原则

开口时间（综平时间）的确定取决于织机的车速、开口机构、织机类型以及织物品种风格和所用纱线的品质等条件。确定的原则与有梭织机相一致。但与有梭织机不同，剑杆织机在一个开口循环中，下层经纱要受到剑杆往复的两次摩擦。开口过早剑头退出梭口时将造成经纱对剑杆的摩擦；同时，由于下层经纱的上抬，使剑带与导轨摩擦加剧，这是剑带磨损的主要根源。开口过迟，剑头进梭口时，梭口尚未完全开清，这样就容易擦断边经纱。由于送纬剑头的截面尺寸较大，这种边经断头现象，特别容易发生在送纬侧；同时，在接纬侧近布边处还易造成纬缩，这对阔幅织机影响更明显。权衡两者的利弊，应从综合经济效益出发，采用适当的开口时间，同时，从减小剑头、剑带磨损的角度出发，应采用不对称梭口，使下层经纱尽可能延长保持时间，以避免闭口时下层经纱过早地将剑头剑带抬起。为此，选择梭口高度时，以剑头出布边不碰断经纱为宜，可适当加大梭口高度。剑杆织机综平时间较有梭织机迟，一般在300°～325°，纬纱出梭口侧的废边纱综平时间应比地经提早25°左右，这样出口侧可获得良好的绞边。

2. 剑杆织机开口时间的调整

开口时间以筘座在前止点为0°作参考标准，以主轴回转角表示。开口时间取决于剑杆头进出梭口时挤压程度，并与开口凸轮的静止角、开口角的大小以及织物种类、打纬机构等有关，并且结合地经与纬纱出口侧废边纱的综平时间分别考虑。各种剑杆织机开口时间的迟早，一般可在20°范围内调整。虽说剑杆织机的梭口高度较小，仅为26～40mm，不到有梭织机梭口高度的一半，但因上机张力较大，所以开口时间的迟早对织物质量及其生产的影响，同有梭织机一样不能忽视。其具体调整方法有如下几种。

（1）剑杆织机开口时间一般采用300°～325°，制织细特高密平纹织物，可适当提早开口时间，一般控制在305°～315°为宜。这样当送纬剑进梭口时，梭口有效高度大，梭口清晰度好。

（2）绞边纱综平时间迟，绞边纱闭合也迟，当纬纱引入时，绞边纱对纬纱的抱合力小。应使绞边纱开口时间早于布身经纱开口时间15°～25°，这样纬纱引入后，由于绞边纱闭合早有利于夹住织口处纬纱，减少纬缩。开口时间过早会造成剑头对经纱的极大摩擦，为此，对假边经纱的强度要求很高，常用14.6tex双股棉线或16.5dtex（15旦）涤纶长丝作假边经纱。

（3）分离筘座打纬机构比非分离筘座打纬机构开口时间要迟。

采用不同类型打纬机构的剑杆织机织造不同品种织物的开口时间见表7-30。

表7-30　不同类型打纬机构的剑杆织机织造不同品种织物的开口时间

织物种类	开口时间/（°）	
	非分离式筘座	分离式筘座
一般棉型织物、粗厚织物	295～305	310～335
轻薄型织物、真丝织物	310～320	330～335
粗厚织物、牛仔布织物及高密织物	295～300	310～320

（四）剑杆织机引纬参数的确定与调整

剑杆织机主要引纬参数有剑头初始位置、剑杆动程、储纬量、纬纱张力、选纬指、剑头进出梭口及交接纬纱时间、剪纬时间、接纬剑开夹时间等。

1. 剑头初始位置和剑杆动程

为了达到规定的布幅，保证剑杆正常的引纬和纬纱交接，剑杆必须有一定的动程。送纬剑与接纬剑的动程之和为：

$$S = B + a + b + c \qquad\qquad (7-26)$$

式中：S——两剑总动程；

$\qquad B$——穿经筘幅；

$\qquad a$——接纬剑退足时剑头离边纱第一筘的距离（空程）；

$\qquad b$——送纬剑退足时剑头离边纱第一筘的距离（空程）；

$\qquad c$——两剑接纬冲程。

空程是剑杆织机必不可少的，恰当的空程有利于送纬剑在进梭口前正确地握持纬纱，有利于接纬剑出梭口后适当握持纬纱和释放纬纱。但空程过大，必然增加剑杆动程，这样会增加织机占地面积和剑杆运动速度与加速度，从而增加机构的负荷和磨损。一般而言，在满足剑杆正确握持和释放纬纱、顺利形成布边的前提下，空程以小为宜。

剑头初始位置的调节一般通过改变剑带和剑轮的啮合位置来实现。剑杆动程的调整，一般可通过调整导剑轮直径或引剑机构中曲柄、连杆长度，以改变导剑轮角来实现，后者一般适合于微量调节。

2. 储纬量

储纬器上有卷绕速度和储纬量两个调节键。绕纱鼓上的储纬量一般储存 2~3 纬长度。储纬量控制器有光电式或机械电气式，如 AT1200 型储纬器只需调节发光管聚焦点的位置就可调节储纬量的多少。调节卷绕速度与储纬量时，应使储纬量保持在 2~3 纬，使绕纱鼓连续回转。卷绕速度过高会使绕纱鼓间歇回转，易造成电动机因启动电流大而烧坏。

3. 纬纱张力

在纬纱通道上，储纬器与纬停装置间有双层簧片张力装置，纬纱张力的大小可用单纱动态张力仪测定，但生产中都是观察纬向疵点出现情况进行调整。双簧片过松，会在出口侧布边上出现长纬，过紧则出现短纬。用两只储纬器混纬交织时，若其中一只过松，往往出现间歇性"双边尾"疵点；一只过紧，会形成间歇性"双边纬"；若一只过紧一只过松，则会同时出现"双边纬"和"双边尾"疵点；如果两只都过松，则出现两条长尾，形成密集型"双边尾"疵点；两只均过紧，出现两条短纬，形成剑杆织机特有的"边空网"疵点。

剑杆织机纬纱出口侧布边容易产生边不良疵点，调整纬纱张力可消除边不良。但必须调整纬停装置（纬纱检测器）同步信号发送铁片的发送时间。在织机刻度盘上装有许多凸轮形状的铁片，每片对应着一只传感器，如 SM93 型剑杆织机靠轴端的一片是纬纱检测区的信号发送器。按织机幅宽不同，检测区可提前或延后。当接纬剑夹纱器接住纬纱引向出口侧到达最末一根边经纱时，铁片对准的传感器红色信号灯亮，即还在检测区内，之后灯熄灭，代表检测范围合适。若检测区太早而布边上出现短纬时，纬纱检测器测不到，则织机不能自停而产生疵点。所以布边出现疵点时，既要调节纬纱张力装置，又要检查纬纱检测区同步信号发送的时间是否合适。

4. 选纬指

在送纬侧剑杆导板上方，剑杆通道的机前和机后各有一根搁纱棒。当筘座从前止点开始向机后摆动时，选纬指把交织的纬纱向下压，使其搁在前后搁纱棒上，剑头夹纱器从机外伸向机内，纬纱就能正确地进入夹纱器钳口而夹牢。选纬指有两个可调参数：一是始动时间，当织机刻度盘在 5°时，选纬指始动下降 1mm；二是高低位置，当选纬指下降到最低时（刻度盘 45°~55°），纬纱轻靠在前后两根搁纱棒上。

5. 剑头进出梭口及交接纬纱时间

剑头在梭口内停留时间较长，占主轴转角 200°~240°，甚至更长些；剑头进出梭口时间的可调范围小，剑头进入梭口在 60°~90°，出梭口在 280°~310°，空程使剑头迟进、早出梭口。不同剑杆织机的传动机构不同，但调整原理和要领是基本相同的。

（1）剑头进出梭口时间的调整。送纬剑头进梭口时间以剑头端到达钢筘边铁条的时间为准。SM93 型剑杆织机的调整方法是：将剑带置于剑带轮上，松开带轮与轴的紧固螺钉，织机主轴转到（64±1）°，转动带轮使剑头进到钢筘边铁条处，然后紧固带轮与轴的紧定螺钉。同样，将接纬剑调到（63±1）°，剑头到达第一只筘齿位置，再固紧接剑带轮与轴的紧定螺钉。

（2）交接纬纱的位置和时间的调整。筘座的筘幅中央位置有标记，借此标记调整夹纱器在梭口中央交接纬纱的时间。当刻度盘 180°时是交接纬纱的时间，送纬剑头应进到筘幅标记的某一位置。SM93 型剑杆织机规定剑头端应处于标记线上，GTM 型剑杆织机规定剑头应处于超过标记 54~56mm，C401S 型织机规定剑头应超过标记 38~40mm。调整方法是调节传剑机构往复运动的动程，点动或慢速转动织机，观察剑头深入梭口是否符合上述要求。若伸进的动程达不到规定位置，则放大往复动程；超过规定位置，则减小往复动程。可参照不同机型传剑机构的操作说明书进行。送纬剑调整好之后再调整接纬剑，把纬纱引入送剑夹纱器并使之拉紧，点动或转动织机使接纬剑头伸入送剑夹纱器，接纬剑退回时剑头钩子刚好能接住拉紧的纬纱。若伸入夹纱器的深度不够而接不到纬纱，则放大接纬动程；反之，则减小接纬动程。

6. 剪纬时间

剑杆织机剪纬时间一般是指送纬剑从选纬指上握持待引纬纱后，剪纬装置将待引纬纱另一端剪断的时间，双纬叉入式无此参数。当送纬剑头伸进梭口时，选纬指已将纬纱下压并轻搁在前后搁纱棒上，纬纱即喂入剑头夹纬器，喂入的深度取决于纱的粗细和剪纬时间。

剪纬时间根据纬纱粗细而延迟或提早。当夹纱器有效地夹住纬纱后立即剪断纬纱。例如，C401S 型剑杆织机的剪纬时间为（66±1）°，SM93 型剑杆织机的剪纬时间为（69±1）°。

7. 接纬剑开夹时间

当纬纱由接纬剑引出梭口后，接纬剑的夹纱器应及时打开以释放纬纱。接纬剑退出梭口时，夹纱器碰到开夹器即失去夹持力而将纬纱释放，开夹时间迟则出梭口侧纱尾长，反之则短。开夹时间应以纱尾长短合适为宜。

(五) 典型剑杆织机上机工艺参数实例

各地在探索剑杆织机的品种适应性及选择其合理的工艺参数方面做了大量的工作，许多地区结合本单位生产条件，对牛仔布、高密府绸、丝绸及麻织物等进行了试验研究，为产品质量和生产效率的提高提供了许多宝贵经验，相关案例如下。

1. GTM 型织机织造重型牛仔布

河北省的一些纺织企业用 GTM 型织机织造 $467 \sim 492 g/m^2$ 重型牛仔布时，采用迟开口时间，降低后梁和经停架高度，并使梭口满开时下层经纱低于走梭板表面切线，即下层经纱在托纱板头端处形成倾角较大的折线，梭口各点除织口外均向下移，同时经停架后移 $50 \sim 60 mm$ 以增加梭口后部长度。因此，下层经纱在走剑板表面切线位置时的主轴角度从原工艺的 $235°$ 调到新工艺的 $260°$，延迟了 $25°$，这就改善了剑头、剑带磨损状况，使剑头、剑带的寿命平均延长半年；同时，纬缩疵点由 2.3% 降低至 0.26%。至于双跳疵点，由 0.76% 变成 0.78%，虽有增长，但并不显著。

2. 用 SM92/93 型系列织机织造低特高密织物

SM92/93 型系列织机引纬、开口配合紧凑，调节范围小，约 $\pm 10°$。在织造低特高密织物时，普遍存在断头率高，三跳疵点多，剑带磨损严重等情况。这是因为开口小而不清，断经后相邻经纱纠缠，使经停片下落不及时所致，同时在织造平纹织物时，布面丰满度较差，容易产生筘路疵点。为此陕西、江苏、湖北等省的一些纺织企业采取如下一些有成效的措施。

（1）开口时间由 $320°$ 改为 $325°$，高度由 28mm 改为 32mm，以开清梭口并减少挤压度。高密织物，则使用 6 页综框（图中序号 1～序号 6），构成三层梭口，如图 7-11 所示，以此来减少经纱间摩擦和各片经纱之间的张力差异，降低经纱断头，提高织造效率，减少织疵。

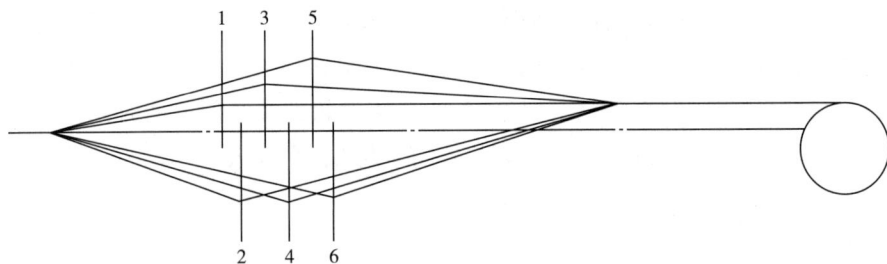

图 7-11 6 页综框三层梭口示意图

（2）向机前移动经停架和后梁，使最后一页综至第一列经停片的距离由 450mm 改为 340mm。后梁由中间位置调到前挡位置，以增加张力，并使后部梭口较为清晰，减少断头后的相邻经纱的纠缠。经停片的跳动也可较为灵活，并且提高经停架和后梁的高度，使经停架由 930mm 改为 980mm，后梁由 950mm 改为 990mm，以增加下层经纱张力，减少进剑时剑头易碰断经纱的现象。适当扩大上下两层经纱的张力差异，也有利于打紧纬纱，消除筘路。

有的企业认为推迟开口能缓解退剑时的挤压度，但进剑时开口不清，将造成三跳疵点，并碰断经纱；而提前开口，虽可减少三跳疵点，但退剑时剑杆对经纱挤压度增大。为此，除采用加大开口、增大张力以开清梭口外，还可降低所有的综框，安装托纱板，如图 7-12 所示，使下层经纱在托纱板处形成较大的倾角（$\Delta+\beta$），其大小随织物而定。这样可以推迟梭口闭合时下层经纱上抬时间，以改善挤压度，延长剑带寿命。同时，适当降低后梁高度，可使上下层经纱张力差不致过大，以减少三跳。

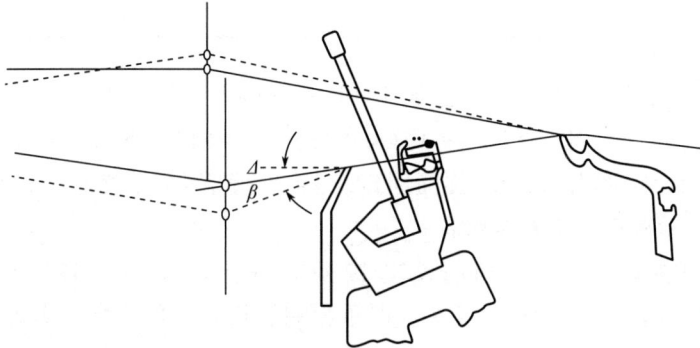

图 7-12　托纱板的安装位置

有关工艺参数改变前后的数据见表 7-31。

表 7-31　SM92/93 型系列织机织造低特高密织物的新旧工艺参数比较

项目		原工艺参数	新工艺参数
开口时间/（°）		320	315
β/（°）		0	15
后梁高度/mm		1000	970
梭口清晰时间/（°）	上层	85	85
	下层	85	20
进剑时间/（°）	送纬剑	64	64
	接纬剑	63	63
剑头入梭口时其尖部与上层经纱的距离/mm	送纬剑	13	15
	接纬剑	15	17
下层经纱梭口清晰时剑头伸入梭口的长度/mm	送纬剑	410	尚在边外侧 190
	接纬剑	450	尚在边外侧 150
下层经纱始离走剑板时剑头留在梭口的长度/mm	送纬剑	1660	620
	接纬剑	1700	660
综框开始闭合时间/（°）		185	185

项目	原工艺参数	新工艺参数
下层经纱始离走剑板时间/（°）	185	260
剑头出梭口时下层经纱离走剑板后侧高度/m	7.5	4
接剑头出梭口时间/（°）	295	295

陕西省某纺织企业以上述改进工艺加工 13tex×13tex、523.5 根/10cm×283.5 根/10cm、160cm 的涤/棉府绸时，三跳疵点下降了 64.95%，断经由 1.85 根/（台·h）降为 1.54 根/（台·h），出口合格率由 72.16% 提高到 84.39%，剑带寿命平均延长 5 个月。

3. 用 TP500 型织机织造真丝类织物

TP500 型织机织造以 22.2/24.4dtex（20/22 旦）蚕丝为原料的 11216 电力纺、12107 双绉等真丝类产品时，出现了经丝极易断头、严重影响织机效率的现象。考虑到该机左侧送纬剑头的外形尺寸较大，因此，把左侧剑头进梭口时间由推荐的真丝类产品 77°推迟至 82°。另外，使固定后梁改为转动后梁，其结果减少了织物在左侧边撑处的经丝断头。该机最大特点是剑头越迟进梭口，也越早出梭口，这种特性对减少剑头与经丝摩擦有利。同时，生产中常从纬缩和经丝断头情况来确定开口时间。

当以 22.2/24.4dtex×2 蚕丝并捻 2~3 捻/cm，或采用 44.4/48.4dtex（40/44 旦）蚕丝替代 22.2/24.4dtex 蚕丝时，可大幅提高织造效率。另外，绞边经丝原料应与地组织经丝一致。假边经丝则选用不易起毛的 16.5dtex（15 旦）涤纶 DTY 丝。

4. 用 TP500 型织机织造麻类织物

在织造苎麻、亚麻及其交织物时，应加大梭口高度，用较大的上机张力织造，并注意车间温湿度。

根据纱线多毛羽的特点，要调整储纬量传感器的位置，按纬纱断头率控制张力毛刷的阻力、夹持弹簧的夹持力以及压电陶瓷压纱辊的位置。注意剑头夹持器的清洁工作，适当减少送纬剑头弹簧夹持力，减少毛羽堆积，同时采用上下两层经纱张力接近的工艺配置。

二、喷气织机织造工艺

喷气织机可调整的工艺参数有经纱上机张力、经位置线、开口时间、引纬参数等，其中经纱上机张力、经位置线、开口时间等对织造过程和织物质量的影响同有梭织机。纬纱正确地引入梭口是由纬纱供应、引纬、纬纱飞行控制等因素配合形成的，与引纬有关的工艺参数包括纬纱飞行时间、主喷嘴和辅助喷嘴的启闭时间、主喷嘴和辅助喷嘴的供气压力、储纬器释放纬纱时间、辅助喷嘴的间距等。

（一）经纱上机张力

喷气织机大多采用弹簧张力系统。弹簧张力系统调整张力具有调节简便、附加张力较为稳定、适应高速等特点，其可调参数主要有弹簧刚度、弹簧初始伸长量或弹簧悬挂位置等，在调整时必须使织机两侧弹簧参数一致。

在弹簧材料、螺旋圈距一定的条件下，弹簧刚度主要取决于弹簧直径。弹簧直径大，刚度大，上机张力大，梭口易于开清。但经纱张力大，较易断头，布幅也易偏窄，形成狭幅长码布。通常，在织造厚重织物时，宜采用较粗直径的张力弹簧，必要时可采用双辊后梁系统。在确定弹簧刚度（直径）之后，根据织口的游动情况与梭口清晰状态、经纱断头、布幅宽窄调整弹簧悬挂位置，即改变力臂和初始伸长量来进行上机张力的调节。力臂长，初始伸长量大、上机张力大。各类织机对弹簧刚度、弹簧初始位置或初始伸长量有不同的规定，实际运用时应参照该织机操作手册进行。

目前，喷射织机自动化程度已大大提高。如 ZA 喷气织机，不同织物的上机张力的配置可通过触摸屏输入数据设定。计算式为：

$$上机张力\ T(\mathrm{N}) = \frac{总经根数}{经纱英制支数} \times K \times 10 \tag{7-27}$$

式中：K——系数，一般取 $0.8 \sim 1.2$。

通常实际采用的上机张力值比计算张力值略低，按确定的上机张力值输入织机，开台调整合理后织造。

（二）经位置线

绝大多数织机的织造平面呈水平式，只有少数型号的喷射织机呈倾斜式织造平面，倾斜角度一般大于 $30°$，个别机型只有 $10°$ 以下。如 strojimport 公司的 PN 型喷气织机的织造面倾斜 $36°$、Jettis190 型喷气织机的织造面倾斜 $5°$，这样的设计是为了便于人工操作，工人易于将手从机器前方伸到经纱自停装置。

织造平面呈水平式的喷射织机，其经位置线与片梭织机、剑杆织机的经位置线相同。而织造平面呈倾斜式的喷射织机的后梁、经停架、综片综眼、织口等位置逐一降低。但不管是水平式还是倾斜式，后梁（经纱张力探测辊）的位置都是经位置线的主要参数。喷射织机的后梁也有单辊、双辊和三辊之分，中轻型织物用单辊，厚重型织物用双辊，大张力强打纬织物用三辊。

1. 织轴盘片间距、穿筘幅宽及布幅的关系

为了减少经纱与钢筘的摩擦和降低边经断头，轴盘幅、穿筘幅与布幅三者之间的差异要尽可能小。织轴盘片间距（轴盘幅）可稍大于经纱穿筘幅，但需基本接近。

2. 后梁位置的设定

后梁与胸梁等高时，上下层经纱张力一致，形成等张力梭口。喷气织机速度高、张力大、布幅宽，等张力梭口的布面会出现筘路和条影，影响实物质量。

后梁高于胸梁，上层经纱张力小，下层经纱张力大，形成不等张力梭口，布面比较丰满。后梁低于胸梁，上层经纱张力大，下层经纱张力小，也形成不等张力梭口，适用于斜纹织物，纹路清晰。

新型喷气织机的后梁除可上下移动外，还可以前后移动，以便调整梭口后部经纱长度及调整经纱对后梁的包围角。通常在织造中特纱织物时，后梁居中；织造细特高密织物时，后梁前移，有利于开清梭口；织粗特织物时，向后移，以增大经纱对后梁的包围角，使张力保持均匀，织物平整挺括，但后梁向后移动太多，挡车工操作不便。

在 ZA 系列喷气织机上，后梁高度可在 30～130mm 调节，后梁前后可在 1～10 格（200mm）范围内调节，以满足不同品种的需要。

3. 经停位置的设定

经停装置不仅是经纱断头自停装置，而且是确定梭口后部位置的部件。经停装置向后移动，梭口后部长度增加，在开口高度不变时，经纱伸长变小，但经纱间的摩擦次数增多。因此，对强力较弱、伸度较低、但上浆质量好的经纱是有利的。反之，对于强力高、条干好的经纱，经停装置前移，梭口后部长度越接近梭口前部长度，经纱越不易在升降时受综眼摩擦，这将有利于减少断头，提高织机效率。

经停装置的高低要随后梁的高低而相应调整。要求经停架与经纱间有 1～2mm 间隙。经停架安装位置高，经纱贴紧架条，花衣不易落下，将造成断经不关车的问题。经停架被经纱磨出沟痕后也会损伤经纱。

4. 织口位置的设定

喷气织机的织口位置受胸梁高低的制约，胸梁前后位置的移动量很小，上下位置用垫铁来确定。

织口上下位置依异形筘而定。打纬时，织口位于筘槽中心线偏上。织口过高，筘槽上唇会碰布面，使织口跳动，出现边撑疵和轧断纱。织口偏低，会使筘槽下唇碰断织口处纬纱，严重时将使织口损伤和破裂。

（三）开口时间

喷气织机上，开口时间在 300°～310°时，称为中开口；小于 300°时，称早开口；大于 310°时，称晚开口。一般早开口不能早于 270°，晚开口不能晚于 340°，这里 270°与 340°被称为两个临界点。一般喷气织机综平时间在 270°～320°。

一般平纹织物宜采用早开口，以利于开清梭口，打紧纬纱，使布面平整、丰满。高密平纹织物（如府绸、防羽绒布）宜采用小双层梭口，减少经纱的摩擦，有利于开清梭口，因 270°与 340°为开口时间的两个临界点，所以前后两次开口的差角（或称相位差角）应在 70°以内。例如，ZA203-Ⅱ型织机织造中等密度织物时的相位差角以 20°为宜，织造高密度织物时则以 30°为宜。

斜纹、缎纹织物宜用迟开口，以使斜纹纹路突出，峰谷分明，但开口过迟，会使布面不匀整，且易产生纬缩织疵。对于高密斜纹、缎纹织物，为使梭口清晰，应使开口时间提早，不符合平纹早开口、斜纹迟开口原则。

ZA 系列喷气织机织造常规织物的开口时间见表 7-32。

表 7-32　ZA 系列喷气织机织造常规织物的开口时间

织物种类	平纹	府绸	防羽绒布	一般斜纹	细特高密斜纹	高密缎纹
开口时间/（°）	310	300/280	300/270	320	290	280
相位差角/（°）		20	30			

（四）引纬参数

喷气引纬参数，主要包括气源控制参数（如压力）、喷射气流控制参数（如喷气时间）、纬纱控制参数（如夹纱时间、剪纬时间）等。

1. 始喷角 α_1

始喷角指喷嘴开始喷气时间所对应的主轴位置角。单喷嘴引纬的始喷角主要由空气压缩机机械参数决定。以凸轮推动的活塞式空气压缩机为例，出气阀弹簧压力越大，始喷角越大，开始喷气时间越晚，由于弹簧调节比较麻烦，一般通过改变凸轮安装位置来调节，改变始喷角大小。多喷嘴引纬的始喷角由机械阀或电磁阀开启时间决定。

2. 始飞角 α_2

始飞角指纬纱开始飞行时间所对应的主轴位置角。由于喷气引纬速度很快，一般情况下，纬纱开始飞行时间由夹纱装置或储纬测长装置的开启时间决定。

正常情况下，$\alpha_2 > \alpha_1$，即喷气在前，纬纱飞行在后。将 $\alpha_2 - \alpha_1$ 称为先导角，先导角大，利于伸直纬纱头端和加速纬纱启动，但纬纱易解捻，耗气量增加。一般先导角以 $5° \sim 20°$ 为宜，当纬纱启动慢（如股线）时，应加大先导角；反之，纬纱易解捻断头（如单纱）时，应减小先导角。

在多喷嘴织机上，辅助喷嘴开始喷气时间也应比纬纱头端到达该组辅助喷嘴位置的时间早，以减小纬纱飞行迎面阻力和稳定纬纱飞行速度。

3. 压纱角 α_3

压纱角指纬纱飞越梭口后，夹纱器或储纱销等夹纱装置夹持纬纱的时间所对应的主轴位置角。始飞角一定，压纱角大小决定着纬纱实际飞行时间的长短。将 $\alpha_3 - \alpha_2$ 称为纬纱自由飞行角，纬纱自由飞行角大，有利于降低纬纱飞行速度，降低喷射气流压力，但对开口、打纬的配合不利。

4. 终喷角 α_4

终喷角指喷嘴结束喷气的时间所对应的主轴位置角。对多喷嘴接力引纬而言，终喷角是指出梭口侧最后一组辅助喷嘴结束喷气的时间。

一般情况下，$\alpha_4 > \alpha_3$，即压纱在前，结束喷纱在后。将 $\alpha_4 - \alpha_3$ 称为强制飞行角，强制飞行角大，利于握持伸直纬纱头端，获得良好的布边，防止出梭口侧产生纬缩等疵点，但耗气量较大。在满足引纬需要的前提下，强制飞行角以小为宜。

在有的喷气织机上安装延伸喷嘴（也称拉伸喷嘴或张紧喷嘴）。延伸喷嘴安装在最末一只辅助喷嘴之后，并位于纬纱出口侧边纱的外侧。延伸喷嘴的作用是使纬纱在引纬终了时保持一定的张力和伸展状态，当主喷嘴和辅助喷嘴相继关闭后，可以防止纬纱在综平前回跳而产生的纬缩疵点，并使探纬器正确探纬。延伸喷嘴的开启时间比纬纱的到达时间早 $10° \sim 20°$，可根据纬纱的波动情况而定，延伸喷嘴的关闭时间应与综平时间相同或略迟些。没有安装延伸喷嘴的织机，可将最后一组辅助喷嘴的关闭时间延迟到综平，以使纬纱在与经纱交织前处于伸直状态。

5. 剪纬时间

剪纬时间指剪纬装置剪断纬纱的时间所对应的主轴转角。机械凸轮式剪纬装置可通过改变凸轮安装位置来改变剪纬时间。剪纬时间早，纬纱较短；反之则长。一般剪纬时间应选在综平之后、经纬纱夹紧之时，以便经纱握持纬纱。

6. 主辅喷嘴供气压力

主辅喷嘴供气压力影响纬纱的飞行速度，决定纬纱出梭口的时间。主辅喷嘴供气压力增加，纬纱飞行速度提高，纬纱出梭口的时间提前。主喷嘴供气压力对纬纱到达时间的影响显著，它决定了纬纱速度的大小，因此，主喷嘴供气压力应根据纬纱出梭口时间设定。若主喷嘴气压太高，气流对纬纱作用力大，易吹断纬纱；若气压太低，纬纱难以顺利通过梭口，且会引起纬纱测长不准，产生短纬、松纬、出梭口侧布边松弛等疵病。主喷嘴压力一般为（3~3.5）$\times 10^5$Pa。辅助喷嘴的气流主要起维持纬纱飞行的作用，辅喷压力应略高于主喷压力，以避免飞行的纬纱出现前拥后挤现象，减少纬缩织疵。主辅助喷嘴的供气压力增大，都会使耗气量增加，但辅助喷嘴的供气压力增大，将使耗气量显著增加，因此在保证纬纱正常飞行前提下，辅喷气压尽量调低，以节约用气。主辅喷压力的关系为：

$$辅助喷嘴供气压力 = 主喷嘴供气压力 + (0.5 \sim 1.0) \times 10^5$$

当织机车速增加时，纬纱飞行时间减少，出梭口时间推迟，应增大主喷嘴供气压力。织物幅宽大，供气压力要大。设定纬纱总飞行角大，气压可小些。粗特纬纱供气压力应大于细特纬纱。电磁阀灵敏、喷射角适当、喷嘴喷射集束性好、喷嘴间距合理、原纱及织轴质量好、经密小、筘槽质量好，则供气气压可小些。当调整主喷嘴供气压力时，必须相应调整辅助喷嘴的供气压力，以调整辅助喷嘴气流速度。一般先调整主喷嘴压力，后调整辅助喷嘴压力。

7. 主喷低压气流

主喷嘴的压缩空气由高压和低压两部分组成。压力较高的压缩空气用于引纬；压力较低的压缩空气持续向主喷嘴供气，即使在高压气流关闭之后，主喷嘴仍然保持着较弱的射流。主喷嘴低压气流的作用有以下几种。

（1）在纬纱从定长储纬器上释放之前，使穿引在主喷嘴内的纬纱头端受到一个预张力作用，让纬纱保持伸展状态，防止卷缩或脱出。

（2）当主喷嘴瞬时产生高压引纬射流时，纬纱受到突然的拉伸冲击力会有所减弱，使纬纱进入风道时，头端跳动程度减小，避免引纬失误。

（3）用于纬纱断头处理的穿引工作。主喷嘴低压气流的压力太大，纬纱在进梭口前容易断头；压力太小，纬纱头端不能伸直而回缩扭结。主喷嘴低压气流调节以纬纱容易穿入，并在短时间内不产生断纬为原则，一般不大于 5×10^4Pa。

8. 剪切喷压力

部分喷气织机上，当引纬结束后剪刀在主喷嘴喷口处切断纬纱时，主喷嘴喷射一定压力的气流，以防止纬纱回弹缩回到主喷嘴内或脱离主喷嘴。剪切喷供气时间在剪断纬纱前后，一般在 40°~350°，剪切喷气压约为 0.1MPa。织造生产中，可使用光电频闪仪观察纬纱被切断后的松动状态，然后重新设定，增大压力，可减小纬纱的松动现象。

9. 延伸喷嘴喷射压力

延伸喷嘴供气压力应略高于主喷嘴和辅助喷嘴，一般为 $3 \times 10^5 Pa \sim 5 \times 10^5 Pa$。

（五）喷气织机运动配合和工艺参数实例

1. ZA200 型喷气织机织造防羽绒布实例

采用 ZA200 型喷气织机织造 T/C14.5tex×14.5tex，519.5 根/10cm×393.5 根/10cm，160cm 防羽绒布时，其主要运动配合如图 7-13 所示。

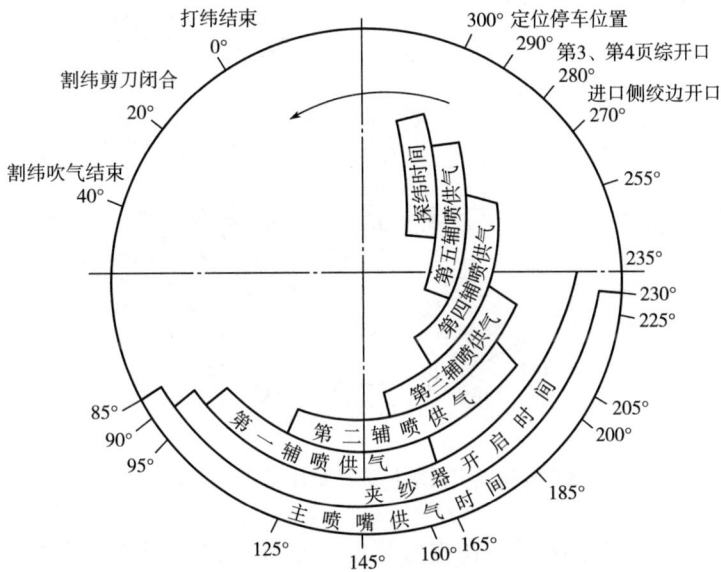

图 7-13　ZA200 型喷气织机织造防羽绒布的主要运动配合图

（1）夹纱器开启时间。一般情况开启角为 85°~115°，闭合时间为 230°~260°，在夹纱器开启过程中纬纱实际飞行角为 130°~170°。

（2）主喷嘴喷气时间。始喷时间比夹纱器开启早 0°~10°，终喷时间比夹纱器闭合早 5°~10°。

（3）辅喷嘴喷气时间。第一组首只喷嘴的始喷时间比纬纱头端到达时间早 5°~10°，末只喷嘴喷完时间比纬纱头到达时间迟 50°~60°；最后一组首只喷嘴的始喷时间比纬纱头端到达时间早 15°~20°，末只喷嘴喷完时间比夹纱器闭合迟 10°~20°；中间各组相应调整。

（4）喷射压力。储纱压力调整到卷绕在喂纱辊上的纬纱呈稳定状态为宜；割纱喷气压力调整到割纱时，纬纱穿过主喷嘴不被吹出；主喷压力调整到刚好不发生缺纬、测长不匀、松纬故障时的压力；辅喷压力应略高于主喷压力。

2. PAT 型喷气织机织造纯涤纶压基布实例

采用 PAT 型喷气织机生产 18.5tex×18.5tex，149.5 根/10cm×124 根/10cm，162.5cm 纯涤纶压基布工艺实例，如图 7-14 所示。

（1）第 1、第 2 页综框开口时间为 300°，第 3、第 4 页综框开口时间为 290°。

（2）夹纱器开启时间。一般情况开启角为105°，闭合时间为210°，在夹纱器开启过程中纬纱实际飞行时间为110°～210°。

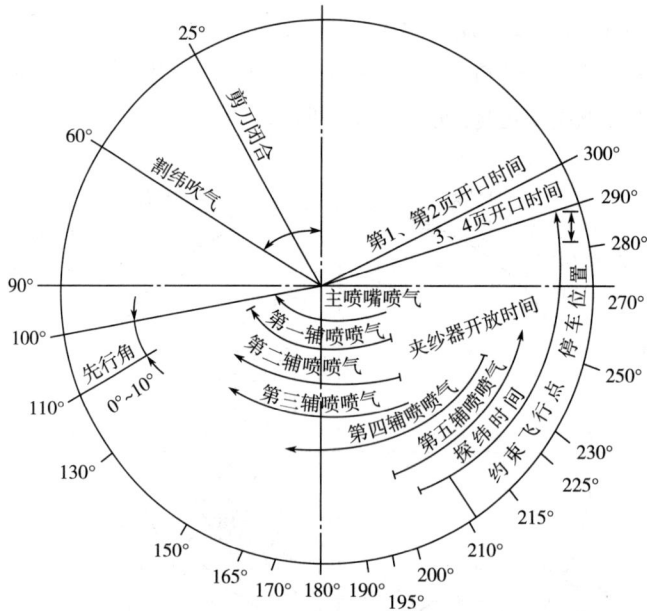

图7-14　PAT型喷气织机织造纯涤纶压基布的主要运动配合图

（3）主喷嘴喷气时间。始喷时间比夹纱器开启早0°～10°，主喷嘴始喷时间约100°，主喷结束比夹纱器闭合早5°～10°。

（4）辅喷嘴喷气时间。第一组首只辅喷嘴的始喷时间在100°，第五组辅喷嘴始喷时间为195°。最后一组首只喷嘴的始喷时间比纬纱约束飞行点早15°～20°，喷完时间在250°，末只喷嘴喷完时间比夹纱器闭合迟10°～20°；中间各组相应调整。

（5）探纬时间为200°～290°，剪刀闭合时间为25°，割纬吹气时间为60°。停车位置时间安排在280°～290°。

3. ZA203Ⅱ型喷气织机织造涤棉细布实例

采用ZA203Ⅱ型喷气织机织造 T/C50/5014.5tex×14.5tex、307 根/10cm×256 根/10cm、262cm 涤棉细布，车速为490r/min。对辅喷嘴工艺水平进行适当调整，节约用气的实例如下。

主喷嘴开启时间：50°；主喷嘴关闭时间：160°。辅喷嘴开关时间见表7-33。

表 7-33　辅喷嘴开关时间

序号	开启/（°）	关闭/（°）	到达/（°）	喷嘴数/个	间距/mm
1	50	120	89	5	80
2	70	140	105	5	80
3	90	160	125	5	80

序号	开启/（°）	关闭/（°）	到达/（°）	喷嘴数/个	间距/mm
4	110	180	145	5	80
5	130	200	165	5	80
6	140	210	185	4	60
7	160	220	200	4	60
8	170	240	210	3	60

主喷嘴喷气时间为110°；辅喷嘴每组喷气时间均为70°，8组合计喷气时间为560°。为了节约用气，将辅喷嘴开启时间延后5°，关闭时间提前10°。按工艺设定，每个喷嘴减少开启时间15°，1台织机按36个辅喷嘴计，共减少开启时间540°，相当于减少7.7个辅喷嘴，每小时可节气8.2m³，约为辅喷嘴用气的21%。

三、片梭织机织造工艺

我国引进的片梭织机主要用于生产高附加值的装饰用织物和高档毛织物，如床上用品、窗幔、高级家具织物、提花毛巾被、精纺薄花呢、提花毛毯等。

瑞士苏尔寿片梭织机是我国引进最多的机型。主要型号有1988年前的PU系列、1988年出产的P7100系列、1991年出产的P7200系列和目前最新的P7300系列四个不同时期的系列片梭织机。这四个系列的片梭织机的引纬基本原理是一样的，只是在其他功能上更加完善。苏尔寿片梭织机现已具备完整的系列，能适应棉、毛、丝、麻各类原料，并能适应各种不同幅宽。

根据织物品种范围的不同，苏尔寿片梭织机配备有四种类型的片梭（表7-34）。织造生产中，应根据所加工纬纱的纤维材料和细度合理选择片梭型号。不同型号片梭的钳口形状和钳口夹持力量是不同的，夹持力变化范围为16.7~29.4N。片梭表面应当光滑、耐磨，整个片梭的结构应符合严格的轴对称，过大的误差会引起梭夹钳口张开及夹纬的故障。

表7-34 瑞士苏尔寿片梭织机的片梭类型及适用范围

型号	材料	质量/g	外形尺寸/mm（长×宽×厚）	钳口尺寸/mm（宽×高）	钳口夹持力/N	特征与适用性
D_1	全钢质	40	89×14.3×6.35	2.2×3（4）	16.7~29.4	筘幅在390cm以下的中细特纬纱
D_2	全钢质	60	89×15.8×8.5	4×5	29.4	夹持力大，可用于花式线、粗特纬纱、540cm的阔幅织机
D_{12}	全钢质	40	89×14.3×6.35	4×5	29.4	夹持力大，可用于花式线、粗特纬纱、540cm的阔幅织机
K_2	梭壳为碳素纤维复合材料，梭夹为钢	22	86×15.8×8.5	2.2×4	16.7~21.4	不需加润滑油，适用于精细的、特浅色的高级织物

片梭织机的织造工艺参数可分为固定参数和可变参数。固定参数有投梭时间、筘座运动时间、织口至综框距离等,可变参数包括梭口的调节、综平时间、经停装置、组合踏盘、经纱张力、边道的调节以及引纬工艺的优化。

(一)固定参数

1. 投梭时间

投梭时间即扭轴的自锁解除时间。其调节方法为:当投梭凸轮上解锁转子推动三臂杆的中端时,使原来的自锁平衡破坏,扭轴迅速释放出势能。所以,调节投梭时间可通过改变凸轮在轴上的相位角来实现。

投梭时间的设定是固定不变的,不同筘幅配置不同的投梭时间(表7-35)。

表7-35　P7100系列片梭织机的投梭时间

公称筘幅/cm	投梭时间(D₁型或D₁₂型片梭)/(°)	投梭时间(D₂型片梭)/(°)	公称筘幅/cm	投梭时间(D₁型或D₁₂型片梭)/(°)	投梭时间(D₂型片梭)/(°)
190	150		390	110	110
220	150	120	430	110	110
280	135	120	460		110
330	120	120	540		110
360	110				

2. 筘座运动时间

筘座运动时间设定是固定不变的,而筘座静止时间均比片梭飞行时间大35°(表7-36)。筘座动程不变,织口至钢筘的最大距离为67mm。

表7-36　片梭飞行时间和筘座运动时间

投梭时间/(°)	到达接梭箱传感器的时间/(°)	片梭飞行时间/(°)	筘座由前返后开始静止时间/(°)	筘座由后向前开始运动时间/(°)	筘座静止时间/(°)	筘座打纬时间/(°)	
						PU系列	P7100系列
150	305	155	150	340	190	70	65
135	305	170	135	340	205	70	57.5
120	305	185	120	340	220	55	50
110	305	195	110	340	230	50	45

3. 织口至综框的距离

织口至各页综框的距离见表7-37。

表7-37　织口至各页综框的距离

综框页数	第1页	第2页	第3页	第4页	第5页	第6页	第7页	第8页	第9页	第10页
织口至各页综框的距离/mm	145	155	165	175	185	195	205	215	225	235

（二）可变参数的调节

1. 梭口的调节

（1）经位置线的调节。经位置线由后梁高度及托布梁高度进行调整，根据后梁和托布梁的不同高度可以构成对称梭口、轻度不对称梭口、强不对称梭口以及适用于长浮点织物的对称梭口。

①对称梭口。如图7-15（a）所示，此时托布梁高度为48mm，摆动后梁标尺高度为0。这种梭口属于对称梭口，其上层经纱与下层经纱张力一致，经纱张力比较柔和。适用于轻薄型密度稀疏的织物（如巴里纱、纱罗织物、手帕、纱巾等）以及纱线伸长度小、纱线质地脆弱的织物。

②轻度不对称梭口。如图7-15（b）所示，这时托布梁高度为48~49mm，摆动后梁标尺高度为+10~+15mm。这种梭口属于轻度不对称梭口，上层经纱稍为松弛，下层经纱增加张紧度。在这样的梭口状态下，打纬阻力下降，织物纬密可增加，织物趋于紧密，外观较丰满，手感有改善。这种梭口适用于所有的轻型和中厚型织物，是较普遍采用的梭口形式。

③强不对称梭口。如图7-15（c）所示，这时托布梁高度为51~52mm，后梁标尺高度为20~30mm。由于托布梁和后梁抬得很高，下层经纱极度张紧，上层经纱松弛，在打纬时纬纱容易产生沿经纱的滑动，打纬阻力小，可以织造纬密高的织物。这种梭口适用于各类高纬密的重型织物，如劳动布、帆布、帐篷布以及高密度的防羽绒布和府绸等。在使用这种梭口时，因上层经纱松弛，需防止出现跳花织疵以及片梭飞行时撞断经纱的现象。

④适用于长浮点织物的对称梭口。如图7-15（d）所示，这时托布梁高度为48mm，后梁标尺高度为-20~-10mm。这样的调节可使上层经纱的总张力较大，下层经纱的总张力较小，但由于是单面织物，经浮点多的一面在上层，即上层经纱多下层经纱少，因此两层经纱之间的张力分配趋于均匀合理。这种梭口形式适用于提花织物，其基本组织一般是缎纹组织和变化组织，采用这种梭口还有利于提花综丝的回综。

（2）后梭口长度的调节。后梭口长度由摆动后梁的位置决定。PU系列片梭织机摆动后梁前后有三种位置可以调节，P7100型片梭织机摆动后梁前后有四种位置可以调节。

①PU系列片梭织机后部梭口长度的调节。

a. 后部梭口短。如图7-16（a）所示，后梁1的摆动中心在托架2的内侧，后部梭口最短。这样的调节有利于经纱开口清晰，经纱不易互相纠缠，可以获得大的经纱张力。因此这种调节适用于重型织物和经密高的品种，也适用于开口不易清晰的织物。采用这种调节时，综框数不能超过14页。

b. 后部梭口较长。如图7-16（b）所示，后梁1的摆动中心在托架2的中部，后部梭口较长。这样的调节可使开口时经纱的相对伸长减小，适用于轻型和中厚型织物以及提花和缎

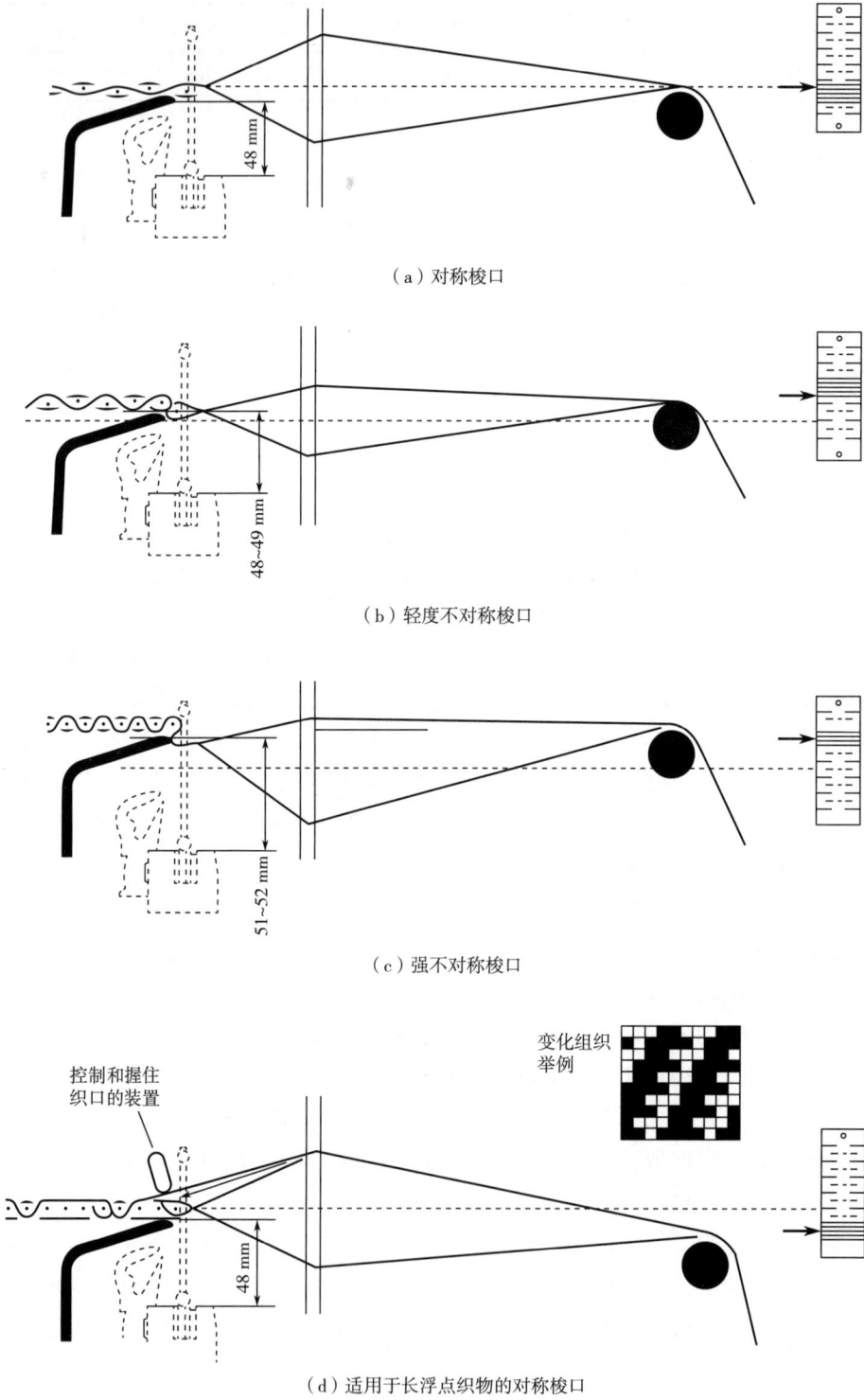

（a）对称梭口

（b）轻度不对称梭口

（c）强不对称梭口

变化组织
举例

控制和握住
织口的装置

（d）适用于长浮点织物的对称梭口

图 7-15　片梭织机的梭口

纹织物，并可适用于经纱强度较低、伸长率较小的织物。采用这种梭口长度时，综框数可以超过 14 页。

c. 后部梭口最长。如图 7-16（c）所示，后梁 1 的摆动中心在托架 2 的最外侧，可使后部梭口最长，适用于综框数很多、经纱浮长变化范围大和经纱张力不均匀的织物。这样的调节有利于织物外观匀整、平挺。

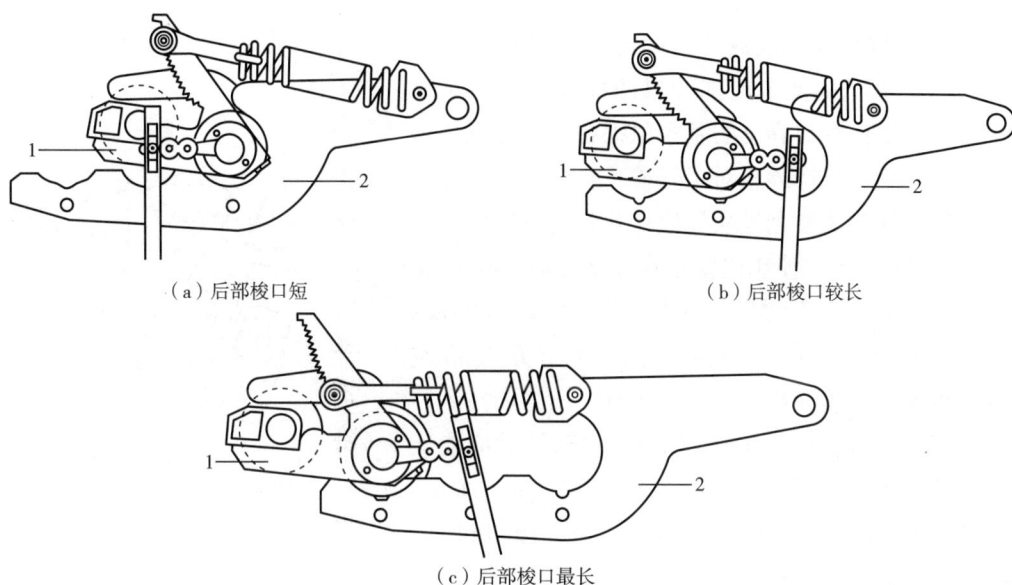

（a）后部梭口短　　　　　　　　　　　　　　　　（b）后部梭口较长

（c）后部梭口最长

图 7-16　PU 系列片梭织机后部梭口长度的调节
1—后梁　2—托架

②P7100 型片梭织机后部梭口长度的调节。如图 7-17 所示，后梁前后有 A、B、C、D 四个位置可以调节，形成后部梭口较短或较长（表 7-38）。

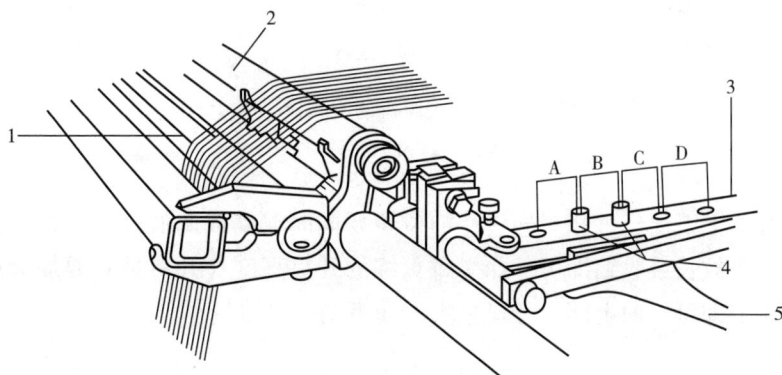

图 7-17　P7100 型片梭织机后部梭口长度的调节
1—偏转辊　2—后梁　3—调节支架　4—螺丝　5—支架

表7-38　P7100型后梁前后位置调节

后梁前后位置	后部梭口长度	织物适应范围
后面A和B	后部梭口较短	综框页数较少及经纱开口较差的织物，或厚重织物
前面C和D	后部梭口较长	适用12页综框以上的提花、缎纹织物及长浮经织物，或边盘直径为940mm及以上的经轴

（3）前部梭口高度的调节。确定托布架和后梁的高度以后，就应正确调节前部梭口的高度，即各页综框的动程。调节前梭口高度的基本原则有下面两点。

①必须使上下层经纱相对于导梭片有合理的位置。

②必须使纬纱能顺利地从导梭片孔腔内滑脱出来。

如图7-18所示，使织机停止在综平以后180°的位置。这时梭口开足，上层经纱在梭导片顶部上方1mm左右，下层经纱应在梭导片孔腔内凸缘的下方3mm左右，这样可保证片梭在梭口内顺利飞行，不打断经纱。

用手回转织机，从340°转到15°，这时纬纱应能从导梭片孔腔的出口处顺利滑出，如图7-19（a）所示，这是理想的梭口高度。图7-19（b）表示梭口过高，图7-19（c）表示梭口过低。

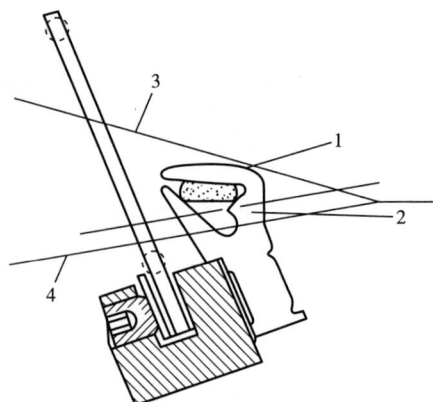

图7-18　片梭织机前梭口高度的调节
1—导梭片顶部　2—导梭片孔腔内凸缘
3—上层经纱　4—下层经纱

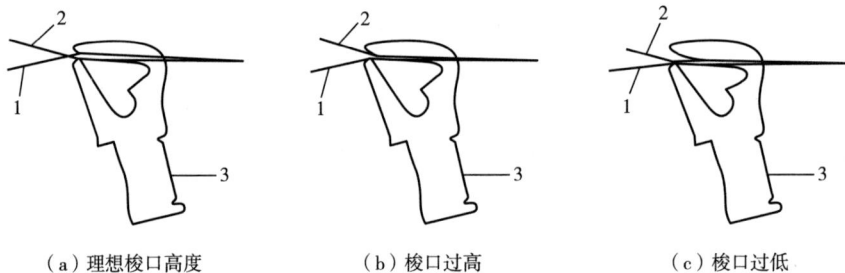

（a）理想梭口高度　　　　（b）梭口过高　　　　（c）梭口过低

图7-19　片梭织机的不同梭口高度
1—下层经纱　2—上层经纱　3—导梭片

如果每页综的上下层经纱相对导梭片的位置要同时调高或调低时，可在开口踏盘内将各页综的调节杆适当放长或收缩即可。如果每页综的开口高度（开口量）要加大或缩小时，可将叉形杆上下调节即可，向上调、开口量大；向下调、开口量小。

2. 综平时间

（1）综平时间的调节。综平时间应在350°~30°，根据织物具体要求在上述范围内调节。如综平时间早于350°，纬纱在梭口内不能充分伸直，影响织物的质量；若综平时间迟于30°，则在片梭进入梭口时，因梭口还没有开足，容易造成经纱断头。不同类型织物品种的综平时间调节可参考表7-39。

表7-39　不同类型织物品种的综平时间调节

织物或纱线种类		梭口综平时间			备注
		地经/（°）	边经/（°）	锁边经纱	
棉织物	黏胶纤维织物、棉黏混纺织物	350~0	350~0		梭口闭合早（350°）的优点：布面丰满，开口好
	绒类织物、劳动布、牛仔布、缎纹织物	355~10	350~0		经纱上浆轻且疵点多时，梭口闭合时间应调节在0°~10°
	细特高密织物	355~0	350~0		
麻纱织物 黄麻织物		0~10	355~0		
精纺纯毛及混纺织物	经纬纱为股线 纬纱为单纱	350~0 0~10	350~0 350~0		为防止轧梭，单纱的综平时间应稍晚于股线
	粗纺毛织物	0~10	350~0		
结子线及花式线		0~10	350~0		
丝织物		25~45	25~45	325~335	
人造纤维	黏胶纤维、醋酯纤维、三醋酯纤维	10~20	350~0	325~330	
	无捻聚酰胺纱、聚酯纱	10~30	350~0	325~340	
	变形纱（假膨体纱）	10~40	350~0	325~340	
	变形纱（空气膨体纱）	10~40	350~0	325~340	
	空气膨体纱、无捻纱	20~45	350~0	325~340	
	上浆的无捻长丝纱	20~45	350~0	325~340	
聚酯巴里纱织物		40~50	350~0		
聚丙烯和聚乙烯扁丝		0~30	3520~330		

注　（1）只有在使用踏盘开口装置时，边经的梭口闭合时间才能与地经不同。

（2）锁边经纱是一对相隔约3mm的边纱，穿在单独的综框中。其作用在于将光滑的长丝纬纱头端锁住。其梭口闭合时约为320°，不会影响梭口内纬纱的张力。使用多臂或提花开口时，这些综框由锁边经纱装置驱动。

（2）综平高度有轻微差异的梭口。为了使上下层经纱交叉通过时在不同的层面上进行，并使纱线交叉通过有较大的空间，以减少相互间的摩擦，改善开口清晰度，对于高经密或纱线毛羽较多的织物可采用综平高度有轻微差异的梭口，如图7-20所示。

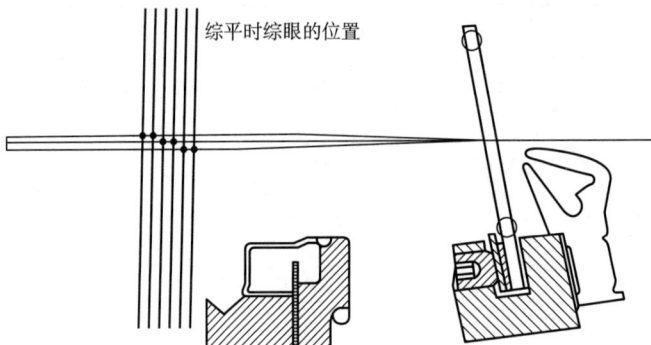

图7-20　综平高度有轻微差异的梭口

这种梭口的经纱运动轨迹如图7-21所示，其综平时间是一致的，但其综平点的高度位置差异为 Δh 。为了达到综平高度有轻微差异，综框的高度位置应有所不同。这样，就造成上层梭口和下层梭口均有轻微的不清晰度。综平高度有轻微差异的梭口可以在使用多臂开口或凸轮开口的织机上实现。

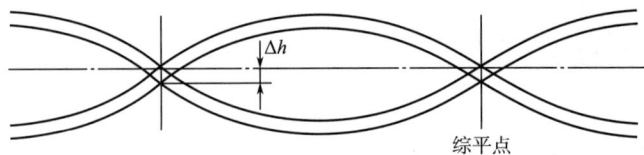

图7-21　综平高度有轻微差异的经纱运动轨迹

（3）综平时间有轻微差异的梭口。在配有凸轮开口的片梭织机上，可在组合凸轮时，安排轻微的综平时间差异，如图7-22所示。

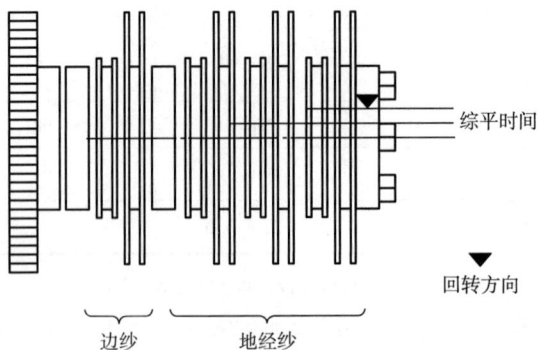

图7-22　开口凸轮组合安排综平时间差

这种梭口的经纱运动轨迹如图7-23所示，各对综框的综平高度位置是相同的，但综平时间有 Δt 的差异，一般来说，$\Delta t = 5° \sim 10°$。若差异过大，则会对织物外观带来不利的影响，所以一般总是先采取综平高度有轻微差异的梭口来适应高经密的织造，只有十分必要时才使用综平时间有轻微差异的梭口。

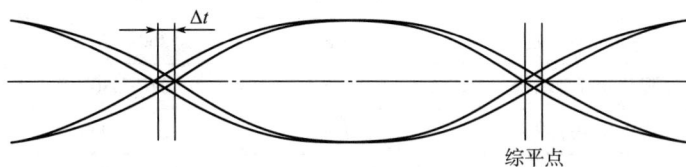

图7-23 综平时间有轻微差异的经纱运动轨迹

3. 经停架位置调节

经停架位置的调节取决于综框数、梭口高度、织物密度以及经纱原料等因素。

经停架固装在托纱杆上，调节托纱杆位置就是固定经停架位置。如图7-24所示，织机处于200°梭口开足时，先调节托纱杆与最后一页综框之间的前后位置距离 a，此距离可根据织物品种确定，见表7-40。然后再调节托纱杆的高低位置，原则上以托纱杆与下层经纱轻度接触为好。如果经停片横向摆动严重时，可将托纱杆略微抬高；如果为厚重型织物，也可适当提高托纱杆，有利于打紧纬纱。

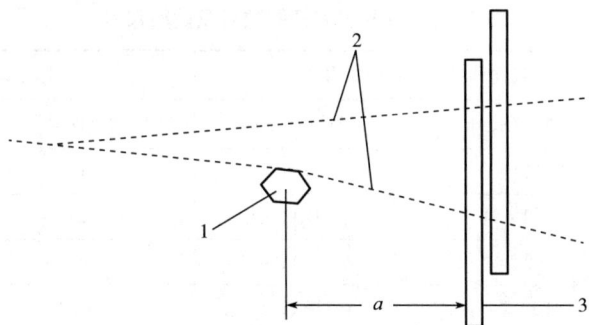

图7-24 经停装置托纱杆位置的调节
1—托纱杆（六角棒） 2—经纱 3—最后一页综框

表7-40 托纱杆（六角棒）的前后位置调节

织物品种		综框页数	距离 a/mm[①]	后梁前后位置[②]
短纤纱织物	轻型织物	8以下	310~320	内侧（C位置）
	中厚型织物	8以上	250~300	内侧（C位置）
	轻中型织物	9~14	300~320	内侧（C位置）
	多综框复杂织物	15~18	360~370	中部（B位置）

织物品种		综框页数	距离 a/mm①	后梁前后位置②
短纤纱织物	厚重织物	10 以下	260~270	内侧（C 位置）
	府绸织物	6 以上	210~220	内侧（C 位置）
长丝织物	变形长丝织物	8 以下	360~370	内侧（C 位置）
	未变形长丝织物	13~15	360~370	中部（B 位置）
	变形长丝轻型织物	10 以下	310~330	内侧（C 位置）
	变形长丝中厚织物	14 以下	290~300	内侧（C 位置）
	丙纶扁丝织物	6 以下	320~330	内侧（C 位置）

①参见图 7-24。

②参见图 7-17。

4. 经纱张力调节

PU 系列片梭织机采用摆动后梁和弹簧系统平衡经纱张力。P7100 系列及 P7300 系列片梭织机采用摆动后梁和扭力杆系统平衡经纱张力。扭力杆的频率响应比弹簧的频率响应好，可迅速达到平衡经纱张力的作用。

（1）扭力杆调节。在扭力管内可以安装多根方形截面的扭力杆，不同幅宽的织机安装扭力杆的根数及其截面尺寸不同（表 7-41）。

表 7-41 方形扭力杆的数目及截面尺寸

公称幅宽/cm	轻薄和中厚织物用扭力杆		厚重织物用扭力杆	
	数目/根	横截面/mm	数目/根	横截面/mm
190	1	11×11	1	11×11
220	2	11×11	2	11×11
280	2	11×11	2	13×13
330	1 或 2	11×11	1 或 2	13×13
360	3	11×11	3	13×13
390	1 或 2	11×11	1 或 2	13×13
430	3	11×11	3	13×13
460	3	15×15		
540	4	15×15		

一般每根方形扭力杆的扭角可初步调节为 15°~20°，如果有两根及以上方形扭力杆，则可初步调节总扭角为 30°~40°；然后按照织物工艺需要，观察打纬区宽度、开口清晰度、边撑的布边伸幅位置（布边应和钢筘的边筘齿对齐）及布面疵点情况来适当调节经纱张力，可以增加或放松扭力角来调节。

（2）张力调节杆与定位杆位置。如图 7-25 所示，张力调节杆的长度 L 和定位杆孔的位置，应根据经轴边盘的大小、送经蜗杆蜗轮传动比及纬密范围来决定。

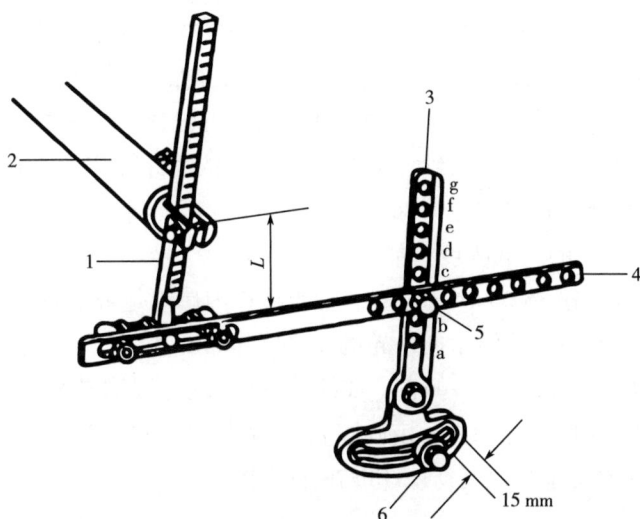

图 7-25　扭力杆式机械送经装置张力调节

1—张力调节杆　2—扭力管　3—定位杆　4—传动杆　5—螺钉　6—偏心圆弧槽

5. 引纬工艺调节的优化

（1）投梭力调节的优化。投梭力即扭轴的弹性势能储存量的大小。由片梭的重量、织机的速度、织机的幅宽来决定。

投梭力调节方法：改变扭轴的最大扭角和更换扭轴的直径、旋转调节螺栓，使扇形套筒板转动一定角度，以改变扭轴的最大扭角，从而达到调节投梭力的目的，外套筒后端的下侧有刻度标尺，扇形套筒的下部有刻度标记 M，用来指示最大扭角的值。扭轴扭转过度或不足，均将造成机器其他部件的损坏，因此，扭轴直径应根据所需引纬速度选用。扭轴直径、扭角与片梭初速度的关系如图 7-26 所示。

扭轴的加扭范围见表 7-42。

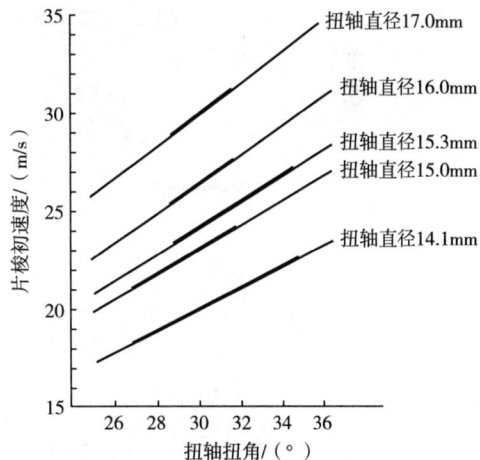

图 7-26　扭轴直径、扭角与片梭初速度的关系

表 7-42　扭轴的加扭范围

扭轴直径/mm	正常加扭角度/（°）	扭轴直径/mm	正常加扭角度/（°）
14.1	27~35	16.0	29~32
15.3	29~35	17.0	29~32

扭轴扭角的大小应根据织机筘幅、纱线细度以及织机转速而调节。

上机开出后，应调节投梭力，使投梭力刚好达到工艺需要。调节时可先采用较小的投梭力，再逐步加大，直至织机的红色信号灯和电气控制箱中 WAL 模体上的 PFR 红色发光二极管不亮为止，此时片梭到达接梭箱传感器的时间略早于 310°，这是最佳的调节。

（2）引纬张力调节的优化。上机开出后，应调节引纬张力，把梭口内单根纬纱的张力调节好，不允许单根纬纱有松弛现象，应达到纬纱平直而不张紧。如图 7-27 所示，当凸轮 1 的小半径与转子 2 接触时，压掌 3 将纬纱压得最紧，此时依靠纬纱张力平衡杆的上升运动将梭口中的纬纱拉直。合理调节梭口内单根纬纱的张力，就是调节制纱作用第三阶段中压掌位置的高低程度，即 b_3 点位置的高低程度，如图 7-28 所示。

调节方法：使织机停在 352°~0° 的位置，检查梭口内单纱是否平直。如纬纱有松弛现象，应使螺钉 4 向上方退出一些，使转子向凸轮的小半径靠紧一些，这时压掌位置下降（图 7-28 中 b_3 点位置降低），可使梭口中纬纱伸直。如纬纱过分张紧，应使螺钉 4 向方旋转，使转子 2 离开开口凸轮的小半径（两者之间有一定间隙），这时压掌位置上升（图 7-28 中 b_3 点位置升高），可减少梭口中纬纱的张紧程度，使纬纱在梭口中平直。

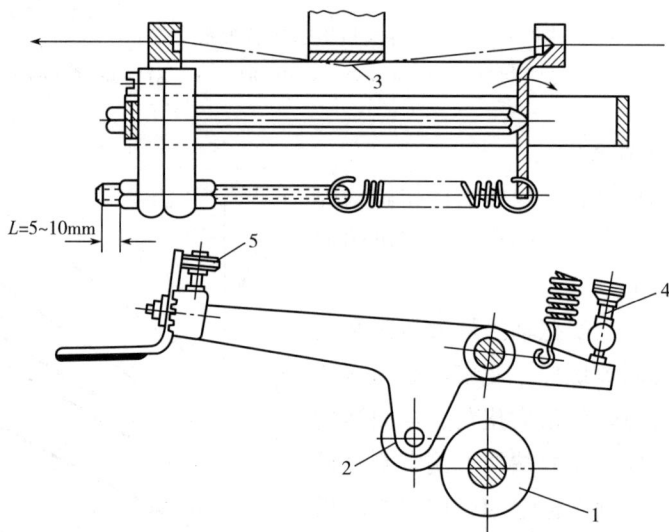

图 7-27　纬纱制动器

1—凸轮　2—转子　3—压掌　4—螺钉　5—螺帽

应注意，调节螺钉 4 时，只变化制纱作用第三阶段中压掌位置的高低，并不改变制纱作用第一和第二阶段中压掌的位置（图 7-27 和图 7-28）。但在调节螺帽 5 时，将使制纱作用各阶段中压掌的位置同时升高或降低，因此当使用螺帽 5 调节好第一和第二阶段中压掌的位置后，应复查第三阶段中压掌的位置，如不符合要求，需重新调节螺钉 4。

对于粗特数纱，第三阶段中压掌位置应为最低（图 7-28 中 b_3 点位置最低），这时转子 2 与凸轮 1 的小半径之间仅有很小的间隙（图 7-27）。对于细特数纱，第三阶段中压掌位置应

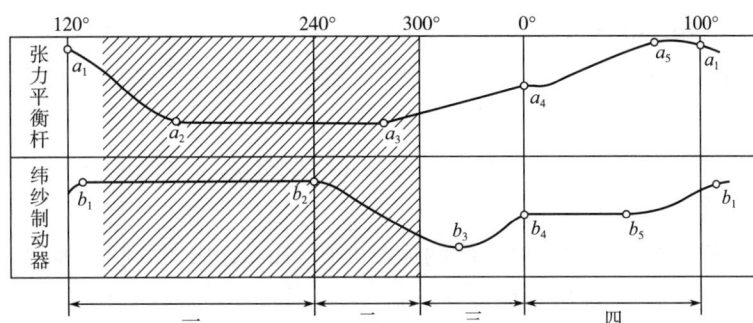

图 7-28 张力平衡杆与纬纱制动器配合作用

升高一些，以减少压紧程度，这时转子 2 与凸轮 1 的小半径之间有较大的间隙。

梭口中单根纬纱张力的调节，对于细特薄型织物如府绸、丝绸织物等尤为重要。

（3）复查综平时间和综框高度。上机开出后，应复查综平时间和综框高度。

①在 352° 时复查接梭箱侧布边与片梭之间纬纱是否松弛。因在 352° 时，接梭侧片梭回退到靠近布边处，这时引纬侧的纬纱张力平衡杆应把梭口中纬纱拉直，此时，在接梭侧的布边与片梭之间的一段纬纱不应有松弛现象。如发现纬纱松弛，应调节纬纱制纱器或使综平时间从 350° 改为 0°。

②在综平时复查前梭口高度，如有不符合要求的情况应调节综框的高度。

（4）优化纬纱监控时间。纬纱监控的标准时间是从 220° 到 310°，利用纬纱张力杆在 310° 以后继续提升的动作，使纬纱在压电陶瓷传感器内继续有位移和压力，继续可以发出信号，以实现纬纱监控的延时。具体操作是利用 SFW 模件上的 FTV 步进开关进行纬纱监控延时的调整，延时越长，越利于防止缺纬，但延时过长将造成空关车。为此，需进行纬纱监控延时的优化调节，方法是：利用 SFW 模件上的 FTV 步进开关逐步增加延时，直至 FTV 黄色发光二极管发亮为止，然后使 FTV 步进开关拨回一级（延时缩短一级），这就是纬纱监控延时的最佳调节方法。

（三）片梭织机工艺实例

1. 低特高密防羽绒布

原料：纯棉

经线密度×纬线密度：11.8tex×11.8tex（50 英支×50 英支）

经密×纬密：500 根/10cm×460 根/10cm

地组织：$\dfrac{1}{1}$ 平纹

坯布幅宽：230cm 单幅

筘幅：239.6cm

筘齿密度：23.75 根/cm

投纬顺序：A—B—A—B 混纬

织口位移量：4mm

织机型号：P7100B280N1-1EPD$_1$R

织机车速：365r/min

扭轴直径×扭角：19mm×25°

片梭类型：壳体 D$_1$ 型，梭夹 21.56N 夹力，光滑型钳口

导梭片类型：错开排列式

纬纱制动：单片式制动压掌，制动薄钢片厚度 0.07mm，用弱的制动弹簧

综框数：6 页（地 4 页+绞边 2 页）

综平时间：0°

经位置线：后梁标尺高度 15mm，托布梁高度 50~51mm

2. 重磅牛仔布（559g/m^2）

原料：纯棉

经线密度×纬线密度：118tex（55 英支）（靛蓝染色）×109tex（5.4 英支）（原色）

经密×纬密：236 根/10cm×153 根/10cm

地组织：$\dfrac{3}{1}$ 斜纹

坯布幅宽：160.5cm×2

筘幅：329.9cm（共 1867 筘齿）

筘齿密度：56.6 根/10cm

投纬顺序：A—B—A—B 混纬

织口位移量：10mm

织机型号：P7100B330N1-1EPD$_1$R

织机车速：330r/min

扭轴直径×扭角：19mm×28°

片梭类型：壳体 D$_1$ 型，梭夹 24.5N 夹力，带有半圆形槽的钳口

导梭片类型：整体式

纬纱制动：单片式制动压掌，制动薄钢片厚度 0.07mm，用强的制动弹簧

综框数：10 页（地 8 页+绞边 2 页）

综平时间：10°

经位置线：后梁标尺高度为 15mm，托布梁高度 50~52mm

第八章　车间布置与设备排列

第一节　车间布置

车间布置的任务是确定生产厂房中各生产车间及其附属房间的相对位置。车间布置应结合厂区总平面布置、厂房形式、柱网尺寸、工厂规模、产品种类、生产工艺流程、安全防火、卫生规范和机器排列方案等综合考虑后全面规划、统筹安排。车间布置合理，不仅利于生产和安全运输，而且为土建、电器、空调、给水与排水等设计提供了较好的设计基础。

一、车间布置的基本原则

车间布置应满足工艺生产要求，保证生产工艺路线和半成品的运输路线顺畅，便于管理，留有发展余地，并尽可能创造一个良好的工作环境。车间布置的基本原则如下。

（1）首先要满足主要生产车间的要求，然后再综合考虑其他车间。按照它们在生产中和生活中所起的作用，进行合理的平面布置和安排。

（2）各车间之间的相互位置要保证工艺路线合理，使半成品和成品的运输路线最短，并尽量呈直线进行，避免迂回交叉，保证生产和安全，为采用自动化、机械化运输创造条件。

（3）原料进车间的入口处要尽量靠近原料仓库。如果成品检验设在成品仓库内，还应尽量考虑北向采光的要求。

（4）对于温湿度要求不同的生产车间或工序，考虑用通道或隔墙隔开，以便于空气调节和管理。对于温湿度要求相同或相近的车间，应尽量集中或靠近，以便充分利用空调和风道。

（5）纺织企业生产对空调的要求较高，为了获得均匀和有效的送风，在确定车间布置时，应考虑送、回风的条件。风道单向送风最大长度以不超过70~80m为宜。锯齿形厂房考虑采光要求，风道为东西向，因此，双向送风的锯齿形厂房，其东西向最大长度也应在140~160m以内。

（6）纺织企业厂房面积较大，组织好屋面排水很重要，车间布置应为屋面排水创造条件。一般天沟也为东西向。为了使天沟排水通畅，其底部需有一定的坡度，单向天沟的长度应不超过70~80m。

天沟❶排水，应不使雨水横越建筑伸缩缝❷，最好以伸缩缝为分水线。单层装配式锯齿形

---

❶ 天沟常用于建筑学，指屋面排水的沟槽。天沟是指建筑物屋面两跨间的下凹部分。排水一般是把雨水集到天沟内，再由雨水管排下，聚集雨水的沟就被称为天沟，天沟分内天沟和外天沟，内天沟是指在外墙以内的天沟，一般有女儿墙；外天沟是挑出外墙的天沟，一般没有女儿墙。天沟多用铜制成。

❷ 建筑伸缩缝即伸缩缝，是指为防止建筑物构件由于气候温度变化（热胀、冷缩），使结构产生裂缝或破坏而沿建筑物或者构筑物施工缝方向的适当部位设置的一条构造缝。伸缩缝是将基础以上的建筑构件如墙体、楼板、屋顶（木屋顶除外）等分成两个独立部分，使建筑物或构筑物沿长方向可做水平伸缩。

厂房伸缩缝间距，由于屋面板上部有保温或隔热层，室内的温差较小，主车间南北锯齿形方向是跨度结构，因此一般可以不设置伸缩缝，东西方向伸缩缝的间距不大于110m。

（7）从建筑结构看，车间的外形最好呈正方形或矩形，达到东西方向：南北方向 = （1：1） ~ （2：3）的要求。车间的位置和结构，均应符合建筑防火规范，各车间相对位置应充分考虑通风、卫生、采光等要求。

纺织企业中的制丝企业为了满足天然采光和通风排湿的要求，目前大部分采用分散厂房，车间南北向的宽度一般为30~40m（不包括附房），其长度刚好能垂直天窗排列一组立缫机或自动缫丝机，即车间呈东西长、南北短的矩形。

在织造车间，织机的主轴最好应垂直于天窗，但若织一般简单组织的织物时，织机也可平行天窗排列，整经机、穿筘机和验布机若天然采光，整经机最好设计成垂直天窗排列，并使挡车工操作时背对天窗，穿筘机和验布机除了垂直天窗排列外，还应采用左侧向采光。

在无窗厂房中，昼夜都用人工照明，机台排列无方向要求，但因日光灯易衰老，为了保全和保养，照度标准要比有窗厂房的高些。做空调设计时，为了保障人员的健康，车间中应避免不太通风的死角，换气次数也应比有窗厂房的多一些。

（8）在满足工艺路线合理的前提下，应尽量使用水、用汽较多的车间相对集中，并尽量靠近水、汽供给源和污水处理系统，尽可能缩短管路。

（9）附属房屋应尽量布置在生产厂房周围的附房内。生产附属房屋应靠近其所服务的车间或机台，生活附属房屋的布置也应方便其服务对象。

（10）多层厂房中，对重量大、振动大，或需开地沟、地坑的机器设备等，以布置在底层为宜，可以减轻厂房载荷和振动，从而减少基建费用。采光要求高的车间，如络并捻及整经等车间，宜布置在楼上，机台做楼上楼下排列时，应注意设备数量，避免排列过紧或有大面积的空地留出。

综上所述，影响车间布置的因素很多，而车间布置对今后企业的生产、管理以及发展将产生长期的影响。这就要求设计人员，兼顾各个方面的特殊要求，对方案做出比较，从而确定车间布置的最佳方案。

二、车间布置形式的选择

按照车间布置的各种原则，纺织企业通常选择外形简单，布置合理经济的车间布置形式。设计部门在考虑车间布置形式时，应结合企业厂区的占地面积、厂区布置、地形特点、厂房形式、机器设备、工艺流程、运输、建设投资等因素来选择。下面介绍几种常用的车间布置形式。

1. 环形布置

规模大的企业大多数采用环形的车间布置形式，整个生产区呈矩形。

2. 直线连续布置

生产规模不大的工厂可选择直线连续的车间布置形式，这种形式天然采光和自然采光结合，采光良好，整个生产区狭长。

3. 并列布置

各生产车间并列布置，车间与车间之间隔开一定距离，一般为 15m 以上，以利于天然采光和自然通风。

4. 混合布置

车间布置采用两种或两种以上的混合方式，一般大规模的，以分厂制管理的企业会采用混合式车间布置。一方面利于原料与成品的运输，另一方面可以提高土地面积的利用率。

纺织企业按照车间布置的各种原则，根据从原料到成品的工艺路线，可能产生以下布置结果：对于采用锯齿形厂房的企业，车间常采用混合型布置如图 8-1 所示。在多层厂房里，如果是二层楼房，底层为织造车间，二层为准备车间，如图 8-1（c）所示，东西两侧附房各设置一部电梯，原料由西侧电梯送入准备车间，加工好的经纬半制品由东、西侧电梯送入织造车间完成织造。如果是四层楼房，通常一、二层布置织机，三、四层布置准备设备。原料由电梯送入准备车间后，经各准备工序加工成经、纬半制品，再经电梯送入织造车间完成织造。上述布置均形成了平面流程和垂直流程的混合布置形式。

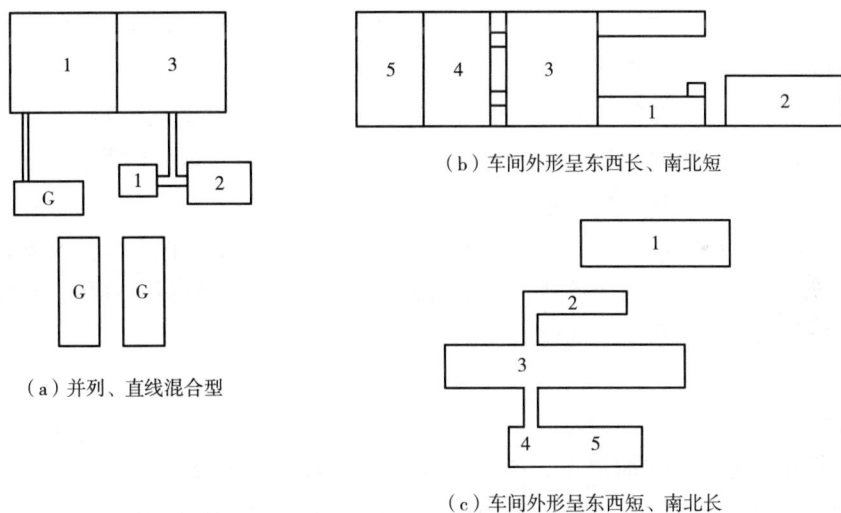

（a）并列、直线混合型

（b）车间外形呈东西长、南北短

（c）车间外形呈东西短、南北长

图 8-1　混合型车间布置的一般形式

三、车间周围附属房屋的布置概况

附属房屋是生产车间的附加部分，常与生产车间直接毗邻。附属房屋包括生产附房，如空调室、变配电室、滤尘室、调浆室、试验室、机物料间保全保养室等，还包括生活附房，有厕所、盥洗室、更衣室、食堂、保健室等。另外，还有管理用的附房，如车间办公室以及其他必需的办公室。生产车间布置好后，合理安排附属房屋既利于生产，又方便生活。

生产车间位置布置好后，其周围附房也可按需配置，其布置原则如下。

（1）附属房屋一般布置在生产厂房周围，其位置靠近它所服务的车间，这种附房可使生产车间和外界隔开，从而稳定车间温湿度。

（2）附房布置应优先安排空调室、滤尘室、变配电室、调浆室、厕所等涉及管路布置的附房，其次安排实验室、保全保养室及各种专件室等生产附房，最后安排更衣室、保健室、盥洗室、车间食堂等生活附房和车间办公室等。

第二节　车间设备排列的基本原则

在新企业设计中，各生产车间设备的排列是整个企业设计工作中的重要环节之一。机器排列的任务是在各个生产车间妥善地确定各机台的安装位置。机器排列是否合理，不仅影响柱网尺寸的选择、厂房的建筑面积、建筑投资等技术经济指标，而且对企业投产后的生产管理、运转操作、半制品的运输和设备维修等各个方面都有直接的影响。若因设备排列不当而造成严重缺陷，即使事后设法弥补也收效甚微。因此在进行设备排列时，应进行多方案比较，从中选出技术上可行并且先进、经济上合理且切实可行的最佳方案。

设备的排列应遵循工艺合理、经济节约、运输路线短、劳动保护好等原则。

一、工艺合理

（1）有利于组织生产和便于现代化生产管理，相同的设备要排在一起，使车间排列整齐美观。纺织企业的特点是机台多，操作工人一般进行多台巡回管理，因此机台的排列要根据目前和今后工人的看台能力，便于巡回操作来安排。

（2）要有合理的操作区域和通道，便于运转操作、安全运输、保全保养及安装维修。

（3）要考虑合理的辅助工作场地，如织造企业的准备车间，应留有堆放、检验等场所。

（4）适当考虑保全维修工作场地。

二、经济节约

（1）在满足工艺生产的前提下，操作弄和通道不要过多地放宽。因为纺织企业的设备多，占地面积大，每条操作弄放宽一点，整个车间占地面积就增加许多。

（2）不要在车间过多地留辅助和保全等工作场地，这些空地应经过计算和安排，不要凭估计而多留。

（3）附属车间和办公室、生活用房，尽量不要安排在主厂房内，可安排在主厂房周围和设备排列相适应的附房或通道、走廊内，以减少主厂房占地面积，降低基建费用。

织造企业设备排列的技术经济指标是百台织机平均占生产厂房面积：

$$百台织机平均占生产厂房面积 = \frac{生产厂房面积 \times 100}{织机总配备台数} \tag{8-1}$$

因为织造企业多为集中厂房，生产厂房面积即为主厂房柱网总面积。该指标随织物品种及门幅不同而异。另外，织造企业还会使用下述一些技术经济指标：

$$每台织机使用面积 = \frac{生产车间总面积}{织机总数} \tag{8-2}$$

$$织造车间面积利用系数 = \frac{织机占地面积}{织造车间总面积} \times 100\% \tag{8-3}$$

$$织机占地面积 = 织机长度 \times 织机宽度 \times 织机台数 \tag{8-4}$$

$$准备车间利用系数 = \frac{准备设备占地面积}{准备车间总面积} \times 100\% \tag{8-5}$$

$$准备设备占地面积 = 准备机械长度 \times 准备设备宽度 \times 准备设备台数 \tag{8-6}$$

在计算单位设备占地面积时，不计靠墙的通道面积，而另外加上应有的车弄面积。对于两种设备共有的通道，则各计算一半。

三、运输路线短

（1）在不影响通风、采光的情况下，设备的排列应考虑尽量缩短运输路线。

（2）设备排列要考虑前后工序的衔接，使车间运输路线能形成流水作业线和多机台看管。

（3）生产过程中在制品的运输要防止迂回、交叉。

（4）门、通道的位置和大小要合理，主次通道分布恰当，避免人流在制品运输路线的交叉干扰。

四、劳动保护好

（1）设备排列要注意采光要求，布置时要注意工作面的朝向。尤其是锯齿形厂房，一般应使机台垂直天窗排列，使北光均匀地照射到各机台的工作面上，不致发生各机台自然采光不均匀的情况。

（2）设备排列要有利于通风排湿。一般来说，织造企业的主要生产车间对温湿度都有一定的要求，因此机台排列时应该考虑便于温湿度的管理和控制。比如，织造企业的浆纱车间高温多湿，如果在建筑上做一些技术处理，使机器排列的操作弄对着窗口，有效地利用自然通风，使气流通过工作区，将有利于工作区的通风降温。

（3）设备的排列要考虑良好的工作环境。如在可能的条件下，操作弄不要太窄；门、通道的位置要便于工人上下班；机台排列要适当考虑工人工间休息场所；附属生活用房的距离不要太远等。

除了上述这些原则外，进行设备排列时还要考虑其他一些因素。如设备的排列和管线、沟道、风道等的布置相适应，以利于缩短管线长度，节约用地，并适当考虑今后的发展；机台排列应避免与建筑结构冲突（个别机台例外）；排列时应充分考虑某些工序的特殊要求，如整理检验室的北斗窗；设备排列和色彩巧妙组合，体现出整齐、美观、大方，使工人在劳动中有舒适感；车间面积大时，除机器靠墙的主通道外，应在车间中央设置贯通纵向和横向的主通道，以保证行人、运输的方便和安全，发生火灾或其他事故时有足够的通道和门供人们撤离；对外开放的企业应适当加宽通道和操作弄，留有参观场地；要装起重设备（如吊轨、吊车）的机器和场所（如整经机、浆纱机、经轴室），机台排列要考虑安装吊挂设备的位置和高度，设备距墙、柱或设备间的距离，应满足装卸的安全操作要求；锯齿形厂房中，排列高设备时应考虑大梁的位置和大梁底的高度；设备排列要符合国家有关建筑、安全防火、劳动保护及卫生等方面的现行标准和设计规范等。

由于锯齿形厂房受天然采光条件的限制，跨度一般不超过9m，机器排列受到一定的约束，而无窗厂房因不采用自然光线且用钢结构厂房，屋架较轻，常采用大梁长度较长的大柱网尺寸，机器排列较有窗厂房的机器排列方便。

第三节　织造企业各车间的设备排列

一、设备排列的步骤

在排列设备之前，应做好一系列的准备工作，要落实所确定的工艺流程、厂房形式及柱网尺寸、设备的型号规格、外形尺寸、机台数以及生产组织管理系统等。

（1）根据主厂房平面设计规划中准备车间和织造车间的相对位置，结合柱网尺寸选择和柱网数进行初排。

（2）首先对织机进行排列，要求在柱网数目、柱网尺寸等方面基本达到满足。

（3）按照准备机器的工艺关系和各项原则规定进行排列。

（4）最后确定附属房屋的布置。

二、织机的排列

1. 概述

无梭织机如剑杆织机、喷气织机、喷水织机和片梭织机，纬纱都是从机前方左侧圆锥筒子引出后喂入梭口，电动机及皮带盘的位置也设计得比较隐蔽安全，故各种无梭织机只有一种外形（无对称型）。排列时，沿织机宽度方向，几台织机之间只设一条侧向小通道，5台左右才设置一条侧向中弄，以便运输。

在锯齿形厂房中，织机排列有垂直于天窗和平行于天窗两种方式。从天然采光的角度考虑，布机垂直于天窗排列，运转时，摆动的筘帽不会在布机上出现晃动的阴影，对工人检查织疵很有利。

在无窗厂房中，因整个工厂采用荧光灯照明，织机排列的方案主要取决于运输方便。在楼层有窗厂房中，为了采光合理，织机宜作垂直于侧窗的排列。

2. 无梭织机车间的车弄宽度

无梭织机的布卷较有梭织机的布卷大，车前弄也比有梭织机大，一般取700~800mm。织轴的盘片直径也较有梭织机的大，车后弄也比有梭织机的大，例如当织轴盘片直径为800mm时，车后弄为1200~1300mm；织轴盘片直径为914mm时，车后弄为1500mm；织轴盘片直径为1000mm，车后弄为1600mm，织机侧向人行通道一般取500~600mm。织机侧向离墙的大边弄因要便于织轴在弄内转弯，应有4000mm以上的距离，即公称（规格）筘幅宽一些，边弄大一些；公称筘幅狭一些，边弄应小一些，约在4000mm。织机侧向靠墙狭边弄，若仅作为挡车工通道，弄宽取1000mm，现举3种设备排列图如下。

（1）TP-500 系列剑杆织机。图 8-2 是剑杆织机排列图，No. n（左）代表 n 号剑杆织机的左半侧，No. n（右）代表 n 号剑杆织机的右半侧，No. n+1 号剑杆织机的右侧是大通道 C'，排列各种幅宽剑杆织机的边弄宽度 C 的值见表 8-1。

表 8-1　剑杆织机的边弄宽度

织机型号	机宽 A/mm	机宽 A'/mm	边弄宽 C/mm
TP-520	4588	5420	2000
TP-522	4788	5620	2000
TP-524	4988	5820	2000
TP-526	5188	6020	2500
TP-529	5588	6420	2500
TP-533	5988	6820	3000
TP-536	6288	7120	3000
TP-538	6688	7520	3000
TP-544	7388	8220	3000

在图 8-2 中，A 为只带筒子架的织机宽度；A' 为带筒子架和储纬器的织机宽度；B 取 1985mm 的适用于盘片 ϕ800mm 的织轴，B' 取 2125mm 的适用于盘片 ϕ920mm 的织轴；如车间中配置织机台数较多，也可在车间中部布置一条运输织轴的大通道（即图中 C'），它的宽度为 2000~3000mm。

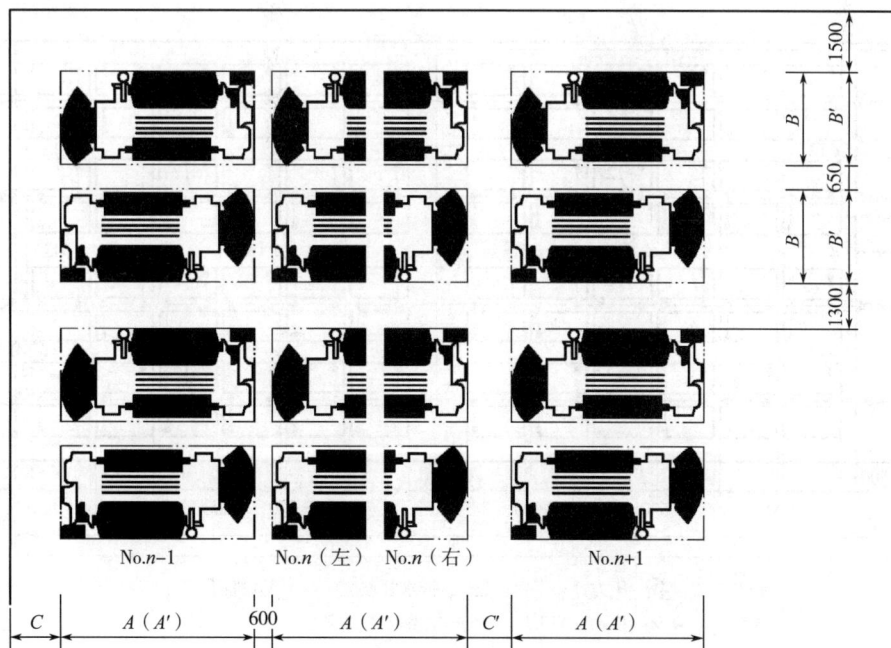

图 8-2　剑杆织机排列图

（2）喷气织机。图 8-3 是大柱网无窗厂房中 GA718-190 型喷气织机排列图（局部）。图 8-4 是喷气织机车间输气管路布置参考图。

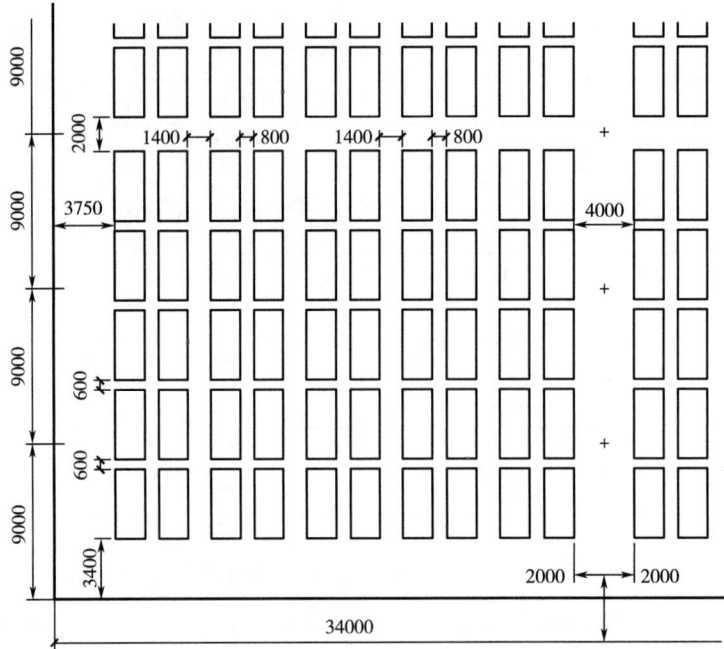

图 8-3　大柱网无窗厂房中 GA718-190 型喷气织机排列图（局部）

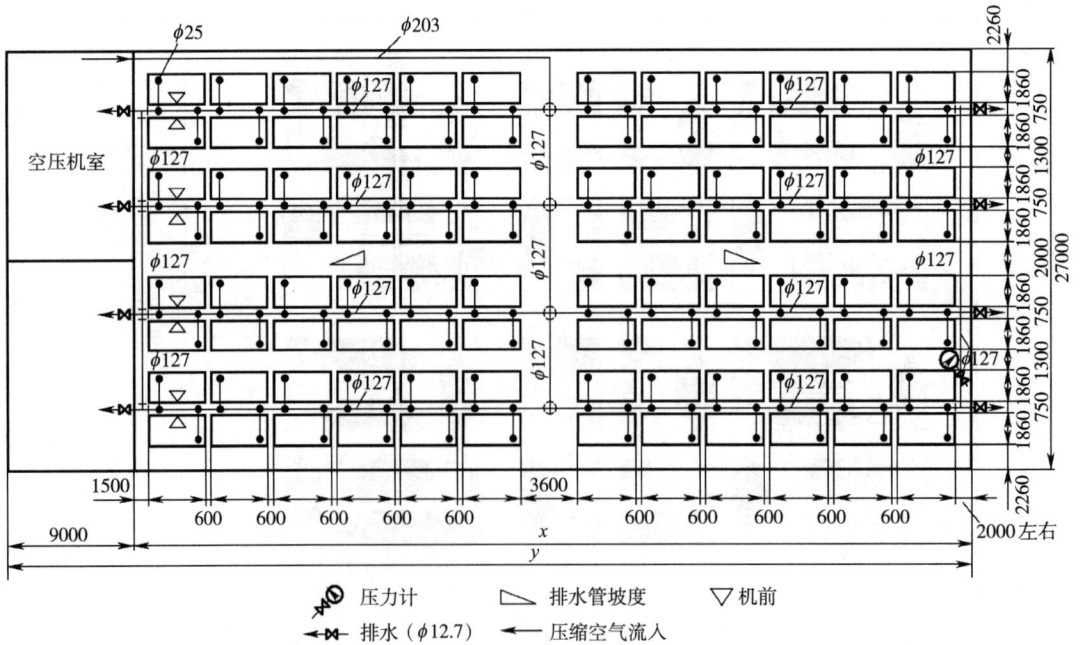

图 8-4　喷气织机车间输气管路布置参考图

（3）片梭织机。各种幅宽片梭织机的排列图形基本类似，图8-5是片梭织机排列图（局部）。

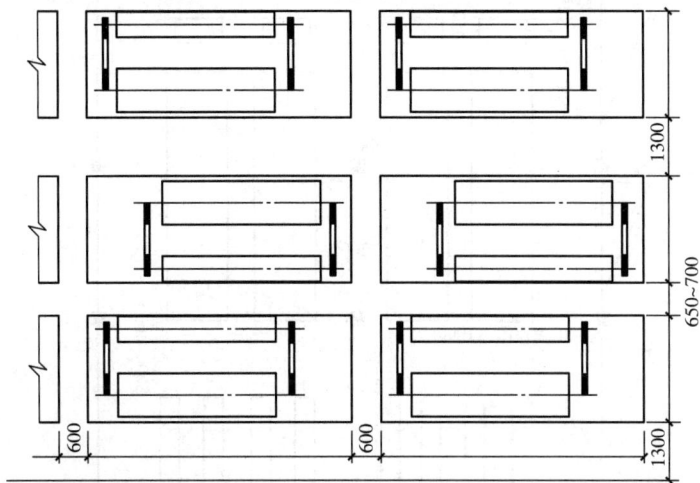

图8-5　片梭织机排列图（局部）

三、络整车间设备的排列

1. 概述

络筒和整经工艺对温湿度要求大致相仿，且是前后道工序，为使半成品运输方便，这两种机器常排列在一个车间内。由于浆纱间有热湿空气，织造车间除相对湿度大外，噪声较大，因此络整车间应用墙与之隔开。

由于自动络筒机性能优越，目前纺织企业基本配置这种机台。由于厂房分有窗和无窗，在天窗采光的车间，为使工作面上采光良好和各条车弄中送风均匀，一般常将络筒机和整经机垂直于天窗排列。为了便于管纱和空管往返运输，络成的筒子搬至整经机的筒子架附近，络筒机的机头常靠近筒子架，并使整经机的机头位于筒子架的北面，如图8-6所示，这样的采光，挡车工能较清楚地看到断经的情况，及时处理断经接续等工作。

在单层锯齿形厂房中，排列络整车间机器时，因受车间平面图形和屋柱网的限制，络筒机和整经机如图8-7所示，平行于天窗排列，从采光和支风道送风质量的效果来看，比图8-6所示的垂直于天窗排列的方案略差些，能避免时应尽量避免采用这种方案。

有的方案是使络筒机的机头靠近边墙，动力配电箱导致络筒机上的电动机的电线变短，但这种安排使车尾处袋装空管的运输与满筒子运送至整经机有交错运输的弊病。无窗厂房的机器因对天窗采光无要求，机台排列主要看工艺流程和运输方便，约束条件较少。

2. 车弄宽度

（1）自动络筒机的车弄宽度。规格常有两种表示方式，一种为净宽，另一种为总宽。若按净宽画自动络筒机的外框，则车弄画得大一些；若按总宽画外框，则车弄画得小一些。例如，ESPERO型自动络筒机的宽度为1180mm（净宽），车前弄和车后弄就要大些，由于所有

169

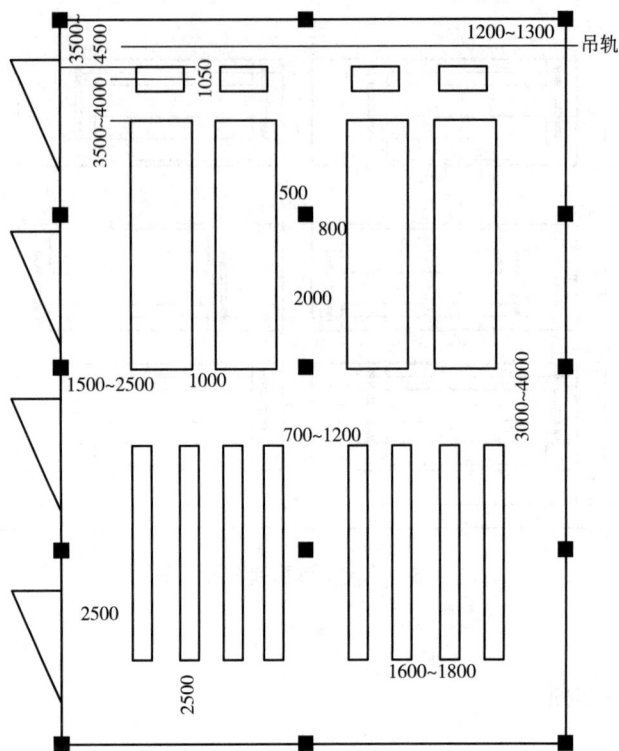

图 8-6　络筒机、整经机垂直于天窗的排列图

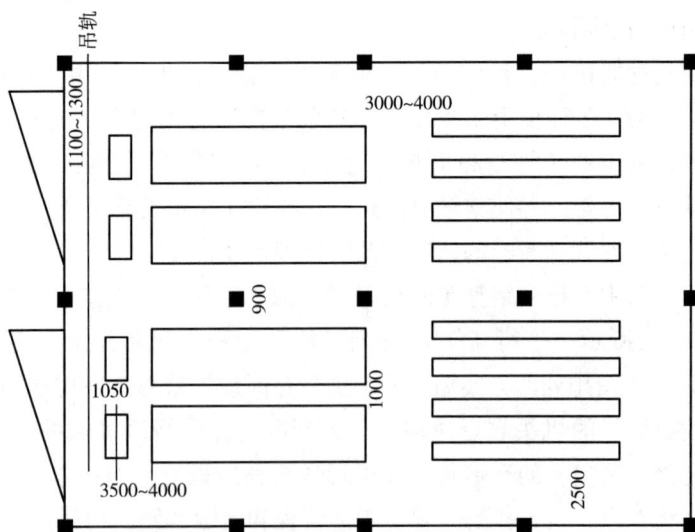

图 8-7　络筒机、整经机平行于天窗的排列图

的自动络筒机都是单面操作，两台机器面对面排列，操作弄一般取 1300mm，车后弄一般取
1000mm。如图 8-8 所示，自动络筒机排列在大柱网（34000mm×9000mm）厂房中，加入企

业装配的 EPJ438 型自动络筒机，因它的机宽是总宽（2000mm），故车弄只要画 500~700mm 就可以了。

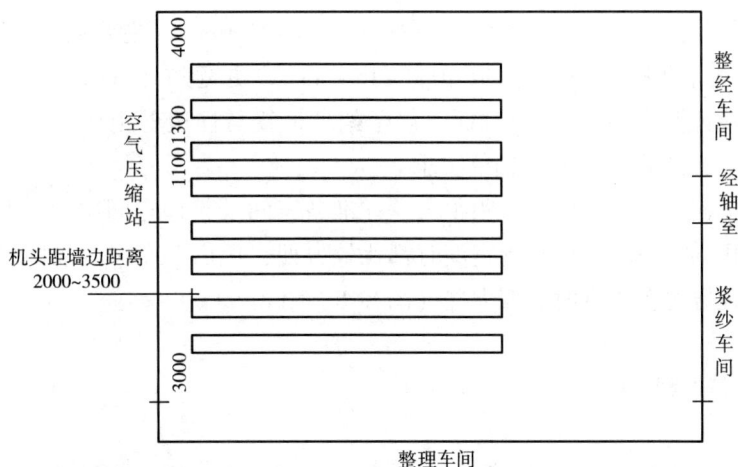

图 8-8 大柱网厂房中自动络筒机的排列图

若机器排列时络筒机靠近整经机的筒子架，两者间的距离一般为 3000~5000mm（图 8-9），以便弄中停放运筒车后，人及运输车辆仍能通行。上述距离若大一些，还可减轻络筒飞花对整经工艺质量的影响。

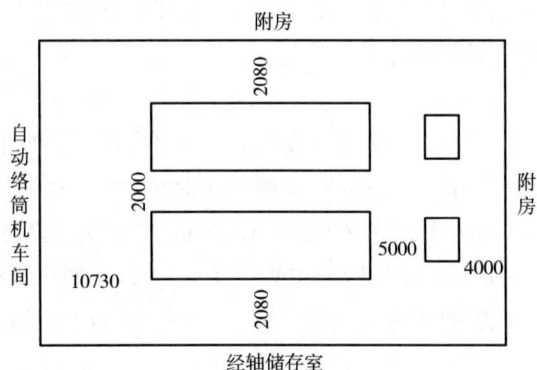

图 8-9 大柱网厂房中整经机的排列图

（2）整经机的车弄宽度。应将经轴室布置在整经机的机头附近，筒子架尾端靠近络筒机，以避免交错运输。如能使络筒机和整经机的排列做到定台供应，管理就更方便。

整经机筒子架前端到整经机传动轴的距离一般为 3000~4000mm（图 8-6），这个距离若取大些的值，片纱张力较为均匀，断经处理也较方便，但机器的占地面积大。

整经机的机前通道宽度应考虑上轴和落轴之后，可能有两个经轴并列放置在地上时占有的宽度（整经机经轴盘片的直径一般不小于 800mm）。此外，还应考虑使用吊轨运送经轴卷装的因素，车间中装配多台整经机时，车前弄一般不小于3000mm（机台多时取3500~4500mm），若仅设置一两台整经机，车前弄取2500~3000mm也可以。吊轨中心线离柱中心1100~1300mm（图8-7），沿墙无柱时，可量至墙面。

整经机筒子架侧面的外框线距墙中心一般取1500~2500mm（主要通道应取较大值），相邻两筒子架外框线间的无柱通道一般取1000~1500mm或更宽些（有时受柱网中立柱位置的限制，这间距可能还要大一些）。有柱时，筒子架外框线与柱边框距离不小于500mm，另一侧不小于800mm，以满足操作和运输的要求。

在大柱网的无窗厂房中，由于柱距很大，在准备车间及整理车间中，一般看不到远离墙壁的独立柱子，排列机台和设计车弄宽度时都比较方便，但由于车间内隔墙要受建筑有关规定的限制，个别地方的车弄有时会偏大些（图8-8、图8-9）。

四、浆纱车间设备的排列

1. 概述

排列浆纱机时，应使轴架靠近整经机机头及整经室，浆纱机机头靠近穿经间入口，调浆间可位于浆纱机机后和机侧。浆槽及烘房排湿汽管不应位于大梁和支风道的正下方。排湿汽管出口最好应避开三脚架及预制屋面板的边框，若预制屋面板为槽形，还要避开槽形板中的凸缘。浆槽后、轴架前明沟的沟壁应距柱侧面300mm以上，并且要求明沟不渗水、不漏水，以免影响厂房建筑。浆纱机安装在楼层上时，更应注意上述情况。

幅宽240cm左右的浆纱机的烘房一般都不太高，垂直或平行于天窗排列都可以。在锯齿形双梁结构的厂房内，假如浆纱机平行于天窗排列，高烘房浆纱机上部边缘与T型柱宽阔部分侧面之间的净空距离应不小于160mm。

2. 车弄宽度

浆纱机与浆纱机之间的工作弄（车弄或称通道）应便于穿分纱棒及穿湿分纱棒。此外，还应考虑到排（湿）汽管出口和三角屋架等构件的相对位置，否则应调整排汽管及排汽管口的位置。排列浆纱机时，一般无柱通道取1600~1800mm，有柱通道取2000mmm或再略大些，设计时，立柱不应位于车弄中工人穿分纱棒位置的附近。为了便于运输和往返，浆纱间纵向通道中的立柱，其中心线宜略偏于车弄中心线的一侧，使柱侧面距浆纱机外框线最少有600mm的间距。

浆纱机的机前弄是车间的主要通道，浆纱机上织轴前边缘离墙中心的距离为3500~4500mm，若车间中浆纱机配备台数多或采用大卷装织轴则必须采用宽一些的机（车）前弄，有的浆纱机外框图的机长不包括自动上轴、落轴装置，例如，GA308型浆纱机，排列该机时，机（车）前弄至少要4000mm，最好在4500mm。装配大织轴浆纱机的车前弄也应比装配小织轴的浆纱机的宽一些。

浆纱机机后弄的大小应根据设计的具体情况而定，机后弄一般约4000mm。浆纱机在大柱网厂房中的排列如图8-10所示。

有时，企业中先建造好的浆纱车间因受各种条件的制约，浆纱机排（湿）汽管出口，恰

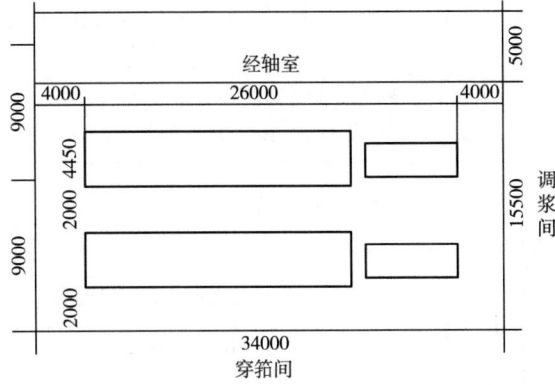

图 8-10　大柱网厂房中（GA308 型）浆纱机的排列图

位于三角屋架或预制屋面板边缘的正下方，则排汽管只能弯折后排湿气至室外，浆纱机的排湿性能要略受一些影响，在无窗厂房中，应注意避开门型屋架及屋架构件。

五、穿经车间设备的排列

1. 概述

穿经车间俗称穿筘间，位于浆纱和织造车间之间，故穿经间的一侧与浆纱车间相通，另一侧与织造车间相通。穿经车间的主要机器为穿筘机，实际上是完成穿综插筘的任务，部分织造企业有时也配有自动结经机。穿筘机一般位于未穿织轴和已穿织轴之间，如图 8-11 所示。

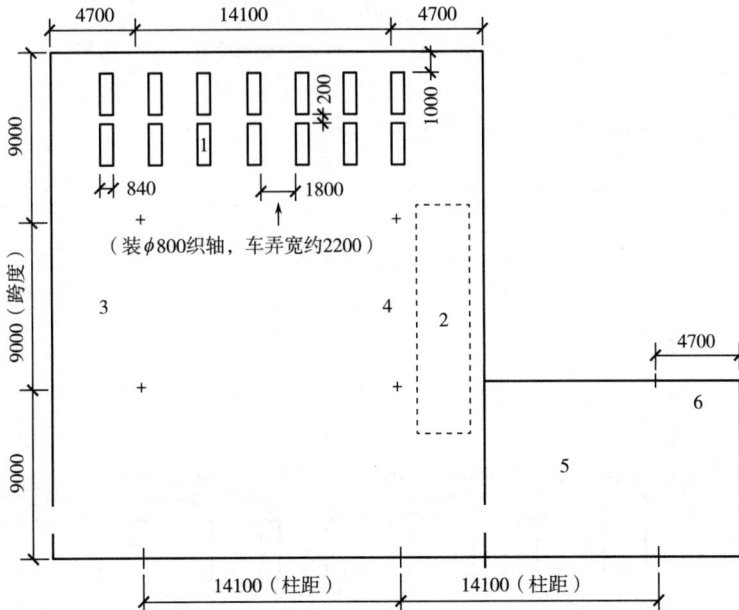

图 8-11　穿筘车间机器排列图（一）

1—G177 型穿筘机　2—浆、织轴储存器　3—未穿织轴存放处　4—已穿织轴存放处　5—综筘修理室　6—综筘储存小室有的企业把穿筘机排列在车间的里侧，而将未穿和已穿织轴放在另一侧（靠近织造车间），如图 8-12 所示。

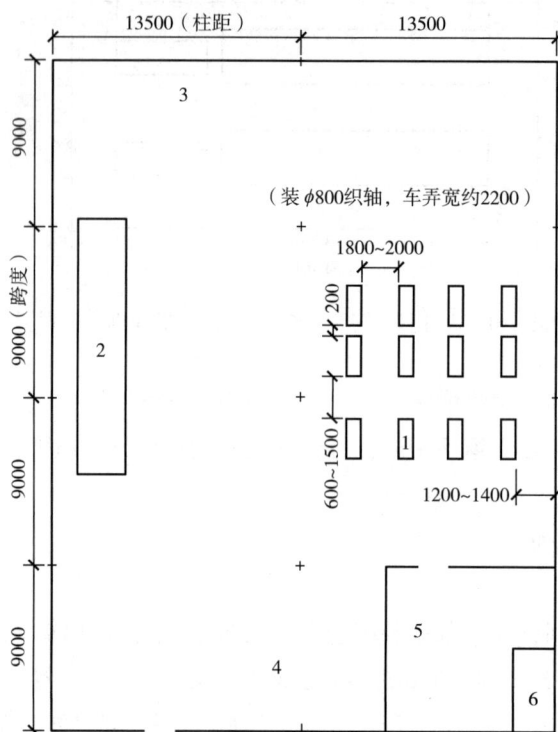

图 8-12　穿筘车间机器排列图（二）

1—G177 型穿筘机　2—浆、织轴储存器　3—未穿织轴存放处　4—已穿织轴存放处　5—综筘修理室　6—综筘储存小室

在大柱网厂房中，穿筘机的排列如图 8-13 所示。

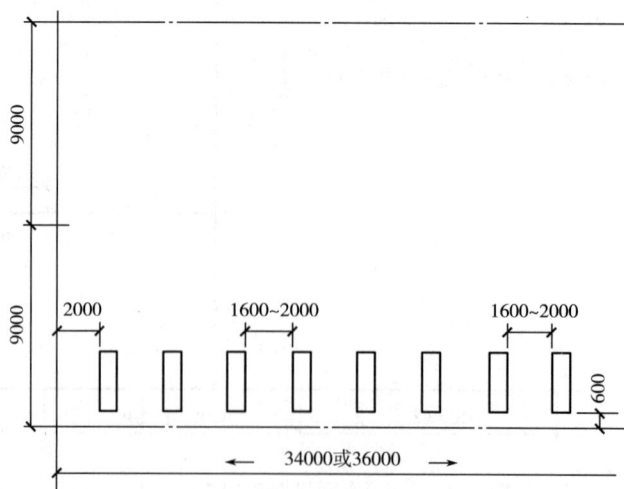

图 8-13　大柱网厂房中穿筘机的排列图（局部）

在单层锯齿形厂房中，穿筘机平行或垂直于天窗排列都可以，但最佳方案是天窗位于穿筘工的左上方，穿筘工与织轴位于同一车弄内。

2. 车间中各机台车弄的宽度

纺织机器的外形尺寸包含放置在机器上的卷装外侧的外框线。随着织机的发展，织轴盘片直径有几种，为了适应这种情况，穿筘机应也能安装几种盘片直径的织轴，这样穿筘机的深度就得到了增加，若制造企业提供的穿筘机规格仅以主机架的前后深度840mm来表示，则画机后弄时必须考虑大织轴的直径和安全通道的间距。

总之，穿筘机的机前、机后车弄宽度应根据各种排列情况、运轴车外形、车辆推移时的安全间距和工人操作方便而确定。一般来讲，织轴盘片直径小的车弄狭，机后弄为1300~1700mm，织轴盘片直径大且运轴车辆长的车弄宽，机后弄为1600~2000mm，具体的车弄宽度应综合考虑上述因素后再确定。

穿筘机排列时常左右两台合为一组，组内侧向小车弄不考虑人的通行，弄宽取200mm，组间侧向中弄供人通行，弄宽取600mm，穿筘工若靠墙坐，工作弄（车前弄）取1200~1500mm，整个车间中的主要通道取2000~2500mm。

自动结经机因检修技术要求较高，检修时间长，机台配备要留有余地，配置时需两台以上。结经机的固定架离墙中心线1000~1200mm，工作弄不小于1500mm，机台侧向小车弄取500mm，侧向运输弄取1600~1800mm。机台侧面到墙中心线取1200~1800mm。

为了便于织轴的搬运和转弯，浆织轴储存器前❶的工作弄及较宽的边弄，其弄宽不小于2500mm，车后弄及较狭的边弄，其弄宽不小于1500mm。

自动结经机机头结构复杂，动作轻巧，宜防飞花沾附，故结经机最好应安排在专门的小室中。

除了上述的一般穿筘机、结经机，有一种优质、高产、价贵的 DELTA-100 型或 DELTA-110 型自动穿经机（又称自动穿综机），它的规格速度（理论速度）是每分钟穿综100根或110根，时间效率约为90%。一台自动穿经机的工作能力相当于3台G177型三自动穿经机，也就是说，配备200台190cm筘幅喷气织机的织造企业只需配备DELTA-100型穿经机3台。能在该机上应用的经纱除本色、染色棉纱线外，还可使用羊毛、蚕丝、单纤丝、复纤丝以及特殊纱线。自动穿经机同时还配套穿经运输车，配备一台自动穿经机和一辆穿经运输车的场地面积至少需50m²，配备两台穿经机和一辆运输车的场地面积至少需70m²。

在穿经间应设置综筘修理室及综筘储存室，以便检修和存取综、筘和停经片。

六、整理车间设备的排列

1. 概述

棉型及中长纤维织物，从织机上落下后要送入整理车间，整理车间的位置应紧靠织造车

---

❶ 在面积较紧凑的穿经车间内，为了分品种存放织轴和减轻存取织轴的劳动强度，穿经车间可配置织轴储存器（生产企业名为经轴微机存储库），该设备可将织轴分四层存放，节省占地面积。在储存器中，每只织轴都用挂钩吊挂。

间，布辊车的出入口要能方便地通向织造车间的主要通道，布包的出口应直通厂内干道，整理车间要接近成品仓库。

整理车间内机器种类较多，工种也多，机器的排列要符合流水作业，修、织补、洗及复检之处人员较多，各工种的工作场地要划分品种，以便有条不紊地工作。

卷布辊上的布先在验布机上验布，宽幅布验布时，为了减少坏布漏检率而由一个工人检验时，需要左右侧各验一遍（如先验左侧，待一段布全部验毕，调过头来再验右侧），质量要求高的织物要正反面验，验好的布落入元宝车中。之后，坯布被送到折布机旁（有的坏布还要经刷布和烘布），折布机把多联匹的布折幅堆叠成一段布，折叠好的坏布由搬运工放置在堆布板上，需要修理的布由修织工对织疵加以修刮、织补或洗去油剂，然后对织物进行定等，降等的坏布还需经复验，最后经拼匹拼件，将规定长度的布匹放在打包机上打包，成包的坏布经记录后定时入库或运送出厂。

2. 车弄宽度及有关注意事项

为了能看清布面上的条影疵点，验布工一般使用下灯光验布。为此，在天窗采光的厂房中，验布机附近的天窗玻璃都涂成绿色。将验布机排成一排，如图 8-14 所示，为了节约占地面积，可两台为一组，靠近两台之间的侧向间距取 200mm，验布机另一侧的人行小道取 500~600mm，侧向运输通道取 1500~2500mm。机后弄一般取 4000~4500mm（仅有一条边弄），弄中除能停放一辆正在检验坏布的布辊车外，还能在墙旁放一些布辊车及留有一条运输过道。

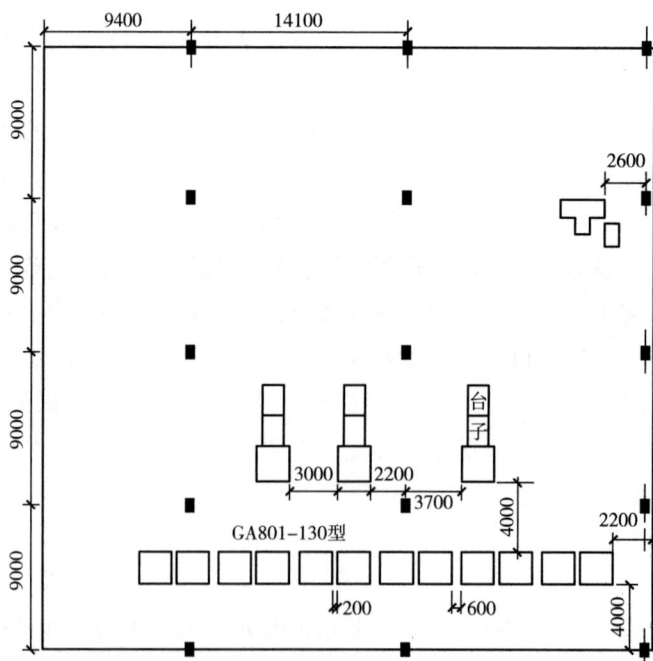

图 8-14　整理间机器排列图

验布机至折布机（或刷布机、烘布机）之间的间距取 3500~4500mm，弄中除了能放置一辆装有已验过布的元宝车，还能让两辆元宝车相向而过。验布机的正前方最好没有柱子，如有柱子，应使该柱子不在元宝车往返的通道上，如图 8-14 所示。

若验布机台数较多，场地较窄，不能排成一排时，可将验布机排列成互相垂直的两排。个别企业也有将验布机排成平行的两排，这时应使验布机至折布机之间的距离增大至 7000~8000mm，以便车弄中停放多辆元宝车（即使这样排列，运输布匹仍不太方便）。

由于折布机的产量高，配台比验布机少，为了便于运输，将折布机置于几台验布机中部的前方位置上。折布机侧面如近距离内有柱子，机台与柱子间距离要超过 1000mm，以便操作工人在机台旁往返。

折布机前要连放几张长台，总长约需 3600mm，长台宽度约和折布机的规格幅宽相同，以利于工人操作。

折布机前方和机器旁应放置几十块堆布板，板长约 1.1m，板宽按布宽而设计，例如，叠布幅宽在 1m 以内，木板宽 1m；叠放 1.2m 左右宽的布，木板宽 1.3m；叠放宽 1.5m 的布，木板宽 1.5m；叠放宽 1.65m 以内的薄织物，可将坯布对折后仍堆放在 1m 宽的木板上；厚的坯布则叠放在木板上，每块木板可堆放 60 匹坯布。

复验窄幅布一般可借用修布台，复验宽幅布可采用能左右滑动的复验台。部分织制宽幅布的织造企业不用验布机，而用一只长木台，台中装有一只能转动的圆盘，两名验布工分别坐在布的两侧，将布一页一页揭过去进行验布，待一段布验好后，将圆盘转过 180°，经两侧验过的坯布由两人交换后再验，使用企业认为这种验布方法比在验布机上检验的效果好。

折布机和修布台及复验台之间要有 2500mm 左右的通道，以便运布车辆通行。

由于修布台不固定，可不画在机器排列图上。

堆布板与打包机之间的通道应不小于 2500mm，堆布场地的面积应能存放 3~4 个班的坯布产量。

唧筒泵可以位于打包机的左侧，也可位于打包机的右侧，如图 8-15 所示。由于打包机工作时，唧筒泵的低频振动对地基有影响，其位置最好离开墙或立柱 2200mm 以上。唧筒泵的左右两个位置可供设计时选用。打包机和待打包的布堆之间应有不小于 3000mm 的距离。布包从打包机上推下后，应有临时存放的地方，以便缝制布包和在包上刷字。

上述打包机外框图在有的设计图纸中仅画一长方框，看不出唧筒泵的具体位置，有上述简图就可以确定唧筒泵与墙、柱的合适间距，从而确定打包机的位置。

布包堆放占用的面积，可根据成包规格和堆放布包的数量确定。布包一般上下午各入库一次。因此，车间内堆布包的面积可按两班产量计算。

整理间的面积和坯布下机一等品的数量有关，目前由于织物规格和其他的因素，织物下机一等品率不高，要达到一定的坯布入库一等品率，修织的工作量大，对车间来讲，需要有足够数量的修布台和未修、已修坯布堆放的地面面积。此外，有些坯布需要验布两遍，设计时，应充分考虑这些因素，以免投产后有质量问题。

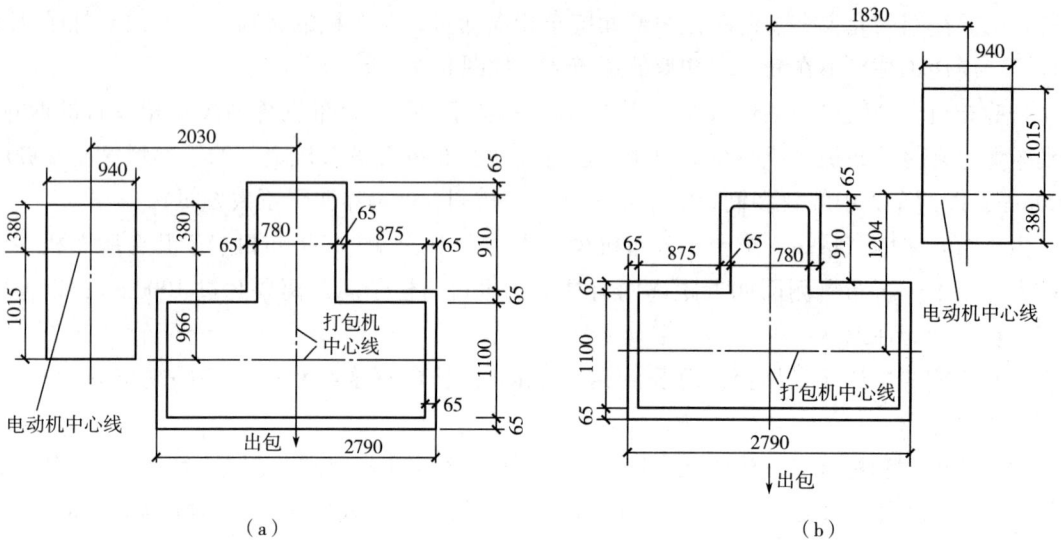

图 8-15　A752 型中打包机的外框图

第四节　喷水织机企业的设备排列

一、织造车间设备的排列

织制合纤织物的喷水织机一般仅配备单喷嘴或双喷嘴引纬的织机，其工作幅宽一般为170cm 或 190cm。在有窗厂房中，喷水织机一般作平行天窗且脱离立柱的排列，由于排列织机时，织轴后方常会遇到立柱，故有柱的车后弄一般要有 3000mm 以上的间距，织机一顺排列 5 台或 6 台后须设一条较宽的侧向车弄，一般弄宽为 1500~2000mm，以便于运输。在无窗厂房中，一般常设计钢结构大柱网厂房，立柱较少，几台排列较方便。排列喷水织机时，车前弄宽一般取 800mm。若织轴使用直径 800mm 的盘片，无柱车后弄宽取 1300~1400mm，由于织机不分左右手，织机做一顺排列，侧向车弄一般弄宽为 600mm，织机纵向排列了 5 台左右可设置一条侧向中弄，弄宽 1500~2000mm。织造车间的各条边弄宽应不小于 2500mm，为了提高挡车工的生产效率，布面弄的两侧都应有织机排列（即织机不作单排排列）。在中柱网的车间中，104 台 GA768-170 型喷水织机的排列方案如图 8-16 所示。在大柱网车间中，100 台 GA768-190 型喷水织机的排列方法如图 8-17 所示。

在图 8-17 中，因柱距大、大梁构件高度的尺寸大，为了空调支风道不与大梁相交，一定要使空调支风道平行于大梁，即空调室的纵轴线一定要垂直于大梁，车间或工厂的全图如图 8-18 所示。

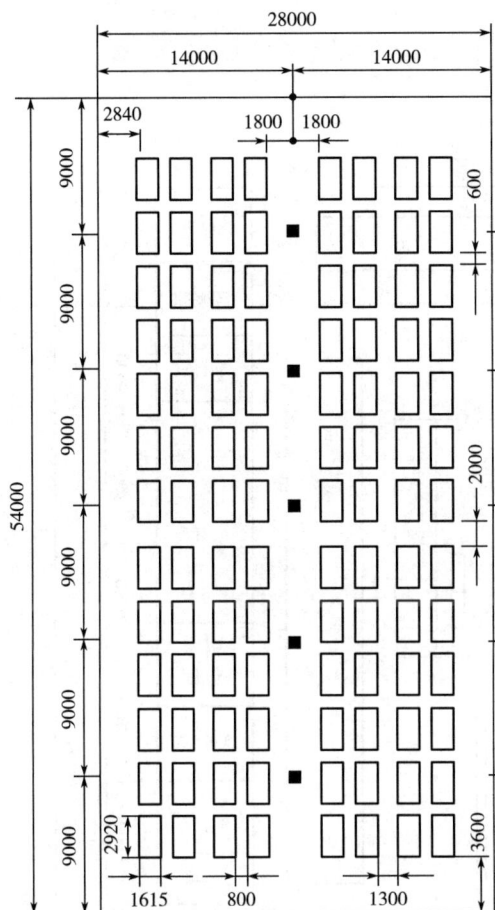

图 8-16　104 台 GA768-170 型喷水织机的排列图

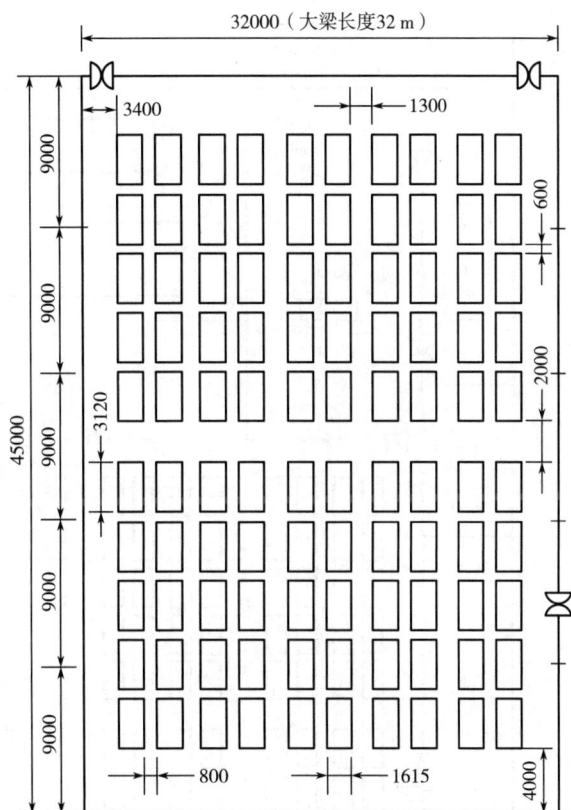

图 8-17　100 台 GA768-190 型喷水织机的排列

二、络并捻车间设备的排列

络并捻车间络筒机、并丝机、倍捻机、倒筒机等机台的排列要点如下。

为了节约有色金属，动力配电箱至机器的电动机之间的距离应适当缩短，一般使机头靠近墙壁，机器与墙间的车头弄宽度为 1500~2500mm。安全大通道或运输大通道宽取 2500mm 左右。为了装拆主轴，机器的车尾弄应不小于 2500mm，操作弄一般取 1000~1200mm，如操作弄为边弄，弄宽取 1500~2500mm。如操作弄内有内柱，弄宽取 2000mm 左右，并使柱子偏于车弄的一侧，柱侧面与机器外框线间的最小间距一般不小于 600mm。

无窗厂房大型柱网中的机台排列，有时因受统一屋柱网的限制，有些图纸上标明的车弄尺寸比常规设计的偏大，特别是有些边弄的宽度。如络筒机、并丝机、倍捻机的排列如图 8-19~图 8-21 所示。

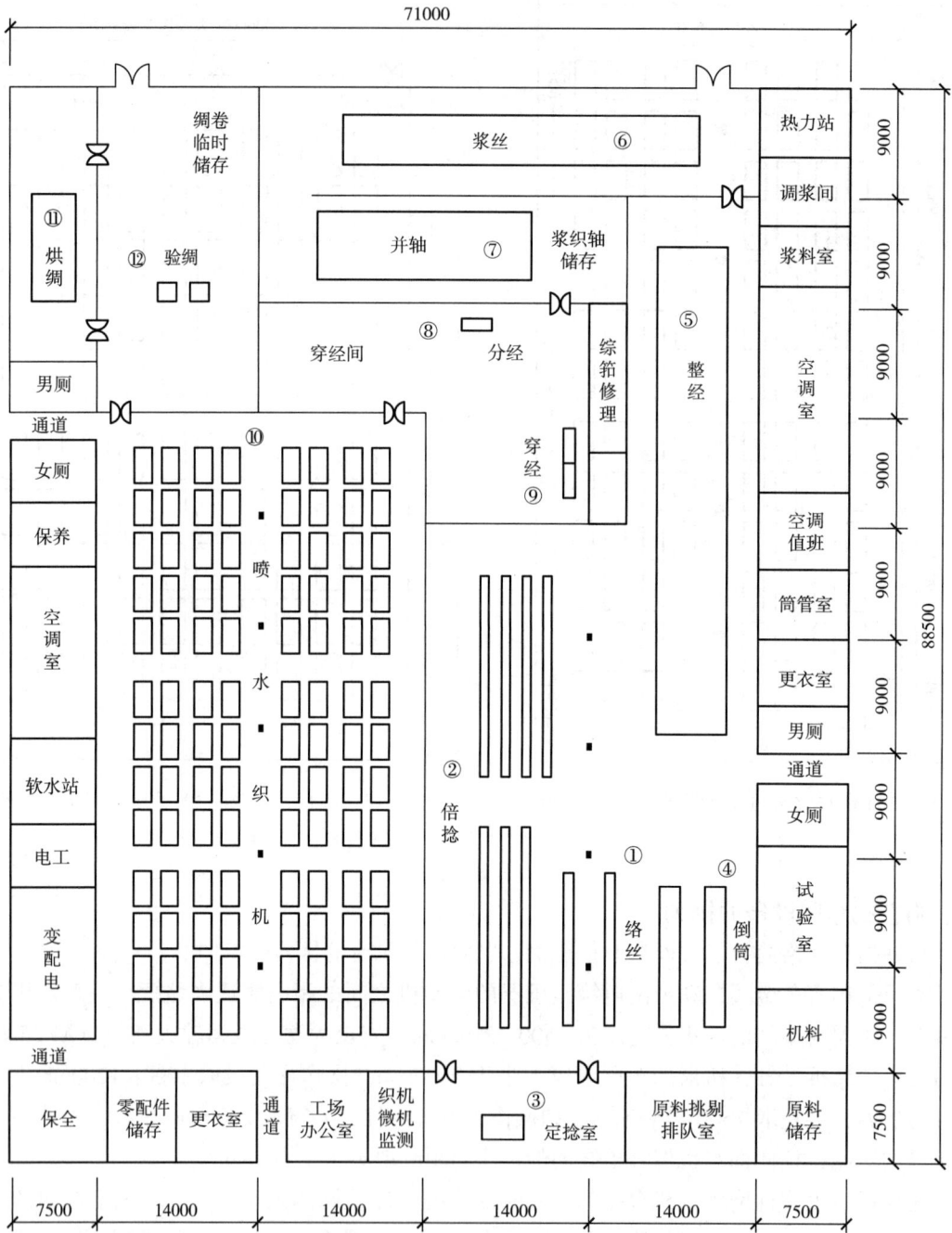

图 8-18　104 台喷水织机织造工厂的机器排列图

合纤长丝加捻后捻度不稳定，必须加热定捻。加热定捻设备以全自动真空定捻（形）蒸箱效果为好，该设备是一个长圆柱体的蒸箱，操作时开动电动机，圆形顶盖逐渐移动，使蒸箱开启，以便工人将装有合纤丝筒子的运筒车推入蒸箱进行定捻。定捻完毕，开启桶盖，就可将运筒车拉出。由于运筒车装卸和搬移的操作都在蒸箱前的空地上进行，故蒸箱前应有 $20m^2$ 左右的空地。蒸箱后的小通道一般不小于 1200mm，桶盖运动方向的前方宜留出一块适当大小的空地，以便放置运筒车，图 8-22 是蒸箱位于附房内的排列。

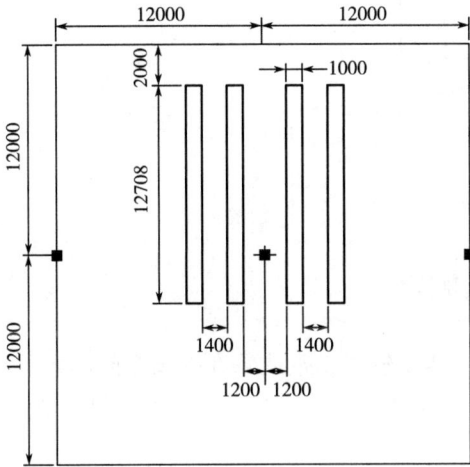

图 8-19　络筒机的排列图

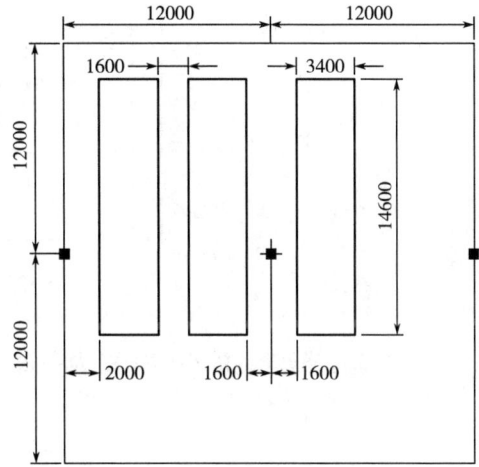

图 8-20　并丝机的排列图

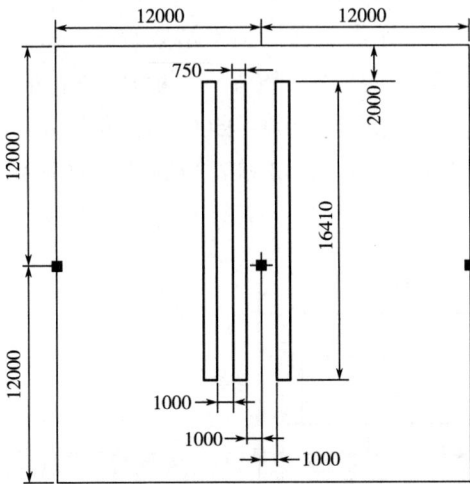

图 8-21　倍捻机的排列图

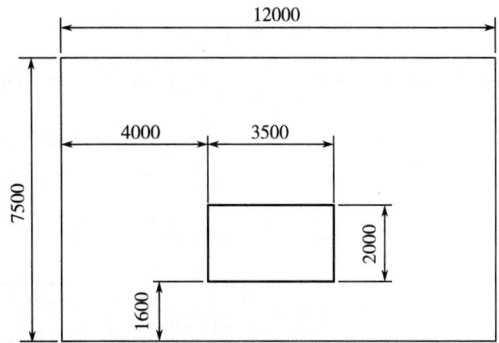

图 8-22　蒸箱的排列图

倍捻机生产的加捻经丝卷装绕纱长度短，不符合整经高速、高效、高产的要求，必须将卷装放置在倒筒机上，把纱接长并卷绕成外形符合整经要求的卷装。倒筒机的排列如图 8-23 所示。

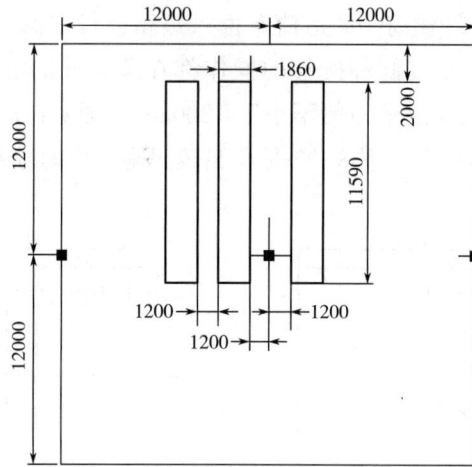

图 8-23　倒筒机的排列图

生产废边经纱卷装的小筒子机为一台两锭，机器体型较小，常放置在络筒车间的角落处，机旁还存放一些作为原料的筒子及坏卷装筒子或生产中用剩的小筒子。该机不显示在方案图中。

三、整浆并车间设备的排列

整经机目前常用的工作幅宽为 190cm，一般 100 台喷水织机配备 1 台整经机，因车后弄内有运筒车的停留和往返，一般弄宽约为 4000mm。车前弄要考虑挡车工站立时的位置、大经轴运送时与挡车工身后间的安全间距、空经轴存放靠墙等因素，该弄宽一般在 4000mm 左右，机侧车弄一般不小于 1000mm，弄内如有立柱，车弄宽度取 2300～2500mm，并使立柱偏于弄的一侧。柱侧面离机台外框线的最狭间距不小于 600mm，如机侧弄为边弄，取弄宽为 2000～2500mm，整经机的排列如图 8-24 所示。

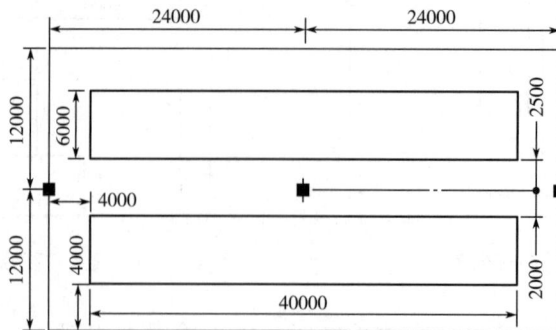

图 8-24　整经机的排列图

合纤经纱上浆一般用聚丙烯酸酯类浆料，这类浆料在浆丝机上加热上浆时常散发一些异常气味，必须及时排放至外界大气中。降低车间内空气异味浓度最简单的办法是使浆丝机的浆槽位于靠近侧窗或使浆丝机的机后部分靠近工厂边墙。在非寒冷地区，最好的方案是不在浆丝车间侧面设附属房屋，浆丝车间与调浆车间之间隔一条6000mm宽的通道，浆丝机的车前弄与车后弄一般取3000mm左右，机侧车弄一般不小于1500mm，有柱车弄取3000mm左右，并使立柱偏于弄的一侧，应使柱侧面与机侧面的最小间距不小于1000mm。机侧面的边弄若为大通道，其宽取2500mm左右，浆丝机的排列如图8-25所示。假如调浆车间与浆丝车间有通道相隔，调浆车间送出浆液的浆管进入浆丝车间后，浆液先送至浆丝车间边弄靠墙处的不锈钢制的浆液保温桶中，然后再通过浆管送往浆丝机。

因合纤织物总经根数很多，工艺流程是先上浆后并轴（这与棉织工艺流程相反），将一只大经轴卷装成一只浆经轴，之后将浆经轴成组地排在地上或排在经轴储存器中，需要时，再将成组的浆经轴送至并轴机上并轴，待浆织轴卷绕至规定卷绕长度后就割断经纱从机上卸下，形成浆织轴卷装（一组浆经轴卷装可制成几个或十多个浆织轴卷装）。并轴机的车前弄和车后弄一般宽3000mm左右，并轴机的侧向车弄可设计成一宽一狭，宽的一条机侧弄宽约2500mm，狭的一条机侧弄（或边弄）宽约1500mm，并轴机的排列如图8-26所示。车间中除了配置浆丝机及并轴机外，还要安置地中衡及记录员工作位置，但在做方案时，可暂不考虑地中衡及记录员工作位置等因素。

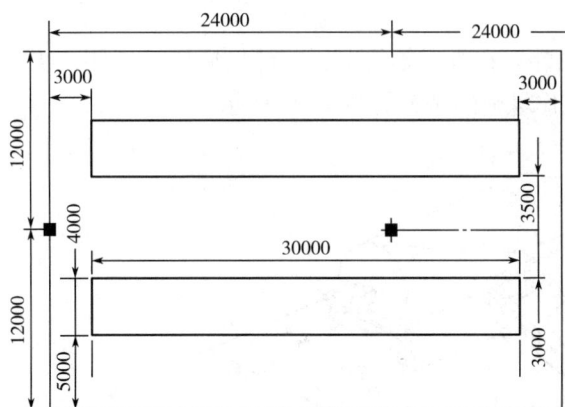

图8-25　浆丝机的排列图

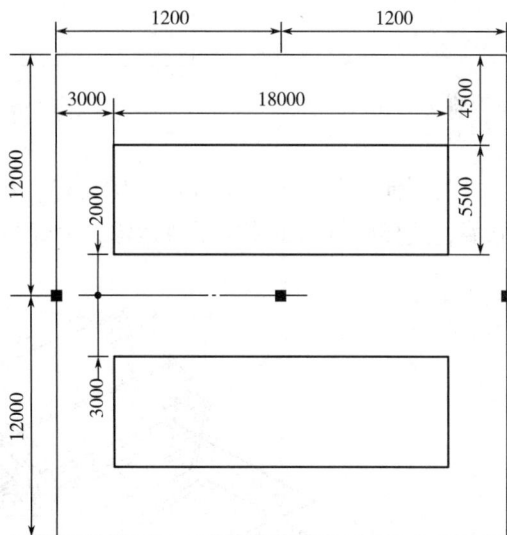

图8-26　并轴机的排列图

四、穿经车间设备的排列

未穿浆织轴一般先放入织轴待穿区或放入经轴储存器中，浆织轴在穿综筘之前，先用吊轨运送至分经机，将整幅经丝（纱）分经并穿入绞线，然后存储待用。穿综筘工艺有两种，一种是穿综和插筘分别在两种机器上进行，另一种是穿综筘在一架结构较简单、价格较低廉的穿筘机上进行。上述机台一般都靠墙排列，采用后一种穿筘形式时，一个工人在机后方分经纱并送经纱至综丝眼附近，另一个工人坐在机前方用穿综筘引经纱入综眼，待全幅经纱穿综完毕，再按上机图将经纱顺序地插入筘齿缝中。车前弄弄宽一般为1500mm。两台机器之间人不通行的侧向小车弄的弄宽取200mm，通人的侧向中弄宽取500~2500mm。穿经车间设备的排列如图8-27所示。

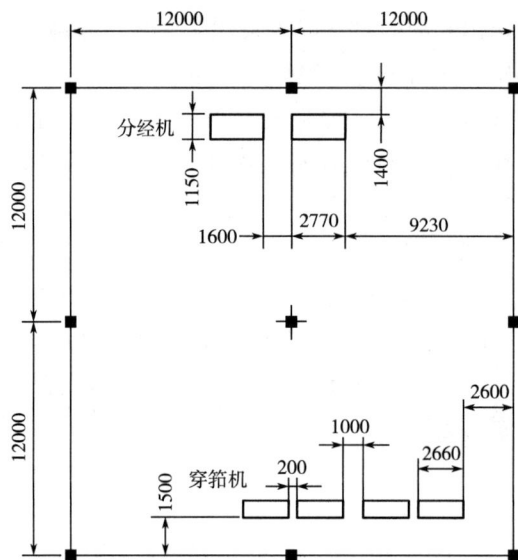

图8-27　穿经车间设备的排列图

为了便于分经机（分绞机）的运输，织轴外置在机后轴架上，并使机后位于外侧，机前靠墙，这样的排列也便于吊轨运输，分经机工作场地的布置如图8-28所示。

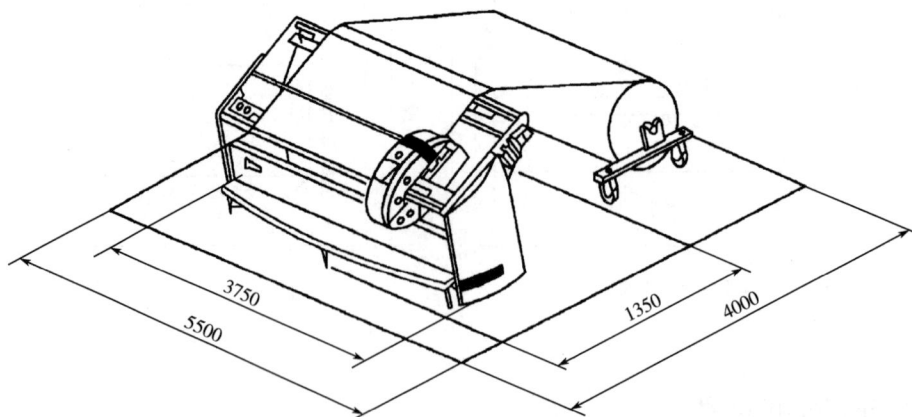

图8-28　分经机工作场地的布置图

五、整理车间设备的排列

喷水织机生产的绸卷一般织疵很少，整理车间可不设修洗等设备，湿的坯绸卷先经烘绸机（或名烘燥机）烘干，后在验绸机上查看织疵和记录卷长，最后用塑料薄膜包裹，绸卷在临时储存处待运。

烘绸机外形呈长方形，车后弄宽约1200mm，车前弄约2500mm，侧向车弄一宽一狭，宽的约为2500mm，狭的约为1500mm。由于烘绸机用蒸汽且机旁有下水道，排列时应尽量设在厂房靠边处，并因机器有热量散发，最好与其他车间用墙隔开。烘绸机的排列如图8-29所示。

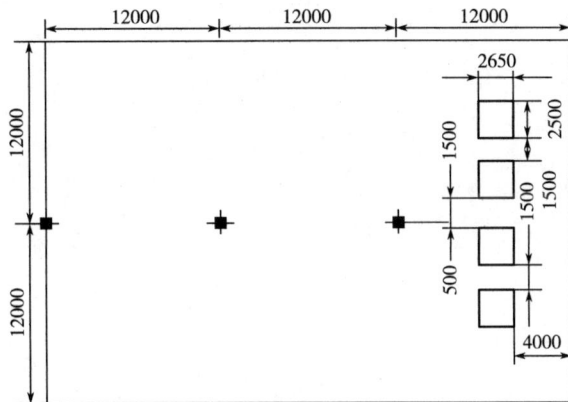

图8-29 烘绸机的排列图

验绸机的机前车弄、机后车弄宽一般不小于4000mm，用以运输和存放绸卷。验绸机的机侧车弄宽约需1500mm的间距。验绸机的排列如图8-30所示。

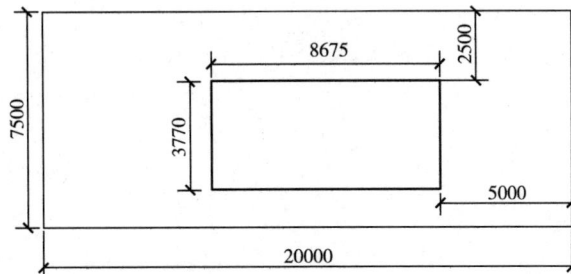

图8-30 验绸机的排列图

六、调浆车间设备的排列

合纤丝经纱上浆使用聚丙烯酸酯类浆料，采用低温上浆，浆液调制方法简单，只需加水、加温、调匀即可。由于经纱上浆率较低，一生产班浆料用量不多，100台喷水织机的工厂只需配备 700L 的供浆桶 3 只，其中两只为供应桶，给浆丝机轮流供应浆液，另一只桶为调和桶，作调制（匀）浆液之用，其作用是将浆料放入桶内后加适量水，加温调匀成较浓的浆液待用。当某一只供应桶中的浆液用完，清洗供应桶后，即可将调和桶中的较浓浆液通过输浆管、三通阀等机件，由齿轮泵将浆液升高输入空供应桶，待浓浆输至规定量后，加水、加温（用蒸汽管加热）、调匀，保温待用。

第九章　附属设备、仓库及运输

課件

第一节　附属设备

纺织厂除工艺生产车间外，还有锅炉、空气调节、给排水、水质处理、变配电和发电、化验等部门，这些部门可根据纺织厂的特点参照一般通用的工厂设计标准进行设计。本节仅对纺织厂各工艺生产车间的附属设备与机修车间进行介绍。

一、附属设备的配置

(一)　卷装选择计算的意义和内容

在织物加工过程中，准备工序各半制品卷装的选择，应根据生产工艺过程的品种特点和设备的规格以及用途而定。同时也应该考虑前后道工序之间的加工联系及对卷装的配合要求，确定经纱、纬纱的卷装参数，对于配备空筒管、经轴等的数量，拟定半制品的贮存、周转和运输方案，确定机器排列尺寸，改善工作条件和提高劳动生产率等，都具有重要意义。

加大卷装尺寸，可以减少换筒、换轴等的次数。因此，增大卷装对减少纱线接结头、节省卷装器材、提高劳动生产率等都有明显的影响。大卷装也应根据半制品不同的用途和卷装的卷绕或退绕时张力变化的允许范围来选取。卷装过大，会造成退绕或卷绕时张力变化的差异扩大，同时使半制品的原料贮备增加，原料周转量增加，所以半制品的卷装量应该视品种具体情况而定。

半制品卷装的形式比较复杂，目前原料的卷装主要有绞装、筒装、饼装等形式，准备工序卷装容器有三用筒子、高脚筒子、塑料筒子、金属筒子、经轴等。

卷装选择需满足以下基本条件。

(1) 生产工艺过程的特征。

(2) 设备的规格、包装形式和尺寸必须与之相适应。

(3) 原料种类、来源、细度与半制品的细度，原料越细，卷装不宜过大。

(4) 尽可能使卷装容器的尺寸相同，增加互换性。

(二)　纺织原料的卷装规格

纺织生产的特点是多机台和多品种，使用的原料种类较多，规格也各不相同，即使是同种原料，不同牌号、型号，其包装尺寸也可以因为产地或企业不同而各不相同。在工艺设计中，应正确地选择原料卷装，同时它也为仓储设计提供了依据。

(三)　准备工序半制品的卷装规格计算

半制品卷装参数有卷绕体积 V、卷绕重量 G、卷绕长度 L 和卷绕密度 γ 等。根据这些卷装参数的计算，可以估算出工艺流程各个工序半制品储备所需要的卷装数量。

1. 卷绕体积

$$V = V_m - V_k \qquad (9-1)$$

式中：V——纱线的实际卷绕体积，cm^3；

V_m——满管、满筒或满轴的卷装体积，cm^3；

V_k——空管、空筒或空轴的体积，cm^3。

2. 卷绕重量

$$G = G_m - G_k \qquad (9-2)$$

式中：G——纱线的卷绕重量，g；

G_m——卷装满重，g；

G_k——卷装空重，g。

3. 卷绕长度

$$L = \frac{G}{Tt} \times 1000 \text{ 或 } L = \frac{G}{D} \times 9000 \qquad (9-3)$$

式中：L——卷绕长度，m；

G——卷装卷绕重量，g；

Tt——纱线的线密度，dtex；

D——纱线的纤度，D。

4. 卷绕密度

$$\gamma = \frac{G}{V} \qquad (9-4)$$

式中：γ——卷绕密度，g/cm^3。

在卷绕过程中，速度的变化、卷绕直径的不同和纱线张力配置的差异等，都对卷绕密度有所影响。这里的卷绕密度是指平均数值。在计算卷绕密度时，通常可不考虑半制品回潮率的差异。另外，影响卷绕密度的因素，还有纱线本身细度大小、卷绕方式、卷绕张力等。

（四）半制品卷装的器材规格

在纺织生产中，常用的半制品卷装的器材有边筒子、高脚筒子、纬管等。

1. 有边筒子

按照络纱机、并纱机、捻纱机的型式和纱的卷绕形式、卷装容量的不同，三用筒子分大、中、小三种，并与 K051 型络纱机、K071 型并纱机、K091 型捻纱机的锭子配合。三用筒子的基本尺寸及公差见表 9-1。国产大卷装准备机的有边筒子尺寸见表 9-2。

表 9-1　纺织三用筒子的基本尺寸及公差　　　　　　单位：mm

名称	内档长 L	边盘直径 D	管身直径 D_1	锭孔		边盘厚 t
				d	d_1	
大	83	73	36	6.5 (7)	8.5 (7)	3

续表

名称	内档长 L	边盘直径 D	管身直径 D_1	锭孔		边盘厚 t
				d	d_1	
中	83	60	32	6.5（7）	8.5（7）	3
小	83	55	30	6.5（7）	8.5（7）	3
尺寸公差	±0.30	±0.50	±0.30	±0.20	±0.20	±0.30

注 括弧内尺寸适用于直型锭子。

表 9-2　国产大卷装准备机的有边筒子尺寸　　　　　单位：mm

名称	管身内长 L	边盘直径 φ	管身直径 φ	备注
GD001-145 型络纱筒子	145	125	80	ABS 塑料筒子
D001-94 型络纱筒子	94	80	38	直孔塑料筒子
	94	80	36	锥孔酚醛筒子
GD101 型无捻并纱筒子	94	80	36	酚醛筒子
GD121-80 型并捻筒子	150	75	40	铝合金筒子
GD141-100 型捻纱筒子	100	115	70	铝合金筒子

2. 高脚筒子

按照卷绕形式和卷装容量的不同，筒子可分为大、中、小、特式 4 种，并与 K071 型并纱机、K091 型捻纱机锭子配合。并纱筒子的基本尺寸及公差见表 9-3 和表 9-4。

表 9-3　并纱筒子的基本尺寸及公差（直孔式）　　　　　单位：mm

名称	代号	基本尺寸			公差
盘距	h	94	145	165	+0.3~0
管长	H	106	173	182	±0.3
管体外径	D_1	36	80	70	0~-0.4
边盘直径	D_2	80	125	115	±0.4
夹盘孔径	d	22	80	27	+0.15~+0.04
边盘厚度	t	6	14	8.5	

表 9-4　并纱筒子的基本尺寸及公差（锥孔式）　　　　　单位：mm

名称	基本尺寸		公差
盘距	94	150	+0.25~0

名称	基本尺寸			公差
管长	106		166	±0.3
管体外径	36	40	45	0~−0.4
边盘直径	70	80	85	±0.4
管芯孔锥度	0.047：100			
下管芯孔径	11.44		13.85	+0.15~+0.05
下边盘厚度	6		8	±0.10
定位孔中心距			22	±0.3

注 未注极限偏差由供需双方商定。

3. 纬管

纬管尺寸根据梭子和织物要求的不同，按长度划分为 8 种规格。纬管尺寸及公差见表 9-5。

表 9-5　纬管尺寸及公差　　　　　　　单位：mm

规格		1	2	3	4	5	6	7	8	尺寸公差
全长 L		145	150	155	160	165	170	175	180	±0.50
管身外径	上 D_1	8	8	8	8	8	8.5	8.5	8.5	±0.30
	下 D_2	18	18	18.8	18.5	18.5	19	19	20	±0.30

（五）主要工器具配置量的计算与平衡

工器具的配置基本上是依据实际设备的锭（台）数，半制品的周转量等来决定的。但在实际生产中，往往因改变原料牌号、批号及次、杂半制品的搁置，要暂存、搁置一些工器具。因此计算实际配置量时，还应考虑筒子、纡子、纬管、经轴等的配备数量计算等因素。

1. 机上配备量

$$A = 机器设备数 × 单位设备锭子数 × 并合数 \qquad (9-5)$$

式中：并合数指并纱机上退解筒子。

2. 机旁贮备量

$$B = \frac{台班产量 × 配备台数}{单位容器容纱量} × (1 + 调度数) \qquad (9-6)$$

式中：调度数根据不同品种、加工工序、不同原料实际情况来决定，除经轴外，一般为 1~2。

3. 周转存量

$$C = 每小时生产只数 × 周转周期 \qquad (9-7)$$

式中：周转周期一般为 22.5h。倒筒后的强捻纱筒子，一般为两周。经轴为 3 天左右。

4. 搁存量

$$D = C \times (20\% \sim 60\%) \tag{9-8}$$

式（9-8）考虑了品种的翻改、试样、停台、损坏、待处理等因素而增加的数量。

5. 总配置量

总配置量=机上配备量+机旁贮备量+周转存量+搁存量

即：

$$E = A + B + C + D \tag{9-9}$$

根据工厂设计经验，经轴数一般为织机台数的 1.4~1.58 倍。如果织机台数减少，经轴备用数也要相应地增加。

（六）主要机物料耗用

1. 机物料的耗用量

影响机物料耗用量的因素有：产品的品种规格，采用的生产过程和工艺条件，设备的使用、维护和保养的水平，机物料本身的优劣，废旧料充分回收的利用情况，企业的管理水平等。因此，各企业机物料的实际耗用量差距很大。

2. 机物料的贮备量

（1）计算方法。

$$\text{企业运转设备每小时机物料贮备量} = \frac{\text{台（锭）千时耗用量} \times \text{运转台（锭）数}}{1000\text{h}} \tag{9-10}$$

$$\text{机物料贮备量} = \text{运转设备每小时机物料耗用量} \times \text{需要贮备的时间} \tag{9-11}$$

（2）贮备期。各种机物料贮备数的多少，取决于企业管理水平的高低和机物料供应来源。因此，各企业对各种机物料的贮备时间并不一致，有时差距很大。一般为 1 个月，多者为 1 年。新厂设计时，主要考虑保证企业投产及正常运转。贮备期的长短，对工厂设计概算有一定影响，因此应合理地确定贮备期。

（七）附属设备的计算

为了保证生产的正常进行，需要配置一定的附属设备。附属设备的计算，对于更合理地估算生产附属房屋的建筑面积、投资总额等是必不可少的。

1. 浸渍设备计算

（1）机浸。

$$\text{每台时实际产量} = \text{每次浸渍容纱量} \times \frac{60}{\text{浸渍时间（min）}} \times \text{机器效率} \tag{9-12}$$

$$\text{浸渍机定额台数} = \frac{\text{每天应浸渍丝线重量}}{\text{每台实际产量}} \times \frac{1}{\text{工作时间} \times \text{班数}} \tag{9-13}$$

（2）缸浸。

$$\text{用缸数} = \frac{\text{每天浸渍丝线重量}}{\text{每缸每次浸渍容纱量}} \tag{9-14}$$

（3）离心式脱水机。

$$\text{每台时实际产量} = \frac{\text{脱水机一次容纱量}}{\text{每次脱水时间（min）}} \times 60 \times \text{机器效率} \tag{9-15}$$

$$脱水机定额台数 = \frac{每天应脱水丝线数}{每台时实际产量} \times \frac{1}{工作时间 \times 班数} \tag{9-16}$$

2. 烘干机设备计算

$$每台时实际产量 = \frac{烘干机每次容纱量}{烘干时间(min)} \times 60 \times 机器效率 \tag{9-17}$$

$$烘干机定额台数 = \frac{每天烘干机应烘丝线数}{每台时实际产量 \times 工作时数 \times 班数} \tag{9-18}$$

3. 定型箱设备计算

$$每箱时实际产量 = \frac{每一加捻筒子容纱量 \times 每箱容筒数}{每次定型时间(h)} \times 机器效率 \tag{9-19}$$

$$定型箱定额台数 = \frac{每天需要蒸纱量}{每箱实际产量 \times 工作时数 \times 班数} \tag{9-20}$$

4. 调浆设备计算

（1）浆料用料计算。

$$一天浆料用量 = 1h应浆经纱量 \times 上浆率 \times 工作时数 \times 班数 \tag{9-21}$$

（2）浸胶桶设备计算。

浴比，即胶量与水量之比。若浴比为 1∶5，即为 1kg 胶、5kg 水。

$$浸胶桶设备数 = \frac{一天浆料用量}{浸胶桶容水重} \times (胶量 + 水量) \tag{9-22}$$

（3）煮浆桶设备计算。若浆料浓度为 1∶23，即 1kg 浆化 24kg 浆液。浆料膨胀体积为 10%。式（9-23）中110%为考虑体积膨胀因素。

$$一天应煮浆液重量 = 一天浆料用量 \times 24 \times 110\% \tag{9-23}$$

$$煮浆桶设备数 = \frac{一天应煮浆液重量}{煮浆桶实际可容浆液重量} \tag{9-24}$$

5. 自动结经机设备计算

$$结经机每台时实际产量 = 1min接头数 \times 60 \times 机器效率 \tag{9-25}$$

$$结经机定额台数 = \frac{每天平均接头经轴的总经纱数}{每台时实际产量 \times 工作时数 \times 班数} \tag{9-26}$$

6. 穿综穿筘设备计算

$$每台时生产织轴数 = \frac{1h穿经根数}{织轴总经纱} \tag{9-27}$$

$$穿综穿筘架定额台数 = \frac{织机运转台数 \times 每一织轴经纱数}{1h穿经根数 \times 每天工作时数 \times 检修综筘周期天数} \tag{9-28}$$

7. 纹制设备计算

（1）纹板打孔机。

$$总纹板数 = 每台织机纹板数 \times 织机台数$$
$$= 纬密 \times 纹样长度(分品种计算) \times 织机台数(分品种相加) \tag{9-29}$$

$$每天应生产纹板数 = \frac{总纹板数}{纹板使用年限(天)} \tag{9-30}$$

相同花样只轧一本花，其余可复制。

$$每天实际应轧纹板数 = \frac{每天应生产纹板数}{相同纹样织机台数} \tag{9-31}$$

$$纹板打孔机台数 = \frac{每天平均应轧纹板数}{纹板打孔机每台班轧制数 \times 班数} \tag{9-32}$$

每台每班纹板打孔机轧制数约为 320~400 张。

（2）复纹板机。

$$复纹板机台数 = \frac{每天平均需要纹板数}{复纹板机每台班实际产量 \times 班数} \tag{9-33}$$

（3）纹板穿连机。

$$纹板穿连机台数 = \frac{每天平均应生产纹板数}{每台班生产量 \times 班数} \tag{9-34}$$

8. 验布机设备计算

（1）验布机。

$$验布机台时实际产量 = 台班理论产量(放送速度) \times 机器效率 \tag{9-35}$$

$$验布机定额台数 = \frac{每天应验布长度}{验布机台时实际产量 \times 工作时数 \times 班数} \tag{9-36}$$

（2）修布台。

一般验布机与修布台的数量比为 1：（1~1.5）。

（3）折叠量布机。

$$折叠量布机每台时实际产量 = 折布速度(m/min) \times 60 \times 机器效率 \tag{9-37}$$

$$折叠量布机定额台数 = \frac{每天总产量}{每台时实际产量 \times 工作时数 \times 班数} \tag{9-38}$$

由计算所得各附属设备的机台数，均要根据生产品种和设备特性、生产实际情况等因素，修正为配备机台数。另外，还应考虑到满足多品种的生产调度和翻改品种灵活性的要求。

二、机修车间

目前我国纺织厂的机器设备大多没有标准化，各厂使用的设备型号各不相同，有些设备还是各厂自行设计制造的。因此纺织厂均应设机修车间，配备机修能力强的工作人员提供必需的备品备件，完成日常保全保养、大小修理以及技术设备改造等。机修车间包括金工、木工等，其车间大小和设备配备，应根据设计厂的规模、性质、备品备件供货现状以及当地的五金加工能力等来确定。例如，厂区附近没有铸、锻工厂可协作，铸、锻等备品备件又无稳定供货来源，就应适当考虑设立铸工室和锻工室。随着纺织厂的机器设备标准化，备品备件的标准化，生产专门化，纺织厂机修车间的内容也将随之改变。

第二节　仓库

纺织厂的仓库一般可分为原料仓库、成品仓库、机物料仓库、危险品仓库等。仓库设计应满足生产需要，符合建筑防火、卫生等规范的要求，做到安全生产。仓库位置，应靠近使用的车间和运输通道。根据使用特点和要求，可以建造专门仓库，也可以布置在主厂房的附房中。同时根据建厂的近期和远期规划，适当考虑发展余地。

一、原料仓库

纺织厂生产是连续化的，所用的原料种类繁多，一般要保证有 1~2 个月的贮存量。在特殊情况下，储存天数根据实际情况可以有所增减。通常，根据原料的贮存量来决定仓库面积。

原料在仓库中应按一定高度进行堆放，在保证安全和存取方便的条件下，应尽可能堆高，以便充分利用仓库的空间，节约仓库面积。堆放高度一般不超过 4m。仓库建筑高度与堆放高度之间要有适当的距离，应保证工人的操作安全，垛顶要留有一人站立的空间高度。若仓库屋顶装有天窗，此安全距离也能防止玻璃的日光聚焦作用，而发生库存货物自燃。另外，堆垛之间应当保留适当的运输通道，以便车辆进出。通道宽需在 2.2~2.5m（主要通道不宜小于 2.4m）。根据仓库中采用的起重机型式注意堆包排列，堆包之间的缝隙为 0.2~0.3m。

原料仓库的面积可按下式计算：

$$仓库需要面积(m^2) = \frac{堆包计算面积}{仓库面积利用系数} \tag{9-39}$$

式（9-39）中的堆包计算面积，可根据原料的贮存量、堆放层数、包装规格而定。可用下式计算：

$$堆包计算面积(m^2) = \frac{贮存量 \times 每包占地面积}{每包重量 \times 堆包层数} \tag{9-40}$$

原料仓库的仓库面积利用系数一般在 50% 左右。

由于产品方案、设备、原料种类、规格等因素的影响，即使同样规模的工厂，所需原料的贮存量也各不相同。一般规模为 200 台织机的工厂，原料仓库面积为 200~300m²；规模为 300 台织机的工厂，原料仓库面积为 400~500m²。

二、成品仓库

成品仓库为堆放坯布和成品的场所，一般贮存 15 天的生产量。

成品仓库的面积可按下式计算：

$$仓库需要面积(m^2) = \frac{每品种每天的成品产量 \times 贮存周期 \times 每包占地面积}{每包重量 \times 堆包层数 \times 仓库面积利用系数} \tag{9-41}$$

各品种分别计算后再相加，成品仓库的仓库面积利用系数，一般在 50% 左右。

通常规模为 200 台织机的工厂，成品仓库面积为 150~250m²，规模为 300 台织机的工厂，成品仓库面积 300~400m²。

三、机物料仓库

机物料一般都散装地放在仓库中，一部分机物料放置在货架上，另一部分机物料盛放在地坪上的容器中，以便各车间随时领用，故机物料仓库面积利用系数比较小。平房仓库层高可取 3.5~4.0m，机物料仓库的建筑面积与储存量及储存方式有关，设计中可参考工厂的实际情况进行估算。另外，机物料仓库既要接近机修车间，又要离生产厂房近，有利于生产服务。

四、危险品仓库

危险品仓库存放油料等易燃易爆材料，需要用难燃抗燃材料建造专用的危险品库，且远离主要建筑，小型厂可不设置。

五、智能仓库

随着数字化技术的发展，仓库向智能仓库发展。智能立体仓库采用全进口堆垛机搭载超高货架，通过自动移载车、自动化滚筒输送线、快速提升机、自动缠膜机等设施与车间机器人搬运车对接，可以全天候自动化操作、物流信息实时共享。一台全自动穿综机 1min 可穿综 200 根，按人工穿综，若以前一个车间需要 350 名员工，现在一个车间只需要 15 名员工，生产效率提高 70 多倍。

家纺布料进出库的效率和准确率，直接影响着企业的品牌形象和信誉。与传统货架式仓储每卷布料横着摆放不同，智能仓库里的布料都是竖着挂起来的。在这个智能仓库里，"跑"着智能小车。这些小车通过指令，可以将布料运送到指定位置，或者从指定位置取出客户所需要的布料。员工将刚裁剪完的布料入库存放，分别扫描库门上的入库条形码和布料上的条形码，仓库里的小车就"跑"到了库门口。员工只要将布料往小车上一挂，小车就会自动寻找空位将布料存放起来。当客户下了订单后，员工只要通过计算机下达指令，小车会自动找到这一花型的布料，然后运送出库，供员工裁剪，整个过程大概不到 1min，如图 9-1 所示。

图 9-1　智能仓库示例

不仅如此，智能仓库还能收集出入库记录、历史出入库日最高排行榜、库存总量以及已使用的库存量、未使用的库存量等数据，可以用来精准分析库存情况，安排生产计划，甚至掌握哪些花型更受市场欢迎，为企业的决策提供依据。智能仓库不仅降低生产成本，更增强客户对企业的信任度，提高企业的品牌价值。

第三节　运输

一、工厂运输

工厂运输包括厂外运输和厂内运输。厂外运输的内容主要指原料、成品及燃料等运进或运出工厂的运输；厂内运输是指工厂内的原料、半制品及成品等在车间内或车间之间的运输。

工厂运输设计工作的内容是确定运输量的多少、运输路线的远近和运输对象的包装形式及尺寸，然后决定运输方式及选择合适的运输工具。

厂外运输应根据厂址与原料、燃料等供应地，以及成品销售地的距离、供销关系、交通路线等情况来决定，与厂址的选择有密切的关系。工厂四周应铺设混凝土行车通道，并且该通道应适宜载重车辆行驶。

厂内运输分车间内运输和车间外运输，纺织厂目前大多采用集中厂房，因此车间外运输主要是仓库中的原料和成品的运进和运出。但从厂外运来的物资也要经过厂区送至仓库，所以厂内的主要运输道路应比较宽敞，并且和厂外的运输道路相连接，便于卡车交叉来往。车间内的运输工具，目前主要采用手推车、电瓶车等。

厂内运输是工厂运输设计的重点，是一种参与生产过程的辅助操作。厂内运输的种类多，次数频繁，因此设计的合理性、将直接影响劳动效率的提高、劳动条件的改善、成品及半制品质量的保证、生产流程的顺畅以及经济效益的提高等。要使厂内运输设计合理化，一般可从以下几个方面考虑。

（1）减少加工工序。减少加工工序是最有效的合理措施，如纺织厂采用无梭织机可以省去卷纬工序以及该工序所需的半制品的运输、装卸和堆放等。

（2）连续性工序。如果将几道工序连续进行，或形成生产流水线，就可以省去中间的运输和贮存，如整浆联合机等。

（3）采用专用设备。用专用设备来代替操作人的某些辅助性操作。

（4）采用大卷装。增加卷装容量能延长运转周期，减少换筒的次数，并有可能减少一些工序，降低生产费用。

（5）改进运输路线。运输路线朝实现机械化运输或生产自动化、连续化运输发展。设计时应选择最佳运输方案，尽可能以机械代替人力，在可能的条件下，应考虑实现生产的自动化和连续化。

纺织厂厂内运输是运输设计部分的重点。整个厂内运输线路大致可用图9-2表示。

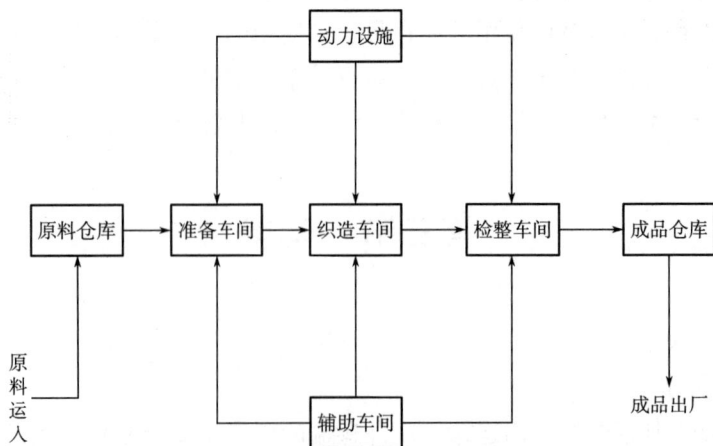

图9-2 纺织厂运输路线简图

二、车间内运输

车间内运输的主要特点是运输对象种类多，半制品规格不一，工作量大，如重量大而数量少的经轴、织轴等，以及单元体积小、重量轻、数量多的筒子和纤子等。其次是运输路线分布较广，几乎遍于车间各个通道或车弄，特点是装卸工作量大且频繁。运输方式较复杂，如多层厂房既有水平运输又有垂直运输。因此，必须根据运输的特点选择合适的运输方式和运输工具，从而满足车间生产，达到安全可靠、运行灵活、降低消耗、提高效率、减轻劳动强度的效果。在设计中要结合生产实际需要，逐步实现运输过程的机械化和自动化。特别是新厂设计，采用新型的机器设备，更应注意运输工具的选择。

常用的运输的工具主要适用于地面运输和架空运输，鉴于目前厂内运输工具没有统一的规格，均为各厂自制。以下介绍的一些运输工具的用途和尺寸（mm）是某些工厂所采用的，仅供参考。

1. 原料搬运车

四轮式：长×宽×高 = 1200mm×600mm×950mm（连手柄），采用滚珠轴承轮子包橡皮。

主要用于运送原料贮存室、原料选别室、半成品等。

2. 筒子运输车

三轮式：长×宽×高 = 1040mm×590mm×730mm。

四轮式：长×宽×高 = 1000mm×500mm×1360mm。

主要用于络纱、并纱、捻纱、再络、整经、卷纬、织布各工序半成品、容器的运送。筒子可散装在车厢内。车身尺寸可视筒子尺寸、堆放数量及操作方便等因素进行设计。车身两侧挡板可以做成合页式，便于装卸货物；也可以做成固定侧箱板，但车身不宜太高，以便于操作。

3. 经轴搬运车

二轮式：长×宽×高 = 1220mm×480mm×53mm。

主要用于整经、浆纱工序经轴的运送。

三轮式：长×宽×高 = 600mm×300mm×400mm。

主要用于整经、浆纱、织布工序经轴的运送。

4. 布匹运输车

四轮式：长×宽×高 = 1000mm×500mm×800mm。

主要用于织布、检整车间布匹的运送。

5. 机件运输车

三轮式：长×宽×高 = 200mm×500mm×1000mm。

主要用于织机大平车时运送弯轴、直轴、导辊等大件的运输，满载时总重量约300kg。

6. 电动吊轨行车

吊轨行车运输，应用于半制品重量较大、运输距离较远的作业场所，以减轻劳动强度，保证运输安全，使运输向机械化、电气化发展。主要用于整经、浆纱、织布车间的经轴运输。

具体尺寸规格可视实际情况而定。

三、车间外运输

车间外运输的主要特点是运输时间比较集中，且运输量大。如原料、燃料、成品等的运输。

主要的运输工具有：手推车、电瓶车、小型起重机、铲车等。

手推车，其结构轻巧、操作方便、使用灵活、运输路线不受限制，在纺织厂广泛使用。但是使用这类车辆劳动强度大，只适合于近距离运输。

电瓶车，利用蓄电池内的直流电源驱动，具有载重量大、速度快、安全可靠等优点，在工厂中广泛采用。电瓶车每昼夜运输量可达 50000kg 以上，每使用 6～8h 后即需充电一次，因此，至少要配备两套蓄电池及相应的充电设备。要求道路平坦，宽度大于 1.5m，坡度不宜过大。

电瓶车的需要量，可用下式来估算：

$$电瓶车需要量 = \frac{每次运输物料所需的平均时间}{每次运输物料的重量} \times \frac{每昼夜需运输物料的总量}{每日允许连续工作时间} \qquad (9-42)$$

小型起重机，通常在露天货场或车辆装卸时使用，小型起重机载重量可达 300kg 左右，吊臂可以升降及旋转，提升速度可达 20～40m/min。

铲车适用于原料仓库及成品仓库的堆包。

四、智能运输

制造执行系统（MES）下自动引导车（AGV）运输机器人及自动运输轨道的运输，构成了加工车间内部智能物流运输体系。

同时，构建仓储管理系统（WMS）、网络服务（WEB-SERVICE）功能、条码、射频（RF）、手持终端（HHT）、射频识别（RFID）、数据处理系统（DPS）、自动立体库、分拣机、短信平台等现代物流技术的应用，实现了原料仓库、成品库、机配件仓库等综合管理；流程设定，为不同的产品类别设定不同的出入库流程，以简化作业，提高仓库作业效率；产品品质管理属性设定，满足了多品种商品种类的管理需求（如生产日期、品种规格、批号等）；智能搬运机器人及智能化运输轨道，提高了劳动生产效率，降低了工人劳动强度。

WMS 是一款标准化、智能化过程导向管理仓库的管理软件，能够准确、高效地管理跟踪用户订单、采购订单及仓库的综合业务。WMS 颠覆了传统的仓库管理模式，从传统的"结果导向"转变为"过程导向"；从"数据录入"转变成"数据采集"，同时兼容了原有的"数据录入"方式；从"人工找货"转变成"导向定位取货"；同时引入"监控平台"让管理更加高效、快捷。大多数 WMS 以条码的形式管理仓储，过程更加精细可控。

在当前"小批量，多品种，紧交期"的生产模式下，纺织企业的仓库中堆放了大量不同的物料和产品，传统的人工记录方式已经不能满足企业需求，许多颇具规模的纺织企业在仓库管理中付出了巨大的财力、物力。提高仓储管理水平、降低仓储管理的耗费、及时监控仓储状况等，是降低纺织企业生产管理成本、提升核心竞争力的重要工作。WMS 的应用不但节约了这些人力物力，更是提高了仓库管理效率，使得仓库类别管理得以轻松实现。WMS 的计算和记录功能可以使数量统计轻松实现，出入库均以条码方式实现，更加方便快捷。据统计，企业在使用 WMS 后，仓库的作业效率至少提升 30%。WMS 通过条码对仓库进行管控，使得仓库盘点等流程规范化，能够实时准确反映库存情况，为企业决策者提供有力的决策依据。例如，广东溢达纺织有限公司基于条码技术研发了一套 WMS 系统，有效避免了手写票据的烦琐步骤，提升了工作效率，通过引进现代化科学技术，在很大程度上避免了仓储信息滞后所带来的弊端。

第十章 总平面设计

第一节 总平面设计的依据和内容

纺织厂的总平面设计应根据确认的可行性研究报告的规模选定厂址，之后再合理安排生产区和其他建筑物、构筑物、道路地上及地下管线、绿化等设施的平面和竖向位置，以组成一个完整的统一体，以利于生产和经营管理。

一、设计依据

总平面设计的主要依据是上级审查批准的建厂计划、设计任务书、厂址地形图和勘探报告、工艺流程布置图等资料。设计师一般先根据工艺流程简图、车间性质、建筑物和构筑物等的使用功能、管理体制等资料，将全厂划分成若干个区来合理布置。使全厂总平面设计功能分区明确，运输管理方便，生产协调，满足生产、生活、安全、发展等要求。

二、基础资料

（一）地形图

（1）区域位置地形图（1∶5000 或 1∶10000）。

（2）设计用地形图（1∶500 或 1∶1000）。

（二）厂址所在地的自然条件和技术经济条件

厂址所在地的自然条件：厂址的地理位置、地形地势；工程地质条件；水文资料；气象资料；地震烈度。

技术经济条件：能源；给水、排水；交通运输；福利设施；企业协作与建材供应；劳动力资源。

（三）工厂组成及其占地面积

纺织厂的组成一般包括生产车间、辅助车间、动力车间、仓库、行政管理设施、生活福利及文化娱乐设施、运输及工程管线等，不同的厂址条件其组成有所不同，应根据具体条件来合理确定。各类建筑物、构筑物等占地面积及对总平面设计的要求应由各专业设计部门提供。

三、设计内容

纺织厂的总平面设计一般包括五个方面的内容。

（一）厂区平面布置

根据生产工艺流程及功能分区等要求，结合厂址条件，进行全厂建筑物、构筑物的平面布置，确定相互之间的位置及间距。

（二）厂内外运输系统的组织

考虑厂内、厂外运输方式的选择及对运输系统组织的影响，进行厂内运输系统的布置以及人流和货流的组织。

（三）厂区竖向规划

考虑厂址的平整及排水等问题，要合理确定建筑物、构筑物、堆场、道路等的标高。力求在满足生产的前提下，减少土石方工程量。

（四）厂区工程管线的综合

合理选定管线的敷设形式，综合考虑地上、地下各种管线的敷设位置、间距、深度等。

（五）厂区美化、绿化布置

为创造一个良好的生产生活环境，总平面设计中必须考虑厂内的植树绿化以及一些美化设施。

以上内容受到各方面因素的影响和制约，是一项综合性较强的工作，需要分清主次，全面考虑，辩证地、科学地综合解决各种矛盾，以达到基建速度快、投资少、使用效果好的目的。

第二节　总平面设计考虑的因素

一、总体规划

总平面设计应在总体规划的基础上，根据生产要求和自然条件，将全部建筑物、构筑物、堆场、运输路线、工程管线、绿化设施等综合进行平面布置，力求做到因地制宜、统筹安排、远近期结合、合理紧凑。

二、厂内运输

保证生产过程的连续性，试生产作业路线短顺，并且尽量避免往返运输和作业线交叉，以方便厂区内外运输。

厂区道路是联系生产工艺过程及其工厂内外运输的桥梁，是实现正常生产和组织人流、货流的重要组成部分，按其作用可分为：主干道、次干道、辅助道路、车间引道、人行道等。

（一）厂内道路布置的一般要求

（1）要满足生产工艺流程的要求，符合货物流转特征，确保厂内外运输畅通与行人方便，力求运输短捷、安全、方便。

（2）主要货运线路和主要人流线路最好平行相遇，尽可能避免交叉，合理地组织货流和人流。

（3）道路系统应与竖向布置、工程管线、绿化、环境布置等相协调，并符合《厂矿道路设计规范》有关技术标准。

（4）满足安全、卫生、防火及其他特殊要求。

（5）合理利用厂区地形，因地制宜，尽量减少工程量，节约投资。

（二）厂内道路宽度

1. 厂内车行道宽度

路面宽度主要是根据行车的数量、车辆的特征及车速等确定的。各种道路宽度见表 10-1。

表 10-1　厂内车行道宽度

项目	名称	指标/m
路面宽度	大型厂主干道	7~9
	大型厂次干道	6~7
	中型厂主干道	6~7
	中型厂次干道、小型厂主干道	4.5~6
	厂内辅助道	3~4.5
	车间引道	3~4
路肩宽度	主干道、次干道、辅助道	1~1.5
最小转弯半径	行驶单辆汽车	9
	汽车后挂一辆拖车	12
	15~24t 平板挂车	15
	40~60t 平板挂车	18

2. 人行道宽度

在厂区内道路布置一般车行道和人行道是混用的。人行道的宽度根据人流数量和自行车行驶情况而定。单人道 1.0m，双人道 1.5~2.0m，单自行车道 1.5m，双自行车道 2.5m。当人流密度两个方向总数低于 100 人/h 时，可采用单人道，设在车行道一侧或两侧的人行道其最小宽度为 1.0m，若人流密度较大，道路的宽度可按 0.5m 的倍数递增。

在人行道上平行埋置电线杆等柱状物时，应增加人行道宽度 0.5~1.0m。人行道与建筑物、构筑物的距离，当屋面是外排水时取 1.5m，屋面是内排水时取 0.5m。

三、使用功能

厂区应考虑功能分区，各种辅助和附属设施应尽量靠近所服务的车间，各种动力供应设施应尽量接近负荷中心，即总平面设计通常采用功能分区的设计方法。首先要对所有建筑物、构筑物进行功能分析，了解每个建筑物、构筑物的作用、性质和地位，然后结合其他因素，将使用性质相同、功能相近、联系密切、对环境有一致要求的建筑物、构筑物以及其他技术设施分成若干个区来布置。纺织厂一般分为厂前区、厂房区、厂后区。厂前区的建筑基本属于行政管理机构等。厂房区包括主厂房及其周围毗邻的附属房间，一般该区处于生产区的中部，使各生产车间和相应的辅助部门能够保持紧密联系。厂后区主要是仓储、露天堆场、副产品车间和危险易燃品库。

四、节约用地

节约用地作为一项重要技术政策，必须在总平面设计中加以贯彻。同时，节约用地要求与生产要求、技术经济要求，在一定条件下也是吻合的。在有限的土地上，合理、紧凑地布置工厂总平面，可以保证生产工艺流程的连续性、短捷性，缩短运输线路和工程管线长度，减少能源消耗，节约投资。

建筑物、构筑物尽可能合理布置，力求外形简单。多年来纺织厂设计的实践，积累了极为丰富的节约用地的经验。

(一) 节约用地的措施

(1) 尽量少占和不占良田，充分利用荒地、坡地、劣地。在可能的条件下，应尽量结合施工改土造田。

(2) 采用合理的建筑物、构筑物间距，不任意扩大。在满足生产、生活要求的前提下，紧凑布置。

(3) 建筑物的平面轮廓宜采用规整外形，一般以矩形或近似正方形为好，避免不规整或复杂外形造成用地浪费。

(4) 充分利用厂区边角、零星地布置次要建筑物、构筑物、煤场、晒场等。

(5) 在建筑物使用功能相近的情况下，合并起来集中布置。

(6) 竖向集中，在条件可能的前提下，改单层厂房为多层厂房。

(7) 搞好工厂之间、工厂与城镇之间的协作，减少部分建筑设施的用地。

(二) 节约用地的衡量指标

在总平面设计中，通常用下述技术经济指标衡量是否节约用地。

(1) 厂区占地面积，按厂区围墙外边线计算。

(2) 建筑物、构筑物占地面积，按建筑物、构筑物底层外墙边线计算。当局部地段建筑物、构筑物小而密集时，可视为一座建筑物看待。如水处理的澄清池、过滤池、水泵房、清水池等构筑物布置较为密集时，可近似看作一个构筑物计算。

(3) 永久性堆场占地面积，如有固定装卸设备的堆场、露天仓库，如煤场、灰场的占地面积。

(4) 场地利用面积，包括建筑物、构筑物、各种堆场、厂区道路、地下管沟、架空管道等的占地面积。

（5）建筑系数和利用系数。

建筑系数及利用系数的计算方法为：

$$建筑系数 = \frac{建（构）筑物占地面积}{厂区占地面积} \times 100\%$$

$$利用系数 = \frac{厂区占地利用面积}{厂区占地面积} \times 100\%$$

纺织厂的建筑系数一般为35%~45%，利用系数达50%以上。

五、绿化与环境保护

厂区建筑群体应美观、协调，使环境条件良好。

（一）绿化

厂区绿化可以改善工厂环境卫生条件，美化厂容，对生产过程中产生的灰尘、有害气体、噪声等可以起到隔离、阻挡作用，有助于改善厂区的小气候，夏天防止日晒，冬天可以防止风沙。

绿化布置应在总平面设计中统一规划。厂前区及主要出入口周围的绿化布置，应结合美化设施与建筑群体统一考虑。厂房四周与道路两旁应设绿化区带，应与道路两侧管网布置相配合，使其互不干扰。绿化面积为厂区总面积的5%~8%。

（二）环境保护

厂内环境保护主要是为了减轻和消除"三废"对环境的污染，改善环境卫生，并能变害为利，进行综合治理。

纺织厂环境污染主要有：烟灰、车间的生产污水、织布车间的噪声。治理环境应从多方面着手，进行综合治理。从总平面设计角度出发，应做到以下几点。

（1）合理布局，减少污染。对有"三废"排出的车间应尽可能布置在其他车间的下风向或下游，可利用高地和风速大的方位布置烟囱。结合工艺设计和车间布置，将高噪声厂房与需安静的建筑合理分开。

（2）在生活区和生产区之间设置一定宽度的防护带，以起净化空气、减弱对生活区的污染危害程度的作用。

（3）调整间距。在不违反节约用地的原则下，把散发烟尘和噪声大的一些建筑物与其他建筑物之间的距离适当增大，以达到减轻污染的目的。

六、工程地质与地形

总平面设计应为施工方便创造有利条件。为了便于施工、节省投资，在总平面设计时，宜将主车间布置在土质较好、地耐力大、土质均匀、无河床古道和其他不良地质现象的地段，将各种荷重不大、要求不高的露天堆场、晒场、道路设施或绿化、美化设施布置在地质较差的地段，如图10-1所示。

在山区或丘陵地区建厂，由于地形比较复杂，设计时应灵活利用地形特点，将建筑物区带尽量平行等高线布置，以利于减少土方量，加快建设速度，节约费用，如图10-2所示。

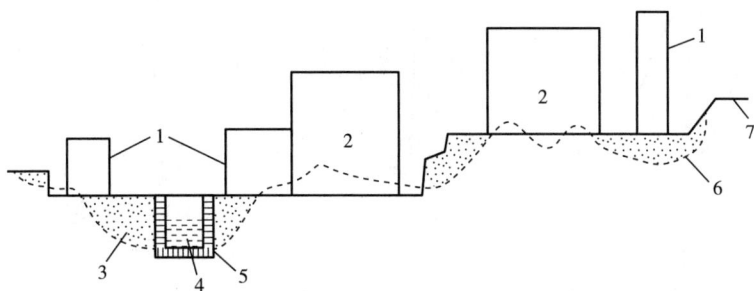

图 10-1 区别不同地质布置主、辅建筑物

1—辅助建筑 2—主建筑 3—河滩填土 4—排洪沟 5—块石堤坎 6—自然地面线 7—设计地面线

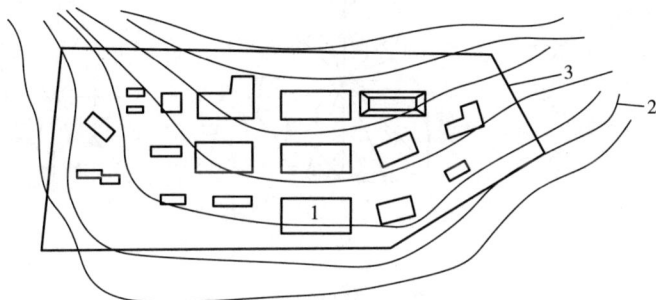

图 10-2 某厂布置在坡地上

1—建筑物 2—等高线 3—厂区围墙

七、最多风向

为了保护厂区清洁卫生，避免或减轻污染对生产的危害，提供一个良好的生产、生活环境。在总平面设计时，应当充分考虑建厂地区的最多风向，可从气象部门编绘的各地风玫瑰图中查知。图 10-3 为几个城市的风玫瑰图。

一般来说，厂房区的生产车间总有某些废气、尘灰等排出，为了保护厂前区和整个生产区的环境不受污染，在总平面设计时，应将比较清洁的车间和有关建筑（如厂前区）布置在当地最多风向的上风侧，当当地的最多风向和次风向相对时，应将产生污染的车间和有关建筑布置在当地最小风频风向的上风侧。应当指出，有些地区的最多风向是随季节变化的，这时在总平面设计时应考虑夏季的最多风向。因为夏季是热湿季节，也是开窗季节，污染源的危险程度大于其他季节。同时还应考虑平均风速，风速越低，其危害程度越大。在山区建厂，则还应注意一些特殊风向（如山窝风）。

八、主厂房方位

我国地处北温带，一般来讲建筑物的纵轴向主要立面朝南北向较好。为了具有一个良好

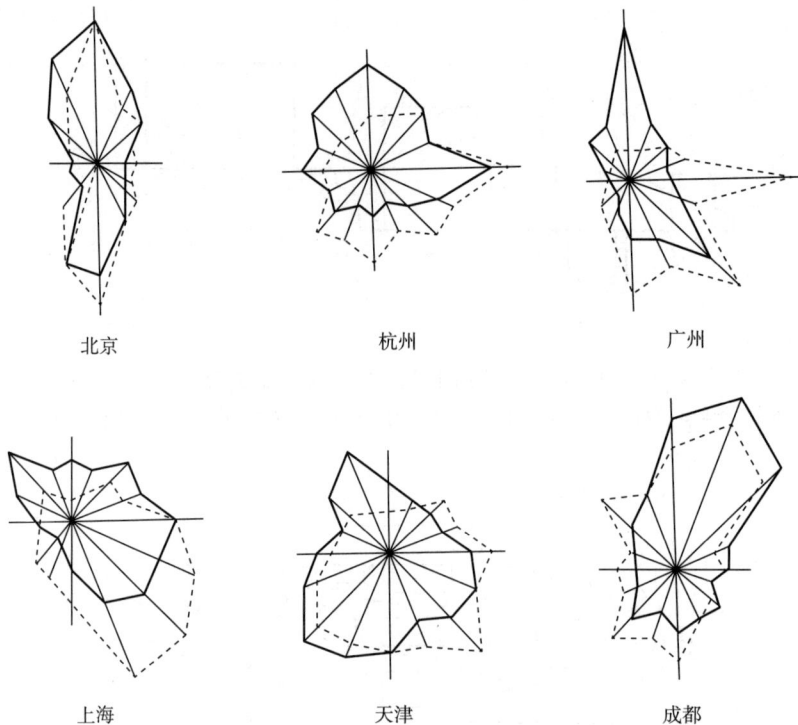

北京　　　　　　　杭州　　　　　　　广州

上海　　　　　　　天津　　　　　　　成都

图 10-3　各城市风玫瑰图

实线表示全年，虚线表示夏季（6~8 月）；各地风玫瑰图均按上北下南绘制。

的自然通风条件，除了正确合理地选择好厂房的剖面形式外，合理的厂房方位也是一个重要的影响因素。从自然通风角度来看，厂房进风口面（一般是厂房的纵向墙）应正对当地夏季最多风向（或与纵轴成 60°~90° 夹角），并尽可能避免太阳西晒。若两者有矛盾时，厂房宜照顾前一要求而采取防晒措施。多排行列布置的厂房若间距不大时，为了适当考虑后排的通风，可将厂房纵轴与夏季最多风向的夹角减至 30°~60°。对于 U 形平面的厂房，其开口部分应朝向夏季最多风向在 0~45° 之间，如确有困难则应在迎风面的非缺口面设有不少于 15m² 的自然通风口。厂房方位与风向的关系，如图 10-4 所示。

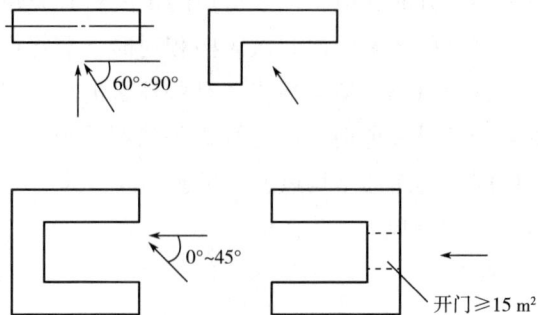

图 10-4　厂房方位与风向的关系

纺织厂房在其生产过程中车间产生的热湿小，而且均有空气调节设施，不需过多考虑自然通风的性能。结合城市规划要求，楼层建筑物的主朝向可向东或向西偏转一定角度，但应注意偏转角度越大，产生西晒现象越严重。单层纺织厂房多采用锯齿形厂房，天窗北向，其建筑物纵轴向主立面的朝向也以南北为好。为了减轻太阳直射车间产生眩光，影响生产，同时对夏季降低车间室内温度有利，根据建厂地区所处的地理纬度，通常将北向天窗偏东某一角度。

九、防火与卫生

(一) 防火

防火要求主要是防火间距的问题。合理的防火间距可以防止火灾的蔓延，有助于物资、人员迅速疏散并为消防车灭火提供方便。间距的确定同建筑物的耐火等级及生产过程中火灾的危害性质有关。

建筑物耐火等级是根据其燃烧性质和耐火极限时间确定的，通常分为Ⅰ、Ⅱ、Ⅲ、Ⅳ、Ⅴ级，对应建筑物的结构类型，其分级为：钢筋混凝土结构属Ⅰ~Ⅱ级耐火；钢筋混凝土和砖木混合结构属Ⅲ级耐火；木材和难燃材料的结构属于Ⅳ级耐火；易燃材料结构属Ⅴ级耐火。

生产过程中火灾危害性可分为甲、乙、丙、丁、戊五类，见表10-2。

表10-2　生产过程火灾危害性分类

生产类别	火灾危险性特征	纺织工业生产的建（构）筑物
甲	(1) 闪点小于28℃的易燃体 (2) 常温下能自行分解或在空气中氧化即能导致迅速自燃或自爆的物体 (3) 常温下受水或空气水蒸气的作用能自燃 (4) 受撞击、摩擦能起燃	氯酸钠库 液体氯库 轻油库等
乙	(1) 闪点大于28℃而小于60℃的易燃体 (2) 助燃气体和不属于甲类的氧化剂 (3) 生产中排出的可燃粉尘	重油库等
丙	(1) 闪点大于60℃的可燃体 (2) 可燃固体	棉、毛、丝、麻的干燥生产车间及原料成品库
丁	(1) 生产时有火花和火焰的车间 (2) 利用气体、液体、固体作为燃料的车间	机修间、变电所等
戊	在常温下对非燃物体和材料进行加工的生产	无明火的机修车间、水泵站、车库、机物料库等，湿润生产的纺织车间

厂房的防火间距在总平面设计时可参考表10-3。

表 10-3　厂房防火间距

耐火等级	Ⅰ、Ⅱ/m	Ⅲ/m	Ⅳ、Ⅴ/m
Ⅰ、Ⅱ	10	12	14
Ⅲ	12	14	16
Ⅳ、Ⅴ	14	16	18

注　本表适用于丙类建（构）筑物，属于甲、乙类应按表增加3m。

（二）卫生

为了保护职工、居民的安全和健康，改善生活环境，提高劳动生产率，工厂总平面设计应满足卫生方面的要求。

1. 建筑物的卫生间距

从建筑物采光和通风的要求出发，要求建筑物之间的间距不小于相邻两建筑物中最高建筑物的高度，以保证室内良好的天然采光和自然通风的条件。

2. 卫生防护带

根据生产中所产生污染的毒害程度考虑净化措施，可按生产类别分五级设置，见表 10-4。纺织厂属于四级卫生防护带。

表 10-4　卫生防护带宽度

级别	设置宽度/m
第一级	100
第二级	500
第三级	300
第四级	100
第五级	50

十、发展要求

在总平面设计时就应该考虑发展的余地。满足工厂的发展要求应包括两个方面：一方面是上级批准的设计任务书明确的发展规划，另一方面是预计工厂投产后由于工艺流程的革新改造、产品品种和产量增加以及综合利用的提高等引起的工厂发展。总平面设计时，应对这两种情况予以充分考虑，分别考虑合理的发展余地。设计人员必须深刻理解发展意图，综合分析发展规模及其可能性，避免留有过量发展用地和早征迟用等现象。对于近期建设要尽量集中，远期发展要朝向厂区外围从小到大逐步发展，这样不仅可以缩短生产线路，节约投资，又可避免过早占用二期用地，以利农业生产。

总结纺织厂扩建发展的实践，一般预留发展用地的处理方法有下述几种。

（1）先将生产性质相近的车间组成综合厂房，扩建时将某部分从其内迁出，另建新厂房。

（2）在车间的两侧或两端预留必要的发展用地，以便扩建时接跨和延长车间。

（3）在厂区内留整块扩建用地。

（4）在厂区外留整块扩建用地。

上述四种预留发展用地的方式各具特点，应本着节约用地的精神，结合当时当地的具体情况，因地制宜地加以选用，必要时需做技术经济比较。总之，所选择的方式既能不过早、过多地占用土地，又使总平面设计经济合理，为今后发展创造有利条件。

十一、群体建筑艺术效果

工业建筑群体艺术处理是工厂总平面设计的一个要素。在满足生产功能的同时，创造生产、生活所必需的物质与精神相适应的建筑空间及其环境，是工厂总平面设计中群体建筑艺术处理的研究课题。

过去的实践中，这一问题常被忽视，认为工厂总平面设计只需解决工艺、运输等问题，至于群体艺术处理不需过多考虑。其结果不仅影响城镇的面貌（特别是大、中型工厂），而且在一定程度上影响工厂内常年辛勤劳动的职工的心理和精神面貌。因此在总平面设计时，适当将全厂的各种建筑物、构筑物运用建筑学原理组织起来，形成主次有序、完整统一的厂区空间是必要的。具体设计时，通常将建筑物整齐布置，相邻建筑物尽可能统一，将总出入口附近组成厂前建筑组群，把行政、生活福利等设施相对集中布置在出入口主干道的两侧，既方便使用、丰富街景空间，又使厂房干道两侧增添建筑艺术效果。

十二、技术经济指标

厂区占地面积：包括厂区建构筑物、露天原料、产品堆场、道路管廊、绿化用地等总的占地面积。

建筑物占地面积：建设项目全部建筑物的占地面积。

构筑物占地面积：建设项目全部构筑物的占地面积。

永久性堆场占地面积：某块场地预计常年作为某种材料的堆放场所。

场地利用面积：包括建筑物和构筑物及其散水明沟、永久性堆场、厂区道路、地下管沟、架空管道的占地面积。

土石方工程量：常见的土石方工程有场地平整、区域平衡、基坑（槽）与管沟开挖、路基开挖、人防工程开挖、地坪填土，路基填筑以及基坑回填。

建筑系数：使用面积占建筑面积的比例。

土地利用系数：指厂区建筑物、构筑物、各种堆场、铁路、道路、管线等的占地面积之和与厂区占地面积之比，它比建筑密度更能全面反映厂区用地是否经济合理。

十三、其他

（一）锯齿形有窗厂房的方位

在我国中、低纬度地区建造锯齿形有窗厂房，是为了避免夏季下午太阳光直射，辐射热通过天窗玻璃射进车间，厂房设计可将天窗作一个北偏东的偏角，其角度随纬度的增加而减小。到北纬 40°后，夏季高温时间不长，辐射热也不太大，天窗可不设置北偏东的偏角。

（二）风向、风频和总平面的布置

在总平面设计时，应将比较清洁的车间和有关建筑布置在当地最多风向的上风侧。若当地最多风向和此风向相对时，应将产生污染的车间和有关建筑布置在当地最小风频风向的上风侧。从风的角度考虑，使生活区受到最轻或较轻的污染。

（三）厂区竖向配置

高于洪水位，如厂址位于山区，应考虑引排山洪的措施；竖向布置时，应力求土石方工程量最小。厂区排水要畅通，厂区内地面标高应与厂外标高相协调。

主厂房和主要辅助建筑物室内地面标高高出室外地面 30cm，其他建筑物室内地面比室外地面高 15cm 左右。

厂区场地的排水，可在路侧开边沟或明沟，设置雨水下水管或排水暗沟。厂区的排水沟或排水管应有一定的坡度，以利于地面上的水迅速流入排水系统。厂址若位于洪水位以下，则厂内应配置电力排水设备。

第三节　智慧型纺织工厂

一、机器换人

机器换人是纺织企业和行业实现结构调整和转型升级的重要手段之一，带来的作用是综合的、多方面的，因为纺织产业结构升级是通过技术进步和劳动力素质提高来实现的。主要是通过不断地投资，改良现有设备，增加智能化织机控制系统，使得运营成本不断下降，如图 10-5 所示。

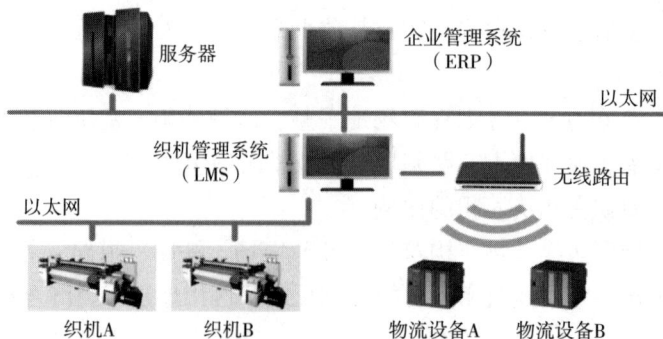

图 10-5　智慧型织造工厂控制系统原理示意图

目前，主要的智能化织机控制系统有以下几种。

（1）德国 Dornier（多尼尔）公司的 FT 总线控制技术。大数据量快速、可靠的实时传输。

（2）比利时 Picanol（必佳乐）公司最新的织机电子平台 PicanolBlueBox。通过模块化的方式选择功能，系统能够及早地检测到潜在的异常情况并将位置传达给客户。

（3）意大利 Itema（意达）含 IPOS 智能生产效率优化系统功能的织机电子平台 NCP。可监控设备效率，修改和下载设置，生成和下载织造花型，对参数的控制更为简易。例如，A9500p 型喷气织机将 NCP 织机电子平台+RTC 组成智能化实时监控系统，如图 10-6 所示。

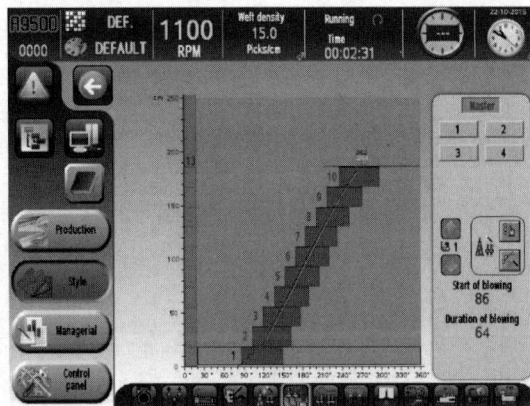

图 10-6　A9500p 型喷气织机上的 RTC 实时监控系统

（4）日本 Tsudakoma（津田驹）公司的 i-Weave（智能引纬系统）。通过 AJC-S 引纬自动控制、副喷嘴接近可调型模块、ACI 显示空气消耗量、DSS 直供辅喷嘴系统等装置或系统，把喷气织机的 3 个引纬要素——喷嘴、气阀、控制技术结合到最佳状态，起到超高速性能及节能的双重作用。

（5）山东日发的智能化 RFJA30 型高速喷气织机。设计要求响应车速达到 1500r/min 以上，能够通过工业互联网实现远程联网功能，通过 PC 机或者手机实现在线远程监控、数据传输、生产统计、故障诊断等功能，整个电控系统能满足喷气织机各项生产要求，在抗干扰、同步协调方面有良好稳定性和可靠性。该系统以 EiherMAC 为开发平台，实现织机高度的网络集成，实现了先进的智能化控制。

二、智慧型工厂建设实例

企业数字化工厂建设系统包括以下几方面。

（1）ERP 系统实现包括产品管理、计划管理、质量管理等功能。

（2）MES 系统包含浆染、织造、坯布检验、整理、成品检测等工序。

（3）主要生产设备包括整经机、浆纱机、织机、预缩机等设备已全流程联网。

（4）CRM（客户关系管理系统）、ERP（企业资源管理系统）、MES（生产制造执行系统）、WMS（智能仓储系统）、EMS（能源管理系统）等系统互联互通。

（5）采用立体仓储、AGV 小车，成检车间自动化包装，通信采用 5G 技术。

示例一：织造工程智能化（图 10-7）

实施内容：机房改造、自动化智能化设备购置、信息化系统建设、人员常态化培训等。

实施效果：提高了作业效率，节约人工成本，织机效率达到 97%，成品合格率达到 98.8%，劳动用工下降 16.6%，订单交期缩短 7 天以上。

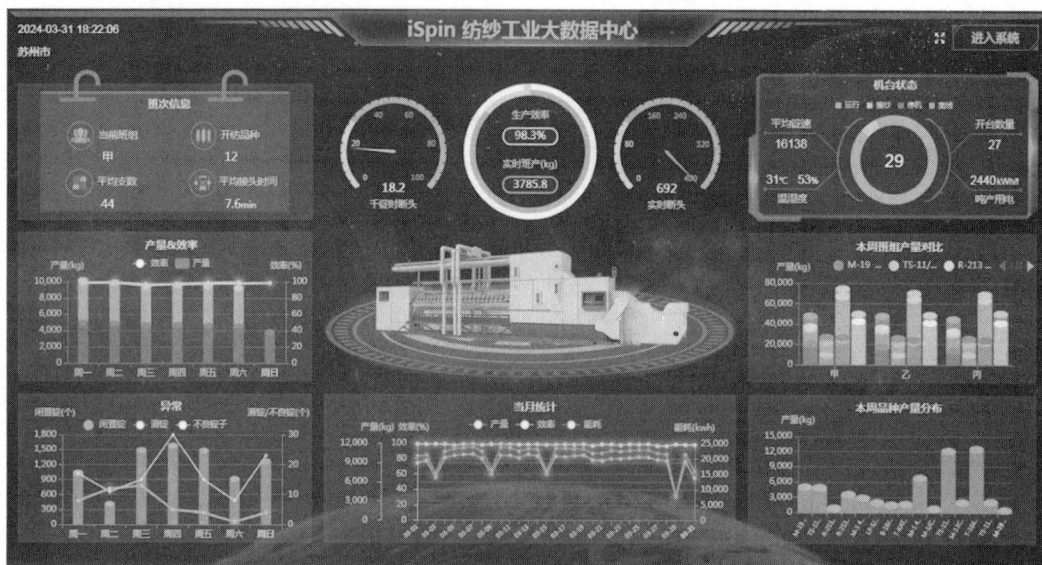

图 10-7　云平台 5G+数字化工厂

示例二：纺纱工厂智能化

借助先进的智能化、信息化技术，积极建设 5G+工业互联网云平台智慧园区，打造智慧纺织工厂，从而节省人工，提高生产效率。工业信息化系统搭建了纺织"管控一体化"平台，包括七大管理模块，所有信息数据都会畅通地传递给管理者，减少因中间环节带来的问题，实现了纺织企业管理效率和经济效益的双提升。数据中心显示了各种图表、标志、数据，订单情况、设备运行状况、材料消耗状况、环境监控、销售情况等信息。现场看板、纺纱设备终端、管理人员移动终端、计算机终端等互联互通，实时监控生产状况，自动记录生产过程数据信息并进行智能分析，优化排产、上下料、异常处理等数据和报表信息都直通云端，所有信息数据都会畅通地传递到每个人的终端，管理者想了解哪个数据，不论身在何处，只需打开手机终端就能看到各种信息，能够随时随地发出指令、科学决策；同时，实现了订单进度预警、设备状态预警、环境超标预警、能耗超标预警等功能，使我们的纺织更加智能高效。

另外，机器上的传感器监视着纱线状态、断纱、运行偏差等情况，如果有问题系统立刻发送到各终端，实现实时自动检测纱线质量，减少纱线次品，另外工人看机台数增加 3 倍左右。

第四节　各区域的设计要求

一、厂房区的设计要求

厂房区主要由生产车间和辅助生产车间组成。生产车间的定位是总平面设计的核心，生产厂房是全厂的主体建筑，应布置在全厂的中心。厂房区布置时应注意内外联系，适当靠近总出入口，使职工上下班方便。由于设备集中安装在生产车间，地面的负荷较大，生产车间宜布置在工程地质比较好的地段。辅助车间应靠近其所服务的车间。

二、厂前区的设计要求

厂前区通常应由生产、行政管理及职工文化、娱乐、生活等设施组成。一般可包括厂部办公楼、总出入口（一般称工厂大门）、传达室（也称警卫室）、收发室、综合楼、食堂、车库、车棚等。

厂部办公楼是工厂生产，行政管理的中心，大多为办公用房，内外联系频繁、应当布置在厂区总出入口附近，成为厂前区的主体建筑。中小型厂可以与某些文化、生活设施合并建筑，如果文化娱乐等设施不考虑同办公楼合并建筑而单独组成综合楼时，可在厂前区将其与办公楼相对布置于主干道两侧，使之具有对称性，增加群体建筑的艺术效果。

总出入口是工厂进行内外交通运输联系的门户，起着安全保卫、组织与分配人流和货流、防灾疏散等重要作用。总出入口的布置要使工厂与厂外运输联系紧密，能使职工从居住区以较短的路径安全地到达工作地点，并有利于保卫工作和防灾疏散。总出入口应设于厂区主要道路的入口处，在总出入口前应考虑设计一定面积的广场，供人流集散与外来车辆临时停放。此外还需考虑适当的绿化美化设施。传达室、收发室应布置在总出入口附近或合并建筑，消防站和汽车库应布置在总出入口附近，也可考虑将汽车库设置在货流道出入口附近。

车棚应布置在工厂人流出入口附近，便于职工上下班取放。

食堂的位置首先要考虑职工用膳方便。食堂前应留有绿化小区，便于职工散步和休息。还应考虑设置宣传栏、报廊等。

三、厂后区的设计要求

厂后区一般由水、汽、电、仓储、机修、副产品等设施组成。

（1）变电所。变电所应尽量靠近用电负荷中心，纺织厂的负荷主要集中在主要生产车间及相应的辅助车间。便于进出线和避免高压线贯穿厂区。应尽量避开污染源，不应布置在低洼地段。独立式变电所与其他建筑物应保持一定间距。

（2）水处理构筑物。纺织厂用水量大，而且水质要求高。对于采用地面水为水源，水处理构筑物的布置要求取水方便。在特定的条件下应灵活掌握，也可考虑在厂房区的一侧。

（3）其他。机修车间及相应的机物料仓库，一般也在厂后区内考虑，有时根据具体条件，可将机修车间布置在厂房区一侧。

第五节　工程管道敷设

纺织厂的各种工程管道，是用来保证水、汽等供应以及排除工厂生活、生产等污水。管道系统是工厂的重要组成部分，它的布置及敷设形式是否合理，是衡量总平面设计质量的重要指标之一。合理地布置工程管道，对于减少能源损耗，节约投资，改进厂区总平面设计，减少工厂占地面积，方便施工，维护检修，有利于工程扩建及安全生产。

一、工程管道敷设的原则
（一）架空管道
（1）尽量不妨碍建筑物的自然采光和通风，并与建、构筑物及其环境、空间相协调，适当照顾厂区的美化要求。

（2）架空供汽管道不得靠近火灾危险性较大的建筑物，不得穿过可燃材料结构，不得穿越可燃、易燃材料堆场（煤场、木材堆场等）。

（3）架空管道穿越道路及主要人行道时，应距离路面一定的高度，以不影响交通运输及人员通行为原则。

（二）地下管道
（1）管道埋设深度自建筑物基础开始向道路由浅至深排列，其顺序为：建筑物基础外缘、通信电缆、电力电缆、蒸汽管道、上水道、污水管道、雨水管道、电线杆、道路边缘。应将埋深相近、性质类似而又互不影响的管道尽量布置在一起，为维修和施工创造方便条件，力求管道间的平面距离紧凑合理。

（2）一般情况下，管道不宜布置在道路下面，如有困难，可以将检修较少的管道布置在道路之下。

（3）地下管道一般不允许交叉重叠布置，应同主要建筑物和道路中心线成平行或垂直敷设。只有特殊情况（如扩建、改建工程）才考虑短距离的重叠，但应将检修多、埋深较浅、管径小的敷设在上面；而将有污染的管道敷设在下面。重叠敷设的管道之间的垂直净距，应考虑施工、检修等要求。

（4）管道布置不应影响建筑物的基础，不能敷设在建筑物基础的压力范围内，若必须紧靠基础时，应使管底与基础底面平齐，并采取相应的技术措施，防止相对沉陷的影响。

（5）管道平面敷设应做到距离最短、转弯数最少，应避免穿越厂区预留发展用地。

（6）地下管道敷设时应考虑它们的用途、性质、相互联系及彼此间可能产生的影响。如雨水下水道应尽量布置在路边，带有消火栓的给水管道应沿路边敷设。

二、工程管道敷设的方式

管道敷设方式是根据生产工艺要求、管道性质、场地条件、施工方法、维修、建设投资等因素来决定的。管道敷设一般有架空敷设和地下敷设。

(一) 架空敷设

架空管道具有管道集中，合理利用空间，节约用地和投资，有利于管道的维修、交叉处理、支管连接方便等特点。架空管道一般适用于下述情况。

(1) 地下水位很高的厂址，地下敷设困难或投资太大。

(2) 地质条件较差而不适宜地下敷设。

(3) 当工艺管道较多，其他布置方式又不利于节约厂区用地。

(4) 检修较频繁的管道。

根据管道使用要求、人流及货流等情况，架空管道可以布置成低支架、中支架或高支架几种形式 (图10-8)。低支架管架距地面的净空高度一般为2~2.5m，只需考虑人行要求，故低支架不应位于厂区主干道及人、货流集中的地区。由于管架低，工程投资省，土建施工、架设与维修均较方便，所以在中小型纺织厂某些管道（如蒸汽管道）宜采用。高支架的净空高度为4.5~6.0m，一般在穿越工厂主干道时考虑。中支架介于两者之间，也只能满足人行要求，净空为2.5~3.0m。对于有特殊净空要求的地段，其管架高度视具体情况而定。

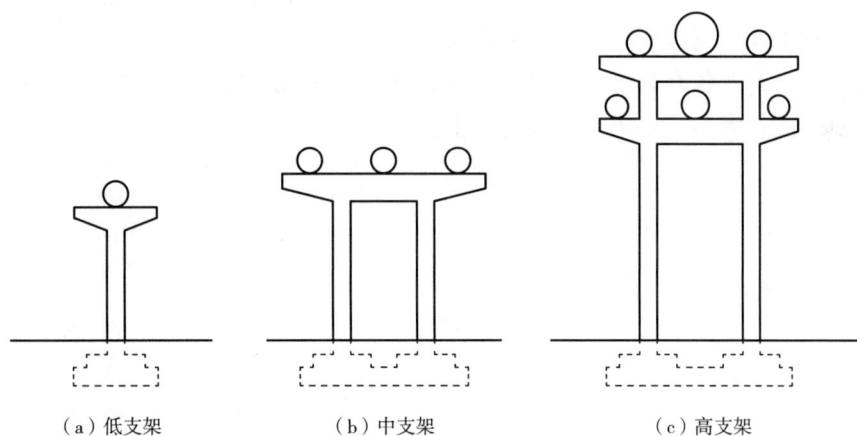

(a) 低支架　　　　　(b) 中支架　　　　　(c) 高支架

图10-8　管架的布置形式

当遇厂区地形复杂，管道敷设就要因地制宜，灵活处理，充分利用一些有利的因素，恰当地解决管道的走向和敷设问题。对于生产工艺允许，管道走向、长度、标高与建筑物的关系一致时，而且管径小，数量不多，建筑物是无燃烧、无腐蚀物料的车间，可以利用建筑物外墙敷设管道，如图10-9所示。敷设时应注意不能遮挡窗户光线和影响门洞的运输。

(二) 地下敷设

地下敷设可分为地下直埋敷设和地下综合管沟敷设。地下直埋敷设具有施工简便、投资

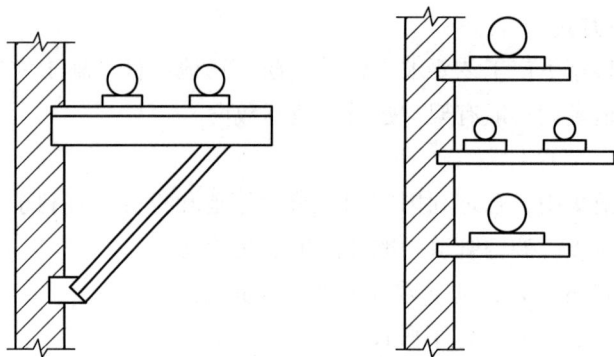

图 10-9　沿外墙敷设管道

较少的特点，适宜于一般自流管道或有压管道，特别是对于要求防冻及防止温度升高的管道多采用这种方式。地下综合管沟敷设虽然造价较高，工期长，必须解决通风、排尘、防水施工及安全等问题，但具有占地少、检修方便等特点。由于地下管沟防水措施投资大，不宜用于地下水位高的地区。在管道密集、场地狭窄地段或因生产使用与维修要求，并受施工条件限制而直接埋地敷设又较困难时，采用地下管沟敷设方式。

地下管道直埋敷设时，应满足"地下工程管线相互间及其与建、构筑物基础的最小水平净距""地下工程管线交叉最小垂直净距""地下工程管线最小埋深"的规定。综合管沟敷设时，应注意避免不能同沟敷设的管道同沟敷设。

以上两种敷设方式各有利弊，采用何种形式视具体情况而定。一般来说，中小型纺织厂采用架空敷设为主，大型厂采用地下敷设为主。

参考文献

［1］吉学齐．浅议智慧型织造工厂生产模式［J］.棉纺织技术，2020，48（6）：75-78.

［2］钱鸿彬．棉纺织工厂设计［M］.2版．北京：中国纺织出版社，2007.

［3］吴腾飞．基于绿色工业建筑的纺织厂设计研究［D］.郑州：中原工学院，2018.

［4］敬玲，单体建，孔文龙．单层锯齿厂房改造加固结构设计：以淄博万杰纺织车间为例［J］.山东建筑大学学报，2018，33（2）：67-74.

［5］马芹．织造工艺与质量控制［M］.北京：中国纺织出版社，2008.